权威·前沿·原创

皮书系列为
"十二五""十三五"国家重点图书出版规划项目

BLUE BOOK

智 库 成 果 出 版 与 传 播 平 台

中国社会科学院创新工程学术出版资助项目

法治蓝皮书
BLUE BOOK OF RULE OF LAW

中国地方法治发展报告 *No.7*（ 2021 ）

ANNUAL REPORT ON RULE OF LAW IN LOCAL CHINA No.7 (2021)

中国社会科学院法学研究所

主　　编 / 李　林　田　禾

执行主编 / 吕艳滨

副 主 编 / 栗燕杰

社会科学文献出版社
SOCIAL SCIENCES ACADEMIC PRESS（CHINA）

图书在版编目（CIP）数据

中国地方法治发展报告 . No. 7，2021 / 李林，田禾
主编 . -- 北京：社会科学文献出版社，2021.12
（法治蓝皮书）
ISBN 978 - 7 - 5201 - 9270 - 5

Ⅰ. ①中…　Ⅱ. ①李…　②田…　Ⅲ. ①地方法规 - 研
究报告 - 中国 - 2021　Ⅳ. ①D927

中国版本图书馆 CIP 数据核字（2021）第 218026 号

法治蓝皮书

中国地方法治发展报告 No. 7（2021）

主　　编 / 李　林　田　禾
执行主编 / 吕艳滨
副 主 编 / 栗燕杰

出 版 人 / 王利民
组稿编辑 / 曹长香
责任编辑 / 郑凤云　单远举
责任印制 / 王京美

出　　版 / 社会科学文献出版社（010）59367162
　　　　　　地址：北京市北三环中路甲 29 号院华龙大厦　邮编：100029
　　　　　　网址：www. ssap. com. cn
发　　行 / 市场营销中心（010）59367081　　59367083
印　　装 / 天津千鹤文化传播有限公司

规　　格 / 开　本：787mm × 1092mm　1/16
　　　　　　印　张：23.25　字　数：348 千字
版　　次 / 2021 年 12 月第 1 版　2021 年 12 月第 1 次印刷
书　　号 / ISBN 978 - 7 - 5201 - 9270 - 5
定　　价 / 139.00 元

法治蓝皮书·地方法治
编 委 会

主　　编　李　林　田　禾

执 行 主 编　吕艳滨

副　主　编　栗燕杰

策　　划　法治蓝皮书工作室

工作室主任　吕艳滨

工作室成员　（按姓氏笔画排序）

王小梅　王祎茗　刘雁鹏　胡昌明　栗燕杰

学 术 助 理　（按姓氏笔画排序）

车文博　冯迎迎　米晓敏　洪　梅

官 方 微 博　@法治蓝皮书（新浪）

官 方 微 信　法治蓝皮书（lawbluebook）　法治指数（lawindex）

官方小程序　法治指数（Lawindex）

主要编撰者简介

主 编 李 林

中国社会科学院学部委员、法学研究所研究员、博士生导师，中国社会科学院大学法学院特聘教授，兼任中国法学会法理学研究会会长、网络与信息法学研究会会长，最高人民法院特邀咨询专家，2009 年 1 月至 2019 年 3 月兼任中国法学会副会长。主要研究领域：法理学、宪法学、立法学、依法治国与法治问题。

主 编 田 禾

中国社会科学院国家法治指数研究中心主任、法学研究所研究员，中国社会科学院大学法学院特聘教授。兼任最高人民法院信息化专家咨询委员会委员、最高人民法院执行特约咨询专家。全国先进工作者，享受国务院政府特殊津贴。主要研究领域：刑事法治、实证法学、司法制度、亚洲法。

执行主编 吕艳滨

中国社会科学院国家法治指数研究中心副主任、法学研究所研究员、法治国情调研室主任，中国社会科学院大学法学院宪法与行政法教研室主任、教授。主要研究领域：行政法、信息法、实证法学。

副主编 栗燕杰

中国社会科学院法学研究所副研究员。主要研究领域：行政法、社会法、实证法学与法治评估。

摘　要

《中国地方法治发展报告 No. 7 （2021）》在新时代背景下，从法治政府、司法建设、社会治理等方面，聚焦法治热点，梳理了地方法治建设的探索与经验。

总报告立足全国，对各地法治改革的探索与实践进行系统梳理，剖析问题，并对今后发展前景进行展望。

本卷蓝皮书重磅推出立法透明度指数报告和法治政府建设年度报告评估报告、人民法院普法宣传第三方评估报告和人民检察院普法宣传第三方评估报告等评估报告，以及地方立法保障市域社会治理现代化、青岛西海岸新区政务新媒体发展等调研报告，并深入分析了地方法治面临的难点、痛点和堵点问题。

多元纠纷化解、数字化社会治理等议题既关乎企业群众的创业创新与生产生活，也是衡量治理能力的晴雨表。本卷蓝皮书立足一线实际，对各地典型样本实践进行研讨、总结提炼。

关键词： 地方法治　法治政府　司法审判　法治社会

目 录

Ⅰ 总报告

B.1 中国地方法治发展与展望（2021）

………… 中国社会科学院法学研究所法治指数创新工程项目组／001

一 法律规范体系更为完备 ………………………………… ／002

二 法治实施体系更为高效 ………………………………… ／004

三 法治监督体系更为严密 ………………………………… ／011

四 法治保障体系更为有力 ………………………………… ／017

五 展望建议 ………………………………………………… ／019

Ⅱ 法治评估

B.2 中国立法透明度指数报告（2021）

——基于人大常委会网站的考察

……… 中国社会科学院法学研究所法治指数创新工程项目组／023

B. 3 "法治政府建设年度报告"发布情况第三方评估报告（2021）

············· 中国社会科学院法学研究所法治指数创新工程项目组 / 039

B. 4 人民法院普法宣传第三方评估报告（2021）

············· 中国社会科学院法学研究所法治指数创新工程项目组 / 067

B. 5 人民检察院普法宣传第三方评估报告（2021）

············· 中国社会科学院法学研究所法治指数创新工程项目组 / 093

B. 6 河北省石家庄市普法效果第三方评估报告

······························· 王艳宁 刘淑娟 李 靖 / 109

Ⅲ 法治政府

B. 7 北京市财政系统健全公平竞争审查制度 优化法治化
营商环境的实践与展望

············· 北京市财政局优化法治化营商环境研究课题组 / 123

B. 8 宁波市江北区创新执法模式助推政务公开的实践与成效

············· 宁波市江北区创新执法模式助推政务公开实践

与成效课题组 / 132

B. 9 青岛西海岸新区政务新媒体发展调研报告

····························· 青岛西海岸新区管委办公室课题组 / 141

Ⅳ 司法建设

B. 10 著作权司法保护的现状与未来展望

····························· 孙秀丽 陆 川 吴正倩 / 150

B. 11 黄河流域高质量发展的司法保障路径研究

············· 黄河流域高质量发展司法保障路径研究课题组 / 162

V　多元纠纷化解

B.12 诉源治理模式及治理指标体系研究

——以福建法院诉源治理减量工程为样本

……………………… 福建高院、漳州中院联合课题组 / 177

B.13 杭州一码解纠纷推进数字化社会治理的创新实践

……………………………… 中国 ODR 联合创新课题组 / 195

B.14 齐齐哈尔市法院一站式诉源治理调研报告

………………………………………… 杨兴义　周巍巍 / 212

B.15 基层社会治理视角下多元解纷的理念调适与格局重塑

——基于海曙法院的实证分析 ………… 周寅寅　董延鹏 / 226

B.16 以矛盾多元化解推进"无讼平湖"建设的实践与展望

………………………… "无讼平湖" 建设研究课题组 / 240

VI　社会治理

B.17 地方广告立法与执法实证研究（2015~2020）

………………………… 吴小亮　王凌光　杨　霞 / 253

B.18 地方立法保障市域社会治理现代化比较研究 ………… 周静文 / 275

B.19 社会协同治理视角下工程建设领域民事司法与

行政执法衔接机制研究 ……… 四川省高级人民法院课题组 / 296

B.20 陕西省青少年法治教育调查报告 …………… 褚宸舸　任荣荣 / 315

Abstract ……………………………………………………… / 335

Contents ……………………………………………………… / 336

皮书数据库阅读**使用指南**

总 报 告
General Report

B.1

中国地方法治发展与展望（2021）

中国社会科学院法学研究所法治指数创新工程项目组*

摘　要： 在国际形势空前复杂背景下，国内经济社会发展面临诸多挑
战和冲击，地方法治继续坚定步伐，有序前进。人大建设、
政务服务、司法服务、民生保障、基层治理与法治化营商环
境均明显提升，地方立法、执法监管、司法建设、法治社会
取得显著成效。今后，应当再接再厉，完善顶层设计并迈向
精细化，促进地方法治更加完善。

关键词： 地方法治　地方立法　法治政府　司法建设　营商环境

---

* 项目组负责人：田禾，中国社会科学院国家法治指数研究中心主任、法学研究所研究员，中
国社会科学院大学法学院特聘教授；吕艳滨，中国社会科学院法学研究所法治国情调研室主
任、研究员，中国社会科学院大学法学院宪法与行政法教研室主任、教授。项目组成员：王
小梅、王祎茗、车文博、冯迎迎、刘雁鹏、米晓敏、胡昌明、洪梅、栗燕杰等（按姓氏笔画
排序）。执笔人：栗燕杰，中国社会科学院法学研究所副研究员；刘雁鹏，中国社会科学院
法学研究所助理研究员；田禾、吕艳滨。

2021 年，是中国共产党建党 100 周年，是"十四五"规划开局之年，全面建设社会主义现代化国家新征程自此开启。在这个不平凡的时代，面对空前复杂的国内外形势，法治建设稳步前行积极探索，法治理念进一步深入人心，地方立法进一步回应现实需求，法治政府建设亮点纷呈，司法建设继续推进，社会治理成效突出，在法律规范、法治实施、法治监督、法治保障等方面取得全面成效。

一 法律规范体系更为完备

立法工作格局进一步完善，法治供给的质量与效率双提升，各地探讨立为民之法、精细之法、管用之法，成效显著。

（一）小切口立法广泛应用

修改后的《立法法》赋予立法权之初，不少设区的市追求立法大而全，但在务实管用方面存在一定差距，也导致各界对地方立法的关注度、期望值不高。2021 年全国人大常委会在工作报告中提出，丰富立法形式，要搞"小快灵"，针对实际需要以"小切口"形式推进立法。近年来，一些地方不再单纯追求立法目标、立法体制的完整性，而针对实际问题有针对性地实施"小切口"立法，"不抵触、有特色、可操作"成为地方立法的新追求。2020 年修改后的《潍坊市燃放烟花爆竹管理条例》只有短短十几条，开口虽小但挖掘深，制定修改成本低而实施效果显著。聚焦住宅区管理混乱、电动自行车充电存在安全隐患等问题，《新乡市居民住宅区消防安全管理条例》制定出台后，得到相关部门的大力支持，化解了特定领域的实际问题。2021 年 4 月，苏州市人大常委会审议通过《苏州市太湖生态岛条例》，这是苏州首次为太湖岛立法，就资源保护、污染防治和生态修复作出明确规定。

（二）重点领域立法密集出台

2020 年以来，《天津市突发公共卫生事件应急管理办法》《北京市突发公共卫生事件应急条例》《上海市公共卫生应急管理条例》等地方性法规密集出台。上海充分总结新冠疫情应对中联防联控、群防群控的经验做法，强化属地责任和部门责任，将区域治理、部门治理、社区治理、单位治理和行业治理相结合，构建多方参与、协调配合的公共卫生治理架构体系与大应急管理格局；在公共卫生应急全过程管理方面，对预防与应急准备、监测与预警、应急处置、医疗救治、保障监督等进行具体规范，有利于增强对源头性、苗头性公共卫生事件的早期监测预警，畅通信息共享和信息报送渠道，做好医疗设施、人才队伍、物资等方面储备，强化医防协同机制。此外，上海市人民政府于 2020 年 12 月出台《上海市医疗卫生人员权益保障办法》，充分保障医疗卫生人员的合法权益。在地方政府规章层面，也有相关立法密集出台或修订。《浙江省突发公共卫生事件应急办法》于 2020 年 10 月出台，《山东省突发公共卫生事件应急办法》于 2021 年 2 月修订，《河南省突发公共卫生事件应急办法》于 2021 年 4 月发布。

（三）跨区域协同立法稳步推进

2020 年 9 月，浙江省、江苏省和上海市人大常委会采取"法律询问答复"形式，取得全国人大常委会认同后，开展地方立法协同，分别通过《关于促进和保障长三角生态绿色一体化发展示范区建设若干问题的决定》，开展实质性区域协同立法，共同授权示范区执委会行使投资项目审批、核准和备案的权力，共同行使控制性详细规划的审批权。2021 年 7 月，长三角地区人大常委会主任座谈会通过《2021 年度长三角地区人大常委会协作重点工作计划》，拟推进数据协同立法、长江污染防治协同立法等。2021 年 4 月，广州、佛山两地签署《关于加强两市协同立法的合作协议》，全面整合两市立法资源。其中，《佛山市城市轨道交通管理条例（征求意见稿）》作为首个广佛立法协同项目，被列入佛山市 2021 年度立法工作计划。该条例拟建立广佛两市规划协同机制、互联互通项目建设机制、协同巡线机制、票务管理协同衔接机制等，城市轨道交通互联互通项目建设模式按照属地建设、统一协调的原则确定，项目建设技术标准及要求实行全线统一；乘客守则由广州、佛山两市相关主管部门共同制定；只要不与佛山城市轨道交通管理实践需要相冲突，佛山将参照《广州市城市轨道交通管理条例》加以移植，确保制度、机制的最大限度协同统一和衔接。《安徽省人民政府关于加强行政立法工作的意见》（皖政〔2020〕43号）要求，推动区域立法协同，"加强重要区域、重要领域跨区域立法研究，推动事关区域协调发展的立法和清理工作，使区域内的相关立法衔接有序。主动对接参与长三角联合立法，深化长三角地区立法工作协同，将有关区域协调发展的立法项目作为立法计划重点，加快推进立法进程"。

二 法治实施体系更为高效

法律的生命在于实施。法治实施体系更加公平公正，全面履行执法监管和司法审判职责，系地方法治建设成效的重要方向标。

（一）行政决策制度机制更加健全

行政决策制度的完善，受到中央和地方政府的广泛关注。近年来，行政决策在基本普遍建章立制的基础上，制度供给不断精细化。2021年3月1日，《安徽省重大行政决策程序规定》正式施行，进一步完善了重大行政决策的公众参与机制，细化公开征求意见的渠道和图解，明确听证参加人遴选的方式；设定决策咨询论证专家库入库专家、专业机构的基本条件，探索建立专家论证意见反馈机制；风险评估事项范围有所拓宽；引入公平竞争审查机制和决策容错机制等。浙江在全省开展重大行政决策目录化管理专项行动。《浙江省人民政府办公厅关于印发浙江省重大行政决策事项目录编制指引（试行）的通知》（浙政办发〔2021〕3号）出台后，全省决策事项目录化管理和依法决策能力显著提升，要求重大行政决策目录的编制遵循事项征集、立项论证、审核报批、人大衔接、集体审议、党委同意、社会公布、备案等程序。重大行政决策事项目录原则上应当于每年3月31日前向社会公布，公布的目录应包括事项名称、决策主体、承办单位、法律政策依据、履行程序要求、计划完成时间等要素。

行政决策事先征求意见机制不断细化。比如，深圳市地方金融监督管理局门户网站设置"重大决策预公开"专栏，并下设"重大行政决策事项听证及公开公示""重大行政决策事项内容及解读""相关民意征集与反馈"等栏目。对于同一政策，发布征求意见公告，征求意见稿和相关说明，意见征集上传、结果反馈及意见采纳情况表集约公开，一目了然。值得一提的是，深圳还将听证报告完整上网，内容涉及听证事由，听证会举行的时间、地点和参加人，听证参加人的主要意见和建议，陈述人的主要意见和理由，以及听证会评议情况和听证意见、建议的采纳情况。

（二）行政执法改革纵深迈进

行政执法作为法治实施体系的重中之重，其改革完善一直在推进中。浙江省开展"大综合一体化"行政执法改革试点，出台《浙江省综合行政执法事项统一目录》，将 20 个方面 300 个行政处罚事项纳入综合行政执法。开展综合行政执法规范化建设，推广"教科书式"执法、"综合查一次"等创新实践。浙江推进 60% 以上的高频率高综合高需求执法事项纳入综合执法范围、综合行政执法事项覆盖 60% 以上的执法领域、60% 的行政执法量由综合行政执法部门承担；要求各地各部门实现"一张清单管理"，加快建立执法事项总目录，构建全覆盖政府监管体系和全闭环执法体系，一支队伍管执法；实施"一体化联动"，健全行政执法统筹协调指挥机制。其典型，如《宁波市"大综合一体化"行政执法改革实施方案》将"一张清单"管职责、"一个平台"管指挥、"一个窗口"管受理、"一个网格"管巡查、"一支队伍"管执法、"一个系统"管运行、"一个终端"管办案、"一个机制"管联动、"一件事"场景强监管。2021 年初，生态环境部印发《关于优化生态环境保护执法方式提高执法效能的指导意见》，要求明确执法职责，优化执法方式，完善执法机制，规范执法工作。对此，各地积极响应落实。比如，贵州省黔东南州为解决执法力量不足等问题，统筹全州生态环境执法力量，组织、抽派业务科室、州支队、各大队综合行政执法、环境应急管理、环境监测及行政审批、土壤及固废管理等方面的骨干监管执法人员，配备无人机、水质快检包、执法记录仪、摄像机等执法设备，分组开展巡查排查和执法检查，并全面压实属地责任和企业主体责任。湖南全省统一组建乡镇（街道）综合行政执法机构，逐步实现"一支队伍管执法"，并出台乡镇（街道）及县级以上政府部门法治政府建设示范指标体系，将乡镇（街道）纳入法治政府考核内。

推进营商环境市场化法治化国际化。2021年初，湖南省人民政府下发《关于在中国（湖南）自由贸易试验区开展放权赋权极简审批的通知》（湘政发〔2021〕4号），实施全链条放权赋能，全领域极简审批，全覆盖"一件事一次办"，按照"能放全放、急用先放"的原则，赋予中国（湖南）自由贸易试验区第一批省级经济社会管理权限97项，涉及企业准入、项目核准及建设、土地使用、国际贸易、报关报检、招商引资、招才引智、金融服务等多个方面，让自贸试验区有充分的自主权。

依法完善社会治理格局。2020年底，中共中央下发《法治社会建设实施纲要（2020~2025年）》。2021年4月，《江苏省法治社会建设实施方案（2021~2025年）》通过。随后，《广西壮族自治区法治社会建设实施方案（2021~2025年）》《湖南省法治社会建设实施方案（2021~2025年）》等先后出台。各地相关规划方案、政策文件的出台，为法治社会与社会治理法治化指明了方向。

（三）政务服务更加精简高效

政务服务是联结政府与群众，打造人民满意的服务型政府的关键所在。各地多管齐下，推进政务服务精简化、规范化、高效化和便利化。

政策兑现体系逐步完善。多地上线政策兑现综合服务平台，以实现政策对策精准推送、精细管理和精心服务。南宁市要求各部门收集分类政府补贴、政府奖励、税收优惠政策等各项惠企利民政策和为招商引资、引智、引技而制定的各项优惠政策和产业促进政策，并梳理出兑现流程，以"减环节、减时间、减材料、减跑腿"为目的，提出需要的数据共享清单，开展兑现流程优化与再造。

政务服务的减材料、减环节、减时限、降成本等方面改革举措，已取得巨大成效。"十四五"规划提出，要推进政务服务标准化、规范化、便利化。针对企业群众办事的痛点、堵点、难点问题，各地大力推进一网通办、一证通办、移动办理、跨域通办等，从行政审批"一个事项"转变为服务企业群众"一件事"全流程一次办理，逐步推广普及。各地的政务服务改革大多通过政策文件形式推进，或者将基层探索予以推广，或者复制其他地方经验创新，而缺乏法律依据的顾虑担忧则一直存在。对此，贵州探索以立法方式引领改革，出台地方性法规《贵州省政务服务条例》，自 2021 年 7 月 1 日起施行，条例对贵州政务服务平台、服务程序、服务便利措施、监督管理、法律责任等予以系统规范。

安徽省将升级行政许可事项压减至 192 项，工商登记后置审批事项压减至 137 项。在商事登记制度改革方面，实现 321 项"一件事"全程联办。开发上线 7×24 小时政务服务地图，关联全省 2.3 万个服务场所、近 6000 个自助终端、191 万个服务事项，全省范围内均实现企业开办网上办理。

多地政府门户网站的信息公开栏目设置"营商环境"专栏。江苏省太仓市还着力推进涉企信息归集共享，全市 31 个有监管执法职能的部门均向省市场监管平台提供涉企类信息，涉及行政处罚、行政指导、行政许可、抽查检查结果等类型，通过国家企业信用信息公示系统在企业名下公示，提高了涉企信息的覆盖率和公示率。收费项目目录不仅向社会公布，一些还做到了及时更新。比如，成都市于 2021 年 3 月向社会公布了《成都市 2021 年行政事业性收费项目目录》。

（四）司法运行更加公正权威

各地坚持遵循司法规律，着力建设中国特色社会主义司法制度。其典型如下。

一是对中央司法责任制综合配套改革进行具体化、可操作的细化分解。比如，深圳市中级人民法院印发《深化司法责任制综合配套改革　服务保障深圳建设中国特色社会主义先行示范区行动方案（2020～2022 年)》，从构建现代化的专业审批体系、优质高效的司法供给体系、科学权威的监督管理体系、坚实有力的组织管理体系、面向未来的人才养成体系、集成融合的智慧司法体系等方面深化配套改革。

二是司法程序繁简分流深入推进。2019 年 12 月 28 日，十三届全国人大常委会第十五次会议作出《全国人民代表大会常务委员会关于授权最高人民法院在部分地区开展民事诉讼程序繁简分流改革试点工作的决定》。最高人民法院先后印发《民事诉讼程序繁简分流改革试点方案》和《民事诉讼程序繁简分流改革试点实施办法》。各地积极落实贯彻跟进。其典型，如江苏省南京市中级人民法院以制度创新纵深推进繁简分流，提请市委政法委将"民事行政案件万人起诉率"纳入综治考核指标体系。南京市秦淮区人民法院在立案庭组建金融、劳动、道赔、家事、小额诉讼等速裁团队，以"员额法官＋法官助理＋人民调解员＋事务助理"配置团队，与速裁庭和民事审判业务庭相配套；南京市江宁区法院在已有简易程序、速裁程序基础上，从简化庭前送达材料、缩短举证期和答辩期、简化审理流程、简化延长审限手续、简化裁判文书五个方面入手，对诉讼程序再简化进行探索。针对知识产权案件不断增加的形势，一些法院探索专项繁简分流改革。南京两级法院全年受理知识产权案件已超过 5000 件且仍处于不断上升态势，进行繁简分流已成为必然选择。在立案分流方面，南京市将知识产权民事案件分为简单案件和复杂案件，再将简单案件根据标的、事实等特征，依次筛选分流，分别适用小额诉讼程序、简易程序和普通程序独任审理。在审理分流方面，南京采取以要素式审理作为立案、庭审、文书制作核心主线的解决方案，并制定了详尽的知识产权各类型案件要素表、要素对比表，判决书示例、司法确认配套文件和诉讼程序流程图作为附件。此外，考虑到中级人民法院也存在大量情形简单的知识产权民事一审案件，南京市提出构建适用于中级人民法院知识产权案件特点的快审机制。深圳市南山区人民法院构建涵盖速裁案件、简单案件、普通案件、复杂案件、疑难繁案的五层次民商事案件体系，既做到了简案快审，又选拔资深法官和法官助理组建繁案精审团队，专攻重大疑难复杂案件。

三是机制创新规范权力行使。湖南省高级人民法院推进类案强制检索，出台专门文件要求人民法院告知当事人及其代理人、辩护人可进行类案检索，类案检索情况可作为诉辩意见的组成部分向法院提出；案件审理中，要把类案辩论的情况记入笔录，并进行审查、评议，其采信与否的意见及理由，应记入合议笔录。类案强制检索机制的引入和完善，有利于规范司法裁量权，统一裁判尺度。

四是多元解纷服务社会治理。湖北全省人民法庭除坚持严格公正司法、注重案结事了人和之外，还主动延伸职能，推动多元纠纷化解。2021年上半年通过各类调解组织、特邀调解员调解纠纷36429件，办理司法确认案件14791件；强化协同共治，对接全省妇联系统的家事调解委员会，将部分城区人民法庭转型为家事法庭，在34个人民法庭加挂"少年法庭"牌子；做好法治参谋，针对公共政策、行政执法、社会治理等方面存在的问题，及时提出司法建议。2021年7月30日，湖北省人大常委会通过了《关于充分发挥人民法庭作用 促进基层社会治理的决定》，要求各级人民法院应当完善人民法庭工作的组织领导和监督指导，优化人民法庭布局，创新服务保障基层社会治理的方式方法，不断提升人民法庭参与基层社会治理能力和水平。

五是为营商环境优化强化司法保障。多地法院深化司法审判执行对法治化营商环境的支撑作用。吉林省高级人民法院出台暖企惠企安企六项新措施，对涉罪企业认罪认罚的判断标准进行界定，对在押民营企业经营者依法从宽适用取保候审措施的情形作出明确，对涉企民事财产保全工作作出规制，努力缩短涉企案件办案周期，并采取组织试点、观摩示范、全面考评、成果转化等措施，确保取得实在成效。2021年4月，内蒙古自治区高级人民法院发布《内蒙古法院优化法治化营商环境具体措施（三十条）》，从加强企业家人身自由和财产权保护、依法慎用强制措施、加大拖欠企业债务案件执行力度、确保困难企业通过司法途径维权渠道畅通、加强破产案件审判工作、强化涉企案件文明善意规范执行，以及妥善处理党政机关、国有企业拖欠民营企业债务的执行案件等方面提出具体要求。北京市丰台区人民法院将营商环境工作情况纳入党组会专题议事事项，组建优化营商环境工作专班，每月定期通报全院和各部门营商环境数据指标、亮点举措、典型案例和工作动态，涉及营商环境工作的硬指标被分解到审判庭、到团队，一体化纳入部门和个人目标考核基础项，取得实际成效的特色工作纳入绩效加分项，全方位激励引导全院干警形成推进营商环境工作的合力。深圳市南山区人民法院出台法治化营商环境沟通联系办法，建立涉营商环境案件信息收集报告、信访件专办等工作机制。

（五）跨区域实施协作常态化

随着经济社会诸要素的快速流动，传统的地域管辖、条块分割机制已不能适应现代社会需求。对此，各地的政务服务跨区域通办、执法监管跨区域协作探索实践日渐频繁。

2020年10月，广东政务服务网（http：//www.gdzwfw.gov.cn/）正式上线泛珠三角区域"跨省通办"专栏，企业群众既可在线全流程网上办理相关事项，还可在韶关、梅州、东莞等9个地市政务服务大厅的"跨省通办"专窗或政务服务一体机，一站式办理广东、广西、海南、湖南、江西、湖北、福建等地的470余项政务服务事项。毗邻澳门的珠海市还就不动产、税务、商事登记、民生保障等推出"跨境通办"，服务于澳门企业、居民在珠海创业、投资和生活；佛山市在香港、澳门铺设"市民之窗"自主终端，为港澳居民提供十多项高频事项的"一机办"服务。

辽宁、吉林、黑龙江东北三省就打击侵犯知识产权和制售假冒伪劣商品工作执法协作签订备忘录，三省对口部门建立执法联络协调机制，包括：信息通报机制，并依托"两法衔接"平台，实现三省对口部门打击违法犯罪案件信息的资源共享；案件协查协作机制，建立案件线索调查、取证、执行等协助办案机制，联合开展专项执法行动和联合执法机制；以及线索移送机制、联席会议机制、日常联络机制等。江苏、上海、浙江、安徽四家高级人民法院和四地知识产权局建立科技创新知识产权司法与执法协作机制。

2020 年 10 月，黄河流域省会（首府）城市法治协作联席会议第一次会议举行，推动建立黄河流域省会（首府）城市法治协作机制，内容涉及：立法协作，增强行政立法协同性；执法协作，加强黄河流域生态保护和高质量发展行政执法协同配合；矛盾纠纷化解协作，律师服务业发展协作和公共法律服务协作、人才交流培养协作以及法治资源要素流动协作等机制。2020 年 11 月，上海、江苏、安徽、江西、湖北、湖南、重庆、四川、贵州、云南十个省市的市场监管局共同签署《"长江禁捕 打非断链"专项行动沿江十省市市场监管执法协作机制》，建立"线索移送、协办协查、联合办案、执法互认、信息交流、联合宣传"六项机制，以加强长江沿岸地区的禁捕退捕工作执法协作，凝聚执法合力，进而彻底斩断长江流域非法捕捞渔获市场销售产业链。

司法协作方面也有突破。2021 年 4 月，上海市黄浦区、金山区、青浦区，江苏省苏州市、浙江省湖州市、嘉兴市六地检察院的检察长共同签订《长三角一体化检察党建联建协议》，加强长三角毗邻地区检察机关党组织的横向交流，推进区域化党建共享共赢。浙江省人民检察院出台专门文件，要求为长三角一体化发展营造良好的法治环境，推动完善长三角检察机关办案协作和资源共享机制，形成法律监督合力，推进长三角区域检察数据共享和交换体系建设。合肥、杭州、宁波、温州等沪苏浙皖四地七个检察院共同签署《长三角地区检察机关反走私司法一体化协作配合框架协议》，推进区域反走私司法协作。上海市铁路运输检察院、江苏省启东市检察院联合启东市市场监督管理局、启东市渔政监督大队、相关乡镇政府、园区管委会等，就加强野生河豚监管工作形成会议纪要，探索长三角一体化的检察公益诉讼。

三　法治监督体系更为严密

地方法治建设必须完善权力运行的监督和制约机制，规范立法、决策、执法、司法等权力行使。各地法治监督体系建设取得了显著进展。

（一）备案审查监督制度显著健全

备案审查监督，对于规范性文件、决策从源头上合法合规具有重要意义。2019 年 12 月，十三届全国人大常委会第四十四次委员长会议通过的《法规、司法解释备案审查工作办法》第 55 条规定，地方各级人大常委会参照本办法对依法接受本级人大常委会监督的地方政府、监察委员会、人民法院、人民检察院等国家机关制定的有关规范性文件进行备案审查。2020 年以来，各地关于规范性文件备案的地方立法迎来高潮。河北省、云南省、福建省、江苏省、新疆维吾尔自治区、天津市、辽宁省、湖北省、青海省、上海市、山西省、海南省等省级人大常委会或出台了新的规范性文件备案审查地方性法规，或对已有地方性法规完成了修订工作。其典型，如《上海市人民代表大会常务委员会规范性文件备案审查条例》于 2021 年 5 月通过，将市政府制定的规章、决定、命令、规定、办法等，本市地方性法规要求市人民政府及其相关工作部门制定的与实施该法规相配套的规范性文件，市监察委员会为执行国家法律法规或根据授权制定的规范性文件，市高级人民法院、市人民检察院制定的指导、规范审判、检察业务的规范性文件，区人民代表大会及其常务委员会作出的决议、决定，均纳入应当报送市人大常委会备案的范围。在审查标准上，既包括可能存在违背宪法规定、宪法原则或宪法精神问题，与党中央的重大决策部署不符或者与国家重大改革方向不一致问题，违背法律、法规的规定，以及明显违背社会主义核心价值观和公序良俗，对公民、法人或者其他组织的权利和义务的规定明显不合理，或者为实现立法目的所规定的手段与立法目的明显不匹配，因现实情况发生重大变化而不宜继续施行等明显不适当问题。上海市还要求法工委每年向市人大常委会报告开展规范性文件备案审查工作的情况，备案审查工作情况报告根据审议意见修改后应在市人大常委会公报和上海人大公众网刊载。湖北省荆州市、湖南省常德市等地出台专门文件，对村规民约、居民公约和自治章程加强法制审核，要求制定主体、制定程序、内容均应合法，规范法制审核程序，并对审核中发现的典型问题进行剖析，将基层自治更好地纳入法治轨道。安徽省出台《关于进一步加强合法性审查工作的意见》，要求严格执行合法性审查制度，优化工作流程，着力解决审查能力与工作任务不适应、审查走形式等问题，对重大行政决策和行政规范性文件加强审查，做到应审必审，明确审查标准和要点，完善审查事项的送审、审查、审签、意见反馈等环节，并引入提前介入机制，确保各项工作在法治轨道上运行。

规范性文件清理常态化。2020 年下半年以来，不少地方对其行政规范性文件进行了新一轮全面清理。其典型，如青海省以 2018 年全面清理结果为基数，将 2018 年 7 月 1 日至 2020 年 6 月 30 日公布的规范性文件列入清理范围，共清理行政规范性文件 3892 件，决定继续保留 2491 件，拟修改 281 件，废止失效 1120 件。经过四轮清理，青海全省的行政规范性文件数量由最初的 13681 件精减至 2491 件。2020 年 7 月，陕西省司法厅下发《关于开展全省政府规章和行政规范性文件清理工作的通知》，随后省政府各部门、各市县对规范性文件进行了全面清理，并发布了继续有效的规范性文件目录，明确已经废止和失效的规范性文件，不得作为行政执法和管理的依据。

（二）执法监督更加系统有力有效

执法监督是法治监督的主体内容，通过执法监督可以倒逼行政执法严格规范公正文明，克服执法不作为、乱作为、选择性执法和逐利执法。

2021 年初，《四川省人民政府办公厅关于印发〈四川省行政执法公示办法〉〈四川省行政执法全过程记录办法〉〈四川省重大行政执法决定法制审核办法〉的通知》出台，对之前的制度规定进行修订；2021 年 5 月，《四川省行政执法监督条例》第二次修订通过。由此，行政执法决定信息公开、撤销和更新的时限与可操作性更强，行政执法各环节全过程记录的内容、各种执法文书的具体要求、中断音像记录的处理更明确，重大执法决定法制审核的范围、人员配备标准、处理程序和追责情形得以细化，加大了对执法不作为、乱作为、选择性执法、逐利执法的追责力度。

加强和改进行政复议监督。浙江省市县三级全面形成"行政复议局 +

行政复议咨询委员会"办案模式，2020年度案件调撤率达40.7%，纠错效果显现。义乌市行政复议局自2015年成立后，围绕便民、规范两大关键议题，就基础保障、工作流程、制度建设、指导监督、听证调解、文书档案六大方面加强行政复议规范化建设，并试点开展行政复议办案辅助人员机制，开发行政复议云平台推进智慧复议，实现大部分行政争议化解在基层，化解在行政机关内部，化解在行政程序中，极大增强了人民群众法治监督的获得感。

2021年6月，宁夏回族自治区党委全面依法治区委员会印发《宁夏回族自治区行政复议体制改革实施方案》，除实行垂直领导的行政机关外，县级以上一级地方政府只保留一个行政复议机关，行政复议职能统一由一级地方政府集中行使。2021年4月，广东省中山市委全面依法治市委员会办公室印发《中山市行政复议体制改革实施方案》，从整合复议资格、配备编制资源、建立专业化工作队伍、优化复议委员会等方面进行纵深改革。中山市在24个镇街司法所公共法律服务工作站挂牌成立"行政复议与调解对接工作站"，对行政争议进行调解；上线"中山掌上复议"小程序，实现在线认证、上传和审核资料、手机信息同步提示等功能，行政复议申请人及其代理人可查询复议申请办理进度和复议结果。

（三）司法监督制度进一步完善

加强对司法权运行与法官、检察官办案的监督，对于促进司法公正具有重要意义。

安徽省芜湖市中级人民法院着力加强审判制约监督体系建设，将院庭长分案比例提高10%～20%，促使院庭长及时把握审判一线动态；抓好关键案件，完善审判管理平台，利用院庭长监督管理模块对案件进行线上标记、跟踪、审核、监督，实现关键案件自动标识、重点案件自动追踪、监管全程留痕；抓好关键环节，立案环节随机分案，审判环节促进合议实质化，结案环节抓均衡结案；抓好关键问题，紧盯质效短板促提升，紧盯裁判尺度促统一，紧盯意见建议促公正等。

正卷、副卷一并调阅，可以拓展检察监督的广度、深度和精准度，但实践中存在较大障碍。以往检察官办理民事诉讼监督案件调卷，先要获取案号，然后办理调卷审批手续，再将调卷函交给法院相关部门办理借卷，线索匮乏、被动受案、耗时长久、碎片化监督等构成民事诉讼检察监督的瓶颈。黑龙江省人民检察院与省高级人民法院会签《关于调阅民事诉讼卷宗有关事项的规定（试行）》，实行三级院跨级别、跨地域的民事审判卷宗的正卷、副卷一并调阅制度，明确一并调阅正卷、副卷的范围、条件和程序、期限，严格使用保管，落实保密责任，确保被调阅卷宗和内容的安全。当地人民检察院利用正卷、副卷一并调阅制度，大量监督线索浮出水面，监督效率大幅提升。

河南省人民检察院与河南省河长办合作，全面推行"河长 + 检察长"改革。2018 年底以来，河南省人民检察院与水利部黄河水利委员会、河南省河长办倡议发起、统筹协调、组织开展黄河流域九省区"携手清四乱、保护母亲河"专项行动，探索以检察机关与行政机关河湖治理协作联动，形成合力效果。"河长 + 检察长"模式在甘肃、江苏、江西等多地得到推广。

浙江省海盐县人民检察院研发"案件码"刑事案件质效管控系统，引入分级管控理念，通过红黄绿三色二维码直观反映在案证据质量，对提前介入及审查逮捕案件实行源头控制、动态跟踪、全程监督，从犯罪构成、量刑情节对案件进行整体打分和反向扣分，出具问题清单，精确引导公安机关完善补充侦查，公安机关根据问题清单的指引补强完善证据后，承办检察官更新案件评分，"案件码"颜色随之动态更新。案件码的应用不仅降低了检察机关"案件比"，也倒逼公安机关办案水平提升，提升司法效能的同时也节约了司法资源。

（四）多元纠纷化解纵深推进

坚持和发展新时代"枫桥经验"，诉调对接、警民联调、访调对接等工作机制及相关创新，在各地得到大力推进。

2021 年 7 月，《深圳经济特区矛盾纠纷多元化解条例（征求意见稿）》向社会公开征求意见。深圳拟规定倡导矛盾纠纷的当事人在平等自愿、互谅互让的基础上协商和解。未能协商和解但适宜调解的矛盾纠纷，应当优先适用调解方式化解；设置律师、基层法律工作者鼓励和引导当事人采取非诉方式化解纠纷的法定义务；引入民商事纠纷中立评估机制①，当事人可以委托中立第三方就纠纷的事实认定、法律适用和处理结果进行中立评估，评估报告可作为当事人和解、调解的参考；人民法院可在诉讼相关费用杠杆机制中对中立评估的结果加以应用。

北京市高级人民法院制定了《北京法院民事案件"多元调解 + 速裁"机制工作规范》，打通分流、调解、速裁、精审的程序关口，实现各程序的有机衔接，推进"多元调解 + 速裁"向前端延伸，促进纠纷源头有效治理。各基层法院在推进过程中，以统一管理部门、统一调解员管理使用、统一工作流程、统一信息系统为抓手，形成诉讼前端快调速审、后端精审细判的前后端审判格局。2020 年全市 17 家基层法院运用"多元调解 + 速裁"机制共结案 324395 件，用 21.1% 的民事员额法官化解了 69.5% 的民事纠纷。前端速裁案件平均审理天数为 49 天，比后端平均审理时间缩短 29 天。

各地行政争议调解中心迈向实体化、标准化和智能化。为促进行政争议实质解决，上海积极探索法院院庭长直接办案协调，行政机关负责人出庭配合法院协调，律师参与协调化解，司法、行政联动协同等多种形式。比如，在一起行政案件中，被告正职负责人应法院要求出庭应诉，对原告的诉求和异议，进行了细致的法律释明和疑问解答，既缓解了对立气氛，也促进了纠纷化解②。

《江苏省法治社会建设实施方案（2021～2025 年）》将构建多元高效的矛盾纠纷化解体系作为重要任务。江苏省司法厅出台《关于健全完善矛盾纠纷全周期管理的指导意见》。在事前防范方面，完善矛盾信息收集网络，

---

① 中立评估机制是指在特定规则约束下，由中立第三方根据案件情况为当事人提供专业评估意见，进而为纠纷化解提供指引和帮助。

② 参见《2020 年度上海行政审判白皮书和典型案例》。

强化对周期性、政策性、区域性矛盾的排查，为预测矛盾风险走势和强化源头预防提供技术支撑；健全纠纷研判预警及其发布制度，构建集常态分析、系统研判、动态发布于一体的矛盾纠纷预警体系；通过部门依法决策、市场主体诚信经营、执法机关不缺位不错位，推进防范关口前移。在事中控制方面，健全"一站式"化解服务，完善"网格＋调解"模式，矛盾就地化解不上交；加强非诉方式应用，推进调解、公证、仲裁等组合应用，形成分层递进、衔接配套的化解体系；加强伴随式心理疏导服务，在公共法律服务中心普遍设立心理工作室，鼓励各类调解组织和心理服务机构开展合作。在事后治理方面，着力健全矛盾纠纷修复调节反馈机制。一方面，健全补偿性措施，推动人际关系修复、信任关系修复和社会秩序修复；另一方面，加强矛盾纠纷背后深层次的制度政策问题研究，建立纠纷化解专题报告制度，推动完善相关地方立法、政策和流程机制。

浙江形塑"信访打头、调解为主、诉讼断后"的纠纷化解格局，建设县级社会矛盾纠纷调处化解中心，基层法院诉讼服务中心全部入驻，诉源治理效应凸显，实现收案数量下降、办案质量提升、人民群众获得感增强的多赢效果①。北京市朝阳区打造"无讼朝阳"矛盾纠纷源头治理平台，应用区块链技术强化在线平台功能，搭建人民调解、行政调解、司法调解联动工作格局，人民群众可获得在线法律咨询问答、风险评估、视频调解、一键司法确认等服务。

四　法治保障体系更为有力

科技和信息化保障，迈向智慧法治。通过科技与法治的更好结合，推进信息化与现代技术的引入与深度应用，是法治创新发展的重要支撑。湖南省

---

① 2020 年度，浙江全省法院收案下降 7.2%。数据参见《浙江省高级人民法院工作报告——2021 年 1 月 28 日在浙江省第十三届人民代表大会第五次会议上》，浙江在线网站，https：//zjnews. zjol. com. cn/zjnews/202102/t20210203_22063917. shtml，最近访问日期：2021 年 8 月 10 日。

加快建设"数字政府"，在省政府规章《湖南省政务信息资源共享管理办法》基础上，进一步打破信息壁垒，48 个省级自建系统与省"互联网＋政务服务"一体化平台完成对接。

无人机等先进设备设施助力执法。比如，江苏省淮安市水政执法支队广泛应用无人机开展执法，发挥其距离远、速度快、视野开阔等优势，让执法队伍更精准掌握各河道情况，构建起空中、水上、岸上相结合的立体式、动态化执法监管格局。广东省广州市番禺区公安局成立无人机交通执法专门机构，将无人机与警务实战更好结合，在多个重点路段启动无人机交通执法应用，并录入公安部交通管理综合应用平台，有效提升了违法行为的发现和查处效率。

信息系统平台深度应用。各地执法监督智慧监控平台迈向完善，非现场的远程执法、信息化执法日渐普及，有利于统筹推进依法执法、科学执法和精准执法。比如，山东省生态环境保护综合执法智慧监管系统建成并投入运行，引入 AI、物联网、大数据挖掘分析等技术，整合原先的移动执法、随机抽查、信用评价等系统，依托政务云资源，实现与各相关业务系统的互联互通和资源共享，在执法信息融合、执法监管联动、执法队伍管理方面效果突出，由此"摸清底数、规范执法、智能预警、指挥调度、成效评估"的信息化闭环式执法体系初步形成。再如，宁波卫生监督部门利用安装在医疗废物暂存点、放射诊疗场所、预检分诊处、餐饮具消毒企业及住宿场所洗消间等监管场所的设施设备，自动拍摄、记录、抓取图像、音视频、温度、湿度等信息，应用人工智能分析并识别人体点位、肢体动作、姿态检测、物品等，综合研判违法行为并作出预警提示，推送给执法机关及相对人，不再需要人员实时查看监控音视频，为行政执法监管插上了人工智能的翅膀。

智慧司法方面，贵州开发上线政法机关跨部门大数据办案平台。通过省级数据交换平台，实现了全省政法机关的刑事案件办理跨网协同，在不改变各部门、机关办案系统功能的前提下，通过统一数据标准和接口方式实现业务协调及信息共享和部门间数据交换，依托一体化办案系统实现案件办理网上流转，办理情况全流程在线，案件办理全程留痕可回溯，现已涵盖 20 多个业务流程。由此，贵州检察机关实现检察统一业务应用系统 2.0 版与省政法协同平台的无缝对接。到 2020 年底，各地检察机关投入使用的公益诉讼快速检测实验室已有 336 个，具备对空气中常见参数检测能力的，有 155 个；具备对地表水质常见参数检测能力的，有 216 个；具备对土壤常见参数检测能力的，有 120 个；对噪音、辐射、振动三种参数，具备 1 种及以上参数检测能力的，有 113 个。

广州市中级人民法院印发《广州市法院信息化建设（2021～2023 年）三年发展规划》，就 5G 智慧法院进行一系列探索，开发了 5G + 庭审系统、5G + 司法区块链、5G + 智慧法院体验区、5G + E 法亭、5G + AOL 授权见证系统、5G + 云办案办公体系等多个 5G 司法应用场景，不断提升法院审判执行工作效能①。

五　展望建议

2021 年是"十四五"规划实施的开局之年，世界局势空前复杂，各类改革牵一发而动全身，法治改革逐步向深水区迈进。在此背景下，法治建设应更注重系统观念与目标导向，突出政治建设与人民中心，继续破解难题，勇于迎接新挑战，为迈向共同富裕提供坚实的法治保障。2021 年以来，已有江西、江苏、河北、陕西、辽宁、北京、上海等多个地方出台了综合性法治建设规划、法治社会建设规划等。这些法治规划立足当地实际，围绕地方中心工作，有利于发挥法治建设对地方经济社会的引领、支撑和保障作用。

第一，加强顶层制度设计，兼顾规范性与灵活性。地方法治建设是一项长期、系统的工程。地方的特殊性决定了法治的具体性。发展至今，地方法治推进已进入深水区，总结各地探索经验，加强顶层设计，非常必要。党的领导是全面推进法治建设的根本保证。地方各级党委应担当起推进本地区法治建设的领导责任，统筹协调破解当地法治建设过程中的重点、难点和痛点

---

① 也应看到，个别地方的政府、司法机关门户网站建设质量低劣，基本功能、信息尚得不到保障，遑论智慧与信息化。舍本逐末，一味追求最先进技术导向，恐怕也会导致新的问题。

问题。地方法治的纵深推进，既要强调问题导向，立足国情、地情和实际问题，不断破解难题，还要强调目标导向，增强法治的前瞻性，由党中央统揽全局、协调各方，提供实施路线、方针的目标指引和政治、组织、方法层面的支撑保障，应当坚持党的领导，秉持人民为中心。

在地方法治的推进中，应本着"从群众中来，到群众中去"的理念，调动社会、市场各方力量，以多种形式参与法治的谋划、实施和监督、保障，发挥公民、企业、事业单位、人民团体、社会组织等在地方法治建设中的作用，实现法治推进合力最大化。

第二，坚持以人民为中心，把依法保障人民权益作为法治推进的根本目标。今后一段时间，是中国特色社会主义法治体系从初步形成迈向不断完善的关键时期。各地应着力建设完备的法律规范体系。在法律规范体系建设中，应坚持以人民为中心，推进法律的立改废工作。随着社会主义民主政治的不断发展，社会公众的权利观念、法治意识不断提升，对国家治理的知情、参与、表达和监督的诉求日渐高涨。为此，需兼顾问题导向与目标导向，聚焦法治建设关键目标与群众关心的突出问题。特别应将医疗卫生、社会保障、户籍、教育、儿童老人福利等涉及人民群众切身利益的规则完善、政务服务和执法监管作为重点推进。

第三，优化法治化营商环境，释放经济社会活力。进一步优化法治化营商环境。推进"最多跑一次"改革、"一件事"集成改革，根据地方实际，最大限度削减微观领域管理事务和审批备案事项。此外，还应注意，对于近几轮行政审批改革中已改为备案、认证、认定的事项，应启动评估和清理，警惕沦为变相审批。

建设授信践诺政府，以政府公信促进全社会信用建设。政府授信践诺是社会诚信建设的基石。近年来，政府和社会资本合作（PPP）得到广泛应用，但一些地方政府草率签约、随意违约、盲目举债等现象较为多发，或承诺优惠政策不兑现，或"新官不理旧账"，这既破坏了投资人对政府机关的信心，也增加了地方财政风险。对此，各地应着力完善政府授信践诺机制，将政务履约、践约情况和政府失信行为清理情况，纳入法治政府考核，确保行政机关严格遵守行政协议和自身承诺，避免因政府换届、领导更替等违约毁约。

第四，突出地方特色，并不断增强区域协同。中国地方法治的推进，一直面临贯彻落实中央要求与适应地方需求的双重压力。各地区差异较大，过于强调"一刀切"的方式难以适应地方特色需求，强行推进不仅效率不高也可能导致新的问题。地方各类法治创新不断，为当地经济社会的正常运行和规范有序提供保障，但地区之间的法治差距有所加剧。对此，有必要采取措施积极应对。其关键在于，积极推进重点领域立法，研究新兴领域立法，开展跨区域协同立法。尤其是应进一步探索跨域立法协同。其典型，如粤港澳大湾区涉及三个法域两种基本制度，立法协同需求迫切而难度极大，存在体制、平台、理念、机制等各方面的难点和障碍。对此应本着"啃硬骨头"的精神着力破除，这也将为其他各类立法协同提供宝贵经验。此外，各地还应切实预防和纠正违法立法、重复立法、盲目立法和过度立法。这也是区域协同在规则层面的要求。还应加强执法监管机关之间的机构合作与信息共享，加速法治相关经验创新的复制推广，避免"规范鸿沟"和"监管鸿沟"的产生和扩大。

第五，突出执行落实，确保法治贯彻实施精准到位。一方面，无论是"黑天鹅""灰犀牛"还是"大白鲨"，各种类型特色的风险事件，都给现代社会治理增加诸多不确定、不可知因素。为此，今后的地方立法和监管，都应将"安全性"作为重要考量因子，应将守住安全底线作为基本宗旨，强化"安全性"为目标的立法与监管。另一方面，应加强对法治工作的全面有效监督，将法治监督作为党和国家监督体系的重要组成部分，不断增强监督效能。构建和完善执法责任制、法官检察官办案责任制，构建科学合理的行政责任、司法责任认定和追究制度。还应注意发挥好考核评价对地方法治建设的推动作用，健全法治建设满意度测评和学术界评估制度，将第三方评估作为检验地方法治建设成效的重要机制。

第六，加强平台建设，提升信息化水平，迈向智慧法治。推进大数据、云计算、人工智能、数据链等现代科学信息技术与法治工作的深度融合，迈向权力全流程平台运行、执法自动留痕。这包括：推进地方立法的数字化，完善立法智能辅助平台，上线并不断完善项目管理、条文比对、法规清理、意见征集等功能板块，推进法规立项、制定、修改、清理的全过程智能化，运用大数据统计分析优化条文设计。推进政府履责的智能化，构建行政执法数字化平台，推广"信用＋执法监管"应用场景。推广政法一体化办案系统，加强执法平台、复议平台、政法一体办案平台的互联互通，形成一体化、全流程的数据链生态系统。推进社会治理的智慧化，加强智慧普法平台建设，构建基层治理数字化平台，探索大数据纠纷化解的分析研判机制，完善在线矛盾纠纷多元化解平台。

第七，加强法治队伍建设，提供有力支撑保障。法治队伍建设对于地方法治异常重要。全方位加强法治队伍建设，是地方法治行稳致远的关键所在。应当创新教育培训模式，强化思想建设、政治建设和实践锻炼，提升法治队伍的综合能力素质，推进其革命化、正规化、专业化和职业化。在地方立法方面，应考虑到一些设区的市立法力量仍较为薄弱，设区的市人大立法机构和人员均存在不足，应着力推进立法人才队伍建设，建立起职业化立法队伍。在法治实施方面，应建立适应现代社会需求和智慧执法的新型行政执法队伍。在法治监督方面，应稳步发展行政复议审查力量，以适应行政复议体制改革和案件审查需求。在基层，应不断完善基层法治推进工作体制机制，特别是要注重基层法治的机构和队伍建设。

第八，增强普法有效性针对性，迈向全民守法。更加重视新样态普法，进一步提升普法的有效性、整体性，大幅提升公民法治素养。将"谁执法谁普法"和以案普法作为普法的新常态，提升普法的专业水平，增强普法的针对性。比如，着力增强企业合规意识，就企业经营法律风险的规避、预防和应对，进行更具针对性的宣传引导，开展法治示范企业创建活动，推动企业规范自身行为。由此，从事后解纷的高效率迈向事先预防的高效能。

法 治 评 估

Evaluation of Rule of Law

B.2

中国立法透明度指数报告（2021）

——基于人大常委会网站的考察

中国社会科学院法学研究所法治指数创新工程项目组 *

摘　要：　中国社会科学院法学研究所法治指数创新工程项目组2021年
继续针对人大立法透明度工作进行评估。本次针对全国人大
常委会和31个省、自治区、直辖市人大常委会门户网站进行
了评估。评估发现，部分地方人大更加重视人大立法透明度
工作，推动立法过程应公开尽公开。同时，往年评估过程中
发现的诸如公开不及时、公开不到位等部分问题依然存在。
建议各级人大进一步提高对立法公开的认识，将公开作为常
态化工作融入立法活动，切实通过公开不断提高立法质量，

---

　　*　项目组负责人：田禾，中国社会科学院国家法治指数研究中心主任、法学研究所研究员，中国
社会科学院大学法学院特聘教授；吕艳滨，中国社会科学院法学研究所研究员，中国社会科学
院大学法学院宪法与行政法教研室主任、教授。项目组成员（按姓氏笔画排序）：王小梅、王
祎茗、吕艳滨、李士钰、张红春、张喆姝、胡昌明、栗燕杰、雷继华等。执笔人：刘雁鹏，中
国社会科学院法学研究所助理研究员。

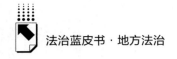

为发展全过程人民民主提供保障。

关键词: 立法质量 立法公开 全过程人民民主 人大常委会网站

"夫立法之大要，必令善人劝其德而乐其政，邪人痛其祸而悔其行。"①立法之根本效果乃是为了惩恶扬善，而立法公开则能将立法效果最大化。立法公开是贯彻落实全过程人民民主的前提条件，是科学立法的内在要求，推动民主立法的题中应有之意，是依法立法的必然选择。立法透明度高的地方立法质量不一定高，但透明度低的地方立法，其质量一定受限。立法质量的高低取决于法规文本的结构、语言以及体例是否能够做到既科学又合理，既凝练又清晰；取决于制定的法律法规在多大程度上能够切实解决实际问题，在定分止争的同时提高生产生活效率，在明确权利义务的同时宣扬社会主义核心价值；取决于在多大程度上听取、回应和吸纳了公众的诉求和建议。故提高立法质量要求充分考虑立法的专业性和权威性，还要考虑立法的民主性和广泛性。通过立法公开能够有效地结合权威意见和民意基础，是提高立法质量的不二法门。

为全面评价和推动人大立法公开工作，2021 年中国社会科学院法学研究所法治指数创新工程项目组对全国人大常委会和 31 个省级人大常委会门户网站立法透明度情况进行了评估②。

一 立法透明度评估总体情况

为了保障评估的连续性，本次评估指标体系同往年保持一致，设置立法工作信息公开、科学立法信息公开、民主立法信息公开以及立法优化信息公

---

① ［汉］王符《潜夫论·断讼》。
② 评估仅涉及到地方人大常委会在网站中公开的情况，其他工作内容均不涉及，所体现的成绩及反映的问题也仅是公开方面的内容，特此说明。

开这 4 个一级指标（见表 1）。在评估方法上，依然采用客观评价方法，从客观事实出发，切实反映人大立法透明度的真实情况。

表 1　地方立法透明度指数评估指标体系

一级指标及权重	二级指标及权重	三级指标及权重
立法工作 信息公开 （20%）	领导信息（10%）	领导名单（50%）
		领导简历（50%）
	常委会信息（30%）	机构列表（20%）
		机构职能（20%）
		机构名单（20%）
		负责人信息（20%）
		联系方式（20%）
	立法工作总结（30%）	上一年度立法工作总结（40%）
		上一年度立法数据信息（30%）
		上一年度立法重点领域信息（20%）
		上一年度立法过程信息（10%）
	法规数据库（30%）	法规文本（60%）
		法规检索（40%）
科学立法 信息公开 （30%）	立法计划（60%）	及时性（40%）
		完成度（20%）
		完整性（40%）
	立法规划（20%）	立法规划公开（100%）
	立法论证（20%）	专家论证（50%）
		学者论证（50%）
民主立法 信息公开 （30%）	立法草案公开（40%）	专门栏目（20%）
		草案说明（40%）
		草案审议结果（40%）
	立法征求意见（40%）	征求意见时间（50%）
		征求意见渠道（50%）
	征求意见反馈（20%）	反馈结果公开（30%）
		反馈数量公开（30%）
		是否反馈意见（40%）
立法优化 信息公开 （20%）	立法评估（40%）	立法评估制度（30%）
		立法评估实践（30%）
		立法评估报告（40%）
	执法检查（40%）	执法检查实践（50%）
		执法检查报告（50%）
	法规备案（10%）	备案情况实践（50%）
		备案情况报告（50%）
	规范性文件（10%）	规范性文件审查制度（50%）
		规范性文件审查报告（50%）

对上述指标的评估主要依靠全国人大常委会及各省级人大常委会通过本机关门户网站及其他媒体渠道公开的信息。测评时间为2020年9月1日至2021年10月10日。

根据4个板块的测评结果和权重分配，项目组核算并形成了全国人大常委会及31家省级人大常委会的总体测评结果（见表2）。

表2 2021年度立法透明度指数评估结果

单位：分

排名	评估对象	立法工作信息公开	科学立法信息公开	民主立法信息公开	立法优化信息公开	总分
1	全国人大常委会	89.20	100.00	80.00	74.00	86.64
2	贵州省人大常委会	76.00	97.60	92.00	64.00	84.88
3	北京市人大常委会	67.00	95.20	89.00	79.00	84.46
4	江苏省人大常委会	80.20	97.60	56.00	74.00	76.92
5	上海市人大常委会	85.00	97.60	60.00	47.00	73.68
6	安徽省人大常委会	64.40	93.70	55.00	74.00	72.29
7	内蒙古自治区人大常委会	87.40	80.00	64.00	52.00	71.08
8	湖南省人大常委会	74.20	94.60	48.00	54.00	68.42
9	甘肃省人大常委会	65.00	76.47	64.00	62.00	67.54
10	重庆市人大常委会	89.20	77.60	44.00	64.00	67.12
11	四川省人大常委会	79.60	91.20	44.00	52.00	66.88
12	广东省人大常委会	85.00	92.20	28.00	64.00	65.86
13	宁夏回族自治区人大常委会	73.60	62.67	64.00	59.00	64.52
14	浙江省人大常委会	79.60	65.60	60.00	54.00	64.40
15	海南省人大常委会	70.60	95.20	44.00	42.00	64.28
16	江西省人大常委会	71.20	65.60	44.00	62.00	59.52
17	云南省人大常委会	45.30	94.60	44.00	42.00	59.04
18	黑龙江省人大常委会	74.20	30.91	60.00	79.00	57.91
19	山东省人大常委会	65.60	75.20	44.00	42.00	57.28
20	广西壮族自治区人大常委会	69.20	44.00	60.00	54.00	55.84
21	河北省人大常委会	88.00	53.60	44.00	42.00	55.28
22	湖北省人大常委会	66.90	50.85	48.00	54.00	53.84
23	辽宁省人大常委会	74.60	32.00	44.00	72.00	52.12
24	福建省人大常委会	31.40	93.10	10.00	54.00	48.01
25	山西省人大常委会	38.20	52.00	44.00	54.00	47.24

续表

排名	评估对象	立法工作 信息公开	科学立法 信息公开	民主立法 信息公开	立法优化 信息公开	总分
26	陕西省人大常委会	76.00	20.00	44.00	42.00	42.80
27	青海省人大常委会	49.00	53.60	18.00	54.00	42.08
28	吉林省人大常委会	80.20	20.00	28.00	54.00	41.24
29	河南省人大常委会	74.80	20.00	28.00	54.00	40.16
30	新疆维吾尔自治区人大常委会	31.60	20.00	52.00	42.00	36.32
31	西藏自治区人大常委会	26.80	32.00	23.00	54.00	32.66
32	天津市人大常委会	55.00	20.00	10.00	59.00	31.80

本次评估共有 7 家人大常委会总分超 70 分，包括全国人大常委会、贵州省人大常委会、北京市人大常委会等 15 家人大常委会得分在 60 分以上。本次评估无论是超过 70 分的被评估对象，还是超过 60 分的被评估对象，均与上年持平。本次评估结果有如下特点值得关注。

首先，全国人大常委会立法透明度表现亮眼。本次将全国人大常委会纳入评估对象，从结果来看，全国人大常委会总分为 86.64 分，远超地方人大常委会，位列第一。全国人大常委会无论是科学立法信息还是民主立法信息，抑或是立法优化信息，都能够严格依照《立法法》的规定，基本做到应公开尽公开，尤其是在征求法律草案意见方面，不仅公开法律草案意见说明、反馈渠道、截止日期等必要信息，而且在草案征求意见结束后，还对参与人数、意见数量等关键信息予以公开，是地方人大常委会提升立法透明度可参照的样板。

其次，各评估对象对四大板块重视程度各有不同。其中立法工作信息板块普遍优于其他板块，无论是本年度还是上一年度评估，立法工作信息平均成绩均是第一。此外，相比上一年度，本年度被评估对象普遍重视立法工作信息公开和科学立法信息公开，忽视民主立法信息公开以及立法优化信息公开（见表3）。这说明，无论是中央还是地方，都在极力推动立法基本信息公开，逐步重视科学立法工作，但是在推进民主立法和立法优化方面仍有较大提升空间。

表3   2021年度与2020年度各板块评估结果对比

单位：分

板 块	2021年度	2020年度	对比
立法工作信息公开	68.06	60.50	上升
科学立法信息公开	65.46	60.16	上升
民主立法信息公开	48.03	53.57	下降
立法优化信息公开	57.16	59.42	下降

最后，部分地方立法公开与地方经济发展不匹配。立法工作需要投入大量人力、物力、财力，需要消耗立法者时间和精力。从理论上说，地方经济发展水平越高，对立法工作的投入可能会越多，立法公开越好；反之，地方经济发展水平较低，则投入可能会略显不足。评估发现，部分地方超越地方经济发展不足的现状，立法透明度逆势而上，排名高于其GDP排名，高于人均GDP排名（见表4）。例如，贵州省人大常委会在全国各省、自治区、直辖市中GDP排名较为靠后，2020年GDP排名第20位，人均GDP排名第25位，但其省级人大立法透明度排名位列第一。

表4   立法透明度与GDP排名对比

省/自治区/直辖市	2021年度立法透明度排名（仅限于省级人大）	2020年GDP排名	2020年人均GDP排名
贵州省	1	20	25
北京市	2	13	1
江苏省	3	2	3
上海市	4	10	2
安徽省	5	11	13
内蒙古自治区	6	22	11
湖南省	7	9	14
甘肃省	8	27	31
重庆市	9	17	8
四川省	10	6	16
广东省	11	1	6
宁夏回族自治区	12	29	19
浙江省	13	4	5

省/自治区/直辖市	2021 年度立法透明度排名（仅限于省级人大）	2020 年 GDP 排名	2020 年人均 GDP 排名
海南省	14	30	15
江西省	15	15	20
云南省	16	18	23
黑龙江省	17	25	30
山东省	18	3	10
广西壮族自治区	19	19	29
河北省	20	12	26
湖北省	21	8	9
辽宁省	22	16	17
福建省	23	7	4
山西省	24	21	27
陕西省	25	14	12
青海省	26	30	24
吉林省	27	26	28
河南省	28	5	18
新疆维吾尔自治区	29	24	21
西藏自治区	30	31	22
天津市	31	23	7

二　评估发现的亮点

全国立法公开工作亮点纷呈，在法规解读、立法计划完成度、法规数据库等部分领域比上一年度有所加强。同时，全国人大常委会及省级地方人大常委会普遍重视数字化建设，逐步将公开平台打造成沟通立法者与民众的数字桥梁，为贯彻落实全过程人民民主奠定基础，为推动数字中国建设贡献人大样本。

（一）法规解读有所增加

法律法规文本与人民群众生产生活关系重大，但严谨、晦涩的法言法语影响到人民群众对法律法规的理解和把握，因此法律法规解读的发布就显得尤为重要。及时发布法规解读能够帮助社会公众更好地了解法规内容，知晓其中涉及的重点难点，以便更好地接受并学习新出台的法规。评估发现，包括广西壮族自治区人大常委会、河北省人大常委会、海南省人大常委会在内的9个被评估对象，在地方性法规发布后及时公开法规解读，数量比2020年度的5家增加了4家。

（二）公开征求意见反馈

法律法规意见反馈的公开可以方便公众参与立法活动，告知公众立法宗旨和主要制度设计，有益于增强公众对法律法规的认同感。同时，还能增加立法工作者同群众的互动，增强立法民主性，是贯彻落实全过程人民民主的重要形式和路径。评估发现，包括全国人大常委会、江苏省人大常委会、北京市人大常委会在内的多家人大常委会对征求意见情况进行了反馈，有的公开了收到意见的数量，有的选择了部分意见予以公开。

（三）公开废止法律法规

很多历史遗留问题与当时立法息息相关，公开已经废止的法律法规，有助于梳理特殊历史背景下的遗留问题，将矛盾化解纳入法治轨道。同时，已经废止的地方性法规虽然失去了效力，但依然有学术研究价值，对于构建立法发展历史脉络、研究立法发展历程极其重要。评估发现，青海省人大常委会、广东省人大常委会、上海市人大常委会将已经废止的地方性法规予以公开，建立起完整的地方性法规数据库。

（四）法规进行有效分类

截至2021年1月底，中国现行法律共274件，省级地方性法规平均也超过百余部。评估发现，包括全国人大常委会、重庆市人大常委会、青海省人大常委会等在内的9家评估对象设置了较为合理的分类标准，约占全部被评估对象的28.125%。其中国家法规数据库依据法律部门将现行有效的法律分为宪法相关法、民商法、行政法等。地方人大常委会依据立法权限、范围和地方特色，对地方法规数据库进行了分类。例如，重庆市人大常委会依据财政经济、社会事务管理、城乡建设等进行分类。数量庞大的法规数据库需要科学合理的分类，才能有效降低查询耗费的成本。

（五）计划完成度进一步提高

立法计划完成度高低是反映立法计划科学性的重要标志。较高的完成度要求立法机关科学、合理地考量一年的立法工作量，认真、细致地审视拥有的立法资源。评估发现，有13家被评估单位立法计划完成度超过上一年或持平，约占被评估对象的40.63%。另外，本年度评估中，立法计划完成率100%的有10家，较上一年度的7家增加了3家。无论从整体提升还是满分数量增加看，立法计划完成度都进一步提高（见表5）。

表5　立法计划完成率对比

省/自治区/直辖市	2018年立法计划完成率	2019年立法计划完成率	2020年立法计划完成率
上海市	77.78%	50%	100%
贵州省	10%	90%	100%
广东省	57.14%	100%	75%
吉林省	40%	——	——
浙江省	33.30%	50%	——
江苏省	33.30%	100%	100%
新疆维吾尔自治区	——	——	——
重庆市	50%	100%	100%
陕西省	——	——	——
四川省	71.42%	100%	66.7%
河北省	——	——	——
内蒙古自治区	53.85%	78.57%	100%
辽宁省	100%	69.23%	——
江西省	——	——	100%
山东省	80%	55.56%	100%
湖南省	——	——	75%

续表

省/自治区/直辖市	2018 年立法计划完成率	2019 年立法计划完成率	2020 年立法计划完成率
安徽省	67.86%	100%	100%
天津市	—	—	—
湖北省	77.78%	63.64%	57.1%
西藏自治区	—	0%	—
广西壮族自治区	66.67%	100%	100%
青海省	60%	—	—
宁夏回族自治区	66.67%	90%	88.89%
甘肃省	30.43%	72.2%	70.59%
黑龙江省	—	—	90.91%
河南省	—	—	—
山西省	—	—	—
北京市	80%	66.7%	80%
福建省	—	—	62.5%
云南省	100%	100%	75%
海南省	—	72.2%	100%

三 评估发现的问题

立法透明度工作的推进并非一蹴而就，既需要全国人大常委会以身示范、做好榜样、定好标准，又需要地方人大常委会互相学习、借鉴、参照，还需要直面立法透明度建设过程中遇到的问题。评估过程中发现，人大立法公开存在以下问题值得关注。

（一）公开平台建设有待加强

首先，部分被评估对象同时存在两个公开平台。门户网站是展示机关工作信息的重要平台，多个网站平台同时存在会令公众查找信息过程中无所适从，影响公开效果。而且，多个门户网站并存还会增加信息披露成本，容易造成信息遗漏或重复。此外，从外部视角来看，信息遗漏或不一致极容易给公众造成工作不专业、不积极甚至不公开的印象。评估过程中发现，部分评估对象同时存在两个门户网站。例如，广东省人大常委会在评估期间同时存在两个生效的网站①，其中一个网站披露了广东省 2020 年及以前的立法计划，另一个网站仅有 2021 年的立法计划，这就造成了立法计划公开的割裂。相同的还有江西省人大常委会门户网站，既有江西人大新闻网，又有江西人大常委会门户网，两个网站均发布了部分人大立法的内容，但都不全面且有部分内容重复。其次，平台友好性不足。评估发现，部分人大常委会网站搜索栏目无法正常使用，部分甚至没有搜索和查询功能，增加了公众查询难度。最后，第一平台的理念未曾确立。包括上海市人大常委会、浙江省人大常委会等未将门户网站作为公开的第一平台，很多信息优先在微信公众号中发布，忽视了在门户网站中展示。

（二）法规征求意见有待完善

首先，法规征求意见时间依然不足。立法广泛征求意见有利于提高立法的科学性、民主性，更是宣传立法的绝佳手段和重要途径。社会公众在了解地方立法的同时，有针对性地提出建设性意见，能够有效融入立法活动中，极大地提高立法活动的公众参与度。从这个角度来说，征求意见时间过短可能导致公众无法及时了解草案内容并提出针对性建议。对于法律而言，《立法法》直接规定征求意见时间不得少于 30 日。部分地方立法亦有类似规定，有的规定征求意见不少于 30 日，有的则规定不少于 15 日。例如，《上海市制定地方性法规条例》第 33 条规定："向社会公布征求意见的时间一般不少于十五日。"即便对征求意见的时间有所要求，在立法实践中依然有部分地方性法规不遵守相关规定，征求意见时间较短。例如，《上海市慈善条例（草案）》征求意见时间是从 2021 年 9 月 2 日至 9 月 15 日，明显低于规定的 15 日。征求意见时间较短并非个别现象，其他省市也有类似情况。例如，安徽省人大《安徽省公安机关警务辅助人员管理条例（草案）》公开

---

① 这两个网址分别是 http：//www.gdrd.cn/pub/gdrd2012/index.html 和 http：//www.rd.gd.cn/。

征求意见时间是 2020 年 11 月 17 日，公开征求意见截止日期是 2020 年 11 月 25 日，实际征求意见时间不足 8 天。其次，征集法规草案意见缺少草案说明。草案说明的存在是让公众了解法规草案制定必要性、可行性以及法规的重点、难点问题，能够帮助公众全方位了解法规制定的目的及主要制度设计，以便公众更好地提出意见建议。若仅仅公开法规草案却没有草案说明，则意见反馈情况必然不佳。评估发现，四川省人大常委会、重庆市人大常委会、广东省人大常委会、湖南省人大常委会等 16 家被评估对象的部分征求意见草案缺少说明，占全部被评估对象的 50%。最后，未能利用门户网站征求意见。部分人大常委会利用广播、电视、报纸、新媒体等方式向本地群众征求意见，这种方式无可厚非。但上述渠道传播范围有限，会限制相当一部分公众了解相关立法草案信息。评估发现，天津市人大常委会、青海省人大常委会等多家被评估对象本年度未利用门户网站征求意见。法规草案征求意见存在的问题直接导致参与立法活动的人数有限。例如，江苏省人大常委会制定的《江苏省铁路安全管理条例（草案）》征求意见仅收到 1 条意见；《贵州省林业有害生物防治条例》征求意见期间仅有 4 人参与，共提供 17 条意见。

（三）法规数据建设有待巩固

首先，部分法规数据库无法正常使用。评估发现，部分人大常委会法规数据库无法正常打开使用。例如，广西壮族自治区人民代表大会常务委员会门户网站中的法规数据库无法正常打开。其次，部分法规数据库没有对法规进行分类。大部分人大常委会门户网站建立了自己的法规数据库，但很少有对数据库中法规进行有效分类。例如，贵州省人大常委会门户网站中公开了百余部贵州省立法，但数据库中没有对贵州省立法进行有效分类，这无疑增加了查找数据库中法规的困难程度。若数据库中的法规能够按照一定的逻辑，如生效时间、法规类型、涉及领域等进行分类，将会极为方便公众查找法规。这方面，部分省人大常委会提供了立法分类，如河北省人大常委会就将河北省地方立法设置了交通运输、饮食服务等关键词和标签，方便公众查询。最后，国家法律法规数据库中的个别数据内容不准确。福建省人大常委会、云南省人大常委会、陕西省人大常委会等部分省份没有建立自己的法规数据库，给出链接直接关联国家法律法规数据库。有的地方国家法律法规数据库中公开的法规存在遗漏或者公开不及时现象，如《云南省中小企业促进条例》2021 年将 2008 年的条例废止了，但在国家法律法规数据库中该条例依然是生效状态。

（四）部分法规公开存在延迟

地方性法规事关企业、组织、个人的权利义务，一旦生效就应当及时公开，甚至应当在生效前进行预公开。否则，社会公众对于能够深刻影响自身生产生活的法规不了解，极有可能在毫不知情的情况下违法并受到处罚。评估发现，有 13 家被评估对象存在地方性法规公开延迟现象，约占 40.63%。例如，《江苏省绿色建筑发展条例》2021 年 5 月 27 日修改，2021 年 6 月 29日上网公示。《山西省促进中小企业发展条例》生效日期是 2020 年 7 月 31日，公开日期是 2020 年 12 月 17 日。再如，《贵州殡葬管理条例》生效日期是 2021 年 3 月 26 日，公开日期是 2021 年 4 月 1 日。

（五）宣传有余而报告不足

人大常委会门户网站一方面是宣传人大工作的重要平台，另一方面则需要担负起搜集立法建议、承担与社会公众对接和交流的职责。若只有宣传功能缺少公开公示功能，则平台无法起到承载人大立法公开的功能。部分人大常委会门户网站宣传效果积极到位，却无法通过门户网站获取诸如立法评估报告、执法检查报告、规范性文件审查备案报告等有益信息。评估发现，仅7 家被评估对象公开了规范性文件审查备案报告，约占 21.88%；32 家被评估对象均开展了执法检查活动，却仅有 7 家公开了执法检查报告。

（六）规划计划公开仍然薄弱

立法计划和立法规划公开情况依然较为薄弱，评估发现，18 家被评估对象完整地公开了近五年的立法计划，占 56.25%，8 家被评估对象部分公开了近五年的立法计划，占 25%，18 家被评估对象没有公开立法规划，占 56.25%。有的被评估对象有大量关于立法计划的宣传、报道，但找不到本年度的立法计划本身。例如，浙江省人大常委会做了 2020 年立法计划的宣传，却没有公开立法计划。有的门户网站仅公开了立法规划，却没有公开立法计划。例如，山西省未能有效公开立法计划，从 2017 年开始，山西省没有公开过 2018 年以来的立法计划，只有 2018~2022 年的立法规划。立法计划和立法规划不能相互取代，立法规划和五年发展规划纲要高度绑定，而立法计划和本省一年的发展重点相互契合。不能因为有了五年发展规划纲要就废弃年度发展重点，不能因为有了五年立法规划就不公开立法计划。

四 提升人大立法透明度的建议

在两个一百年交替之际，立法承担了更重的责任，重大创新举措需要于法有据，重要改革成果需要立法确认，重点领域需要立法保驾护航。此时此刻，人大及其常委会更应当响应好、贯彻好、落实好全过程人民民主，用最透明的方式、最广泛的渠道、最便捷的途径邀请更多的人民群众参与立法活动。故立法透明度建设在此基础上应当进一步打造好公开平台，进一步明确人大立法公开目的，进一步确立立法公开考核标准，推进门户网站内外分离，提升门户网站用户思维。

（一）确立立法公开第一平台

人大立法公开工作应当首先确定好公开的第一平台，地方立法活动不仅仅是地方事务，地方性法规的制定、修改、废止、解释影响的不仅是一方水土和一方百姓，更有可能影响法律体系的和谐统一、中央权威的贯彻落实，地方立法在制定、修改、解释过程中始终有不得与上位法相抵触的红线。为了保障该红线不被跨越，地方立法应当最大程度地吸收全国各地的意见和建议。这就要求在推动立法公开过程中选择最具有广泛性的传播方式。在宣传地方立法草案过程中，可以通过座谈会、论证会、电视、报纸、广播、微信微博等多种渠道征求意见。相比电视、报纸、广播，门户网站传播不受地域局限，不受时间限制，即便身在异国他乡都可以通过网上系统就地方立法草案提出意见建议。相比微博微信，门户网站能够最大程度克服内容碎片化问题，容易通过网站形成立法数据库。故在推进人大立法透明度过程中，应当以门户网站为第一平台，即使部分地方已经通过当地报纸、广播、电视、地方平台征求过多轮立法意见，公开过地方立法文本，也不能替代人大常委会门户网站的效果。

（二）明确人大立法公开目的

立法公开是手段而非目的，立法公开最终要实现的目的不仅仅是宣传立法成就，而是更好地加强立法机构与社会公众的沟通和交流，强化科学立法、夯实民主立法、践行科学立法。强化科学立法，就要求通过网站尽可能多地吸收社会公众的意见建议，提高立法质效。夯实民主立法，就应当最大限度拓宽公开范围，尽可能增加平台友好性和阅读性，在条件允许的情况下甚至增加无障碍模式，让视力欠缺的人也能够通过门户网站参与到立法活动当中。践行科学立法，公开草案征求期限不得低于法定最低限度，法规权威文本公开时间不得晚于生效日期。明确立法公开的目的后，人大常委会开展立法公开工作要从立法组织者和主导者视角转变为立法参与者视角，完善平台内容结构，提高公开频次和节奏。

（三）确立立法公开考核标准

人大立法透明度的提升离不开人大常委会的自觉，同时也有赖于全国人大常委会的推广。为提高人大立法公开水平，建议全国人大常委会在全国范围内开展立法公开考核，重点考察地方人大常委会网站公开不及时、不完整、不全面等方面的问题，通报批评长期不更新内容的门户网站，整合存在两个及以上的门户网站，并积极组织研究人大立法公开标准，制定全国范围

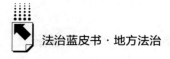

的人大立法公开细则和操作手册，提高全国各地的立法公开水平，让全国立法工作在阳光下运行。

（四）门户网站内容内外分离

人大常委会门户网站要处理好对内公开和对外公开的关系。公众并不会反对领导开会、调研、指示，但门户网站若仅仅作为展示领导开会、调研、指示的平台，而忽视公开相关立法资料和内容，则公众对人大立法的印象就会受到影响。故建议人大常委会门户网站实施内外分离，对外公开强调界面整洁、功能性强，科学合理设置栏目版块，降低信息获取难度；对内则强调工作考核、业务衔接，将门户网站打造成内部一流的工作平台。

（五）提升网站平台用户思维

网站平台要从产品思维向用户思维转变，产品思维下的网站建设只是简单的信息集成和堆砌。用户思维下的平台是在充分研究公众需求的前提下，不断提高网站平台的友好性，提升公众对平台的接受度和满意度。故网站平台的优化、完善都要以提升网站平台用户思维为导向，让普通人民群众能够通过浏览网站切实了解年度立法计划、五年立法规划、法律法规征求意见草案，参与到立法活动当中。

B.3
"法治政府建设年度报告"发布情况
第三方评估报告（2021）

中国社会科学院法学研究所法治指数创新工程项目组 *

摘　要：　为系统全面评估法治政府建设年度报告编写及发布情况，中国社会科学院国家法治指数研究中心、法学研究所法治指数创新工程项目组自2017年以来连续第五个年度对法治政府建设年度报告开展第三方评估。2021年度的评估发现了较多亮点，如年度报告发布情况普遍较好，按时发布的比例明显提升，部分评估对象设置集中公开平台集约化公开，部分对象提供多种报告形式，等等。本年度评估也发现了一些问题，包括超时发布和未发布报告，发布平台渠道栏目不统一、内容详尽程度悬殊、口径标准不一致、部分指标总体达标率不高等，需引起高度重视并加强整改。今后，应更加重视法治政府建设年度报告的编写，沿着制度化、规范化和标准化的道路，以年度报告带动法治政府建设精细化。

关键词：　法治指数　法治政府　法治政府建设年度报告

---

* 项目组负责人：田禾，中国社会科学院国家法治指数研究中心主任、法学研究所研究员，中国社会科学院大学法学院特聘教授；吕艳滨，中国社会科学院法学研究所法治国情调研室主任、研究员，中国社会科学院大学法学院宪法与行政法教研室主任、教授。项目组成员：王小梅、王祎茗、车文博、冯迎迎、刘鹏、米晓敏、胡昌明、洪梅、栗燕杰（按姓氏笔画排序）。执笔人：吕艳滨；王祎茗，中国社会科学院法学研究所助理研究员；田禾。

发布法治政府建设年度报告是各级政府展示其法治政府建设成效的重要载体，也是监督法治政府建设的重要渠道，更是加强法治政府建设社会评议、推动公众有序参与法治政府建设的重要途径。中共中央、国务院印发的《法治政府建设实施纲要（2015～2020年）》提出，县级以上地方各级政府每年第一季度要向同级党委、人大常委会和上一级政府报告上一年度法治政府建设情况，政府部门每年第一季度要向本级政府和上一级政府有关部门报告上一年度法治政府建设情况，报告要通过报刊、政府网站等向社会公开。《法治政府建设实施纲要（2021～2025年）》再次要求落实好该制度。中共中央办公厅、国务院办公厅印发的《法治政府建设与责任落实督察工作规定》规定，除涉及党和国家秘密以外，地方各级政府和县级以上政府部门应于每年4月1日前通过报刊、网站等新闻媒体向社会公开本机关法治政府建设年度报告，接受人民群众监督。

为系统全面评估法治政府建设年度报告编写及发布情况，中国社会科学院国家法治指数研究中心及法学研究所法治指数创新工程项目组（以下简称"项目组"）自2017年以来连续第五年对法治政府建设年度报告开展第三方评估。2021年，报告对各评估对象发布2020年年度报告的情况进行分析。

一　评估概况

（一）评估对象

2021年度评估涉及34家对外有行政管理职能的国务院部门（含22家国务院组成部门、1家国务院直属特设机构、8家国务院直属机构、3家国务院直属事业单位）、31家省级政府、49家较大的市政府和120家县（市、区）政府。

（二）评估内容与方法

本次评估依据中国社会科学院法学研究所国家法治指数创新工程项目组

所确立的评估原则（即依法评估、客观评价、突出重点、反映现状并引导发展）设定了评估指标体系。依据《法治政府建设实施纲要（2015～2020年)》《法治政府建设与责任落实督察工作规定》，评估涉及年度报告发布方式与年度报告内容两方面。年度报告发布方式侧重于评价评估对象是否发布年度报告、发布方式是否便于公众查询，包括报告发布、发布时间、发布渠道、发布栏目、发布形式。年度报告内容是根据上述两个文件的要求，选择了法治政府建设较为重要的内容作为本次评估的指标。

项目组通过对国务院各部门、各地方政府门户网站及其司法行政部门门户网站，采集年度报告发布情况数据，并依据指标对报告内容的完备程度进行分析。本次评估的数据采集截至2021年5月18日，评估保留了所有截图备查，并对截至2021年4月2日17时尚未按时发布的政府机关进行了电话询问确认。

二 发现的亮点

（一）年度报告发布情况普遍较好

截至2021年5月18日，34家对外有行政管理职能的国务院部门中，项目组检索到有30家发布了上一年度的法治政府建设年度报告，占88.24%；省级政府同2019年、2020年一样实现全部公开；较大的市政府中，项目组检索到46家发布了上一年度的法治政府建设年度报告，占93.88%；120家县（市、区）政府中，项目组检索到100家发布了上一年度的法治政府建设年度报告，占83.33%。9月26日又分别检索到2家国务院部门（中国人民银行、中华人民共和国商务部）、2家较大的市政府（辽宁省鞍山市、新疆维吾尔自治区乌鲁木齐市）、5家县（市、区）政府（安徽省六安市金寨县、安徽省六安市裕安区、吉林省长春市农安县、江西省南昌市南昌县、辽宁省鞍山市海城市）发布了上一年度的法治政府建设年度报告。

（二）报告按时发布比例明显提升

相比 2020 年仅 17 家国务院部门、25 家省级政府、37 家较大的市政府、73 家县（市、区）政府按时发布报告，2021 年按时发布的比例明显提升，分别有 21 家国务院部门、27 家省级政府和 44 家较大的市政府、89 家县（市、区）政府按照规定在 2021 年 4 月 1 日前公开了本单位上一年度的法治政府建设年度报告，增幅分别为 23.53%、8.00%、18.92% 和 21.92%。评估对象发布 2020 年法治政府建设年度报告的时间及名称情况见表 1~4。

表 1　国务院部门 2020 年法治政府建设年度报告发布情况

评估对象	发布时间	报告名称	门户网站是否设有专门的栏目发布年度报告	报告字数（个）
国家发展和改革委员会	2021 年 4 月 1 日*	国家发展改革委 2020 年度推进法治政府建设进展情况	是	3717
教育部	2021 年 3 月 31 日	教育部关于 2020 年法治政府建设工作情况的报告	否	4953
科学技术部	2021 年 3 月 30 日*	科技部 2020 年法治政府建设情况报告	否	3682
工业和信息化部	2021 年 3 月 31 日	工业和信息化部关于 2020 年度法治政府建设工作情况的报告	否	3535
国家民族事务委员会	2021 年 4 月 1 日	国家民委 2020 年法治政府建设年度报告	否	2350
公安部	2021 年 3 月 25 日	公安部 2020 年度推进法治政府建设工作情况	否	4525
民政部	2021 年 2 月 24 日	民政部关于 2020 年贯彻落实《法治政府建设实施纲要（2015~2020 年）》有关情况的报告	否	4146
司法部	2021 年 3 月 26 日	司法部 2020 年法治政府建设年度报告	是	5208
财政部	2021 年 3 月 31 日	财政部 2020 年法治政府建设年度报告	是	6561

续表

评估对象	发布时间	报告名称	门户网站是否设有专门的栏目发布年度报告	报告字数（个）
人力资源和社会保障部	2021 年 3 月 19 日	人力资源社会保障部关于 2020 年贯彻落实《法治政府建设实施纲要（2015～2020 年）》情况的报告	否	5279
自然资源部	2021 年 3 月 29 日*	自然资源部 2020 年贯彻落实《法治政府建设实施纲要（2015～2020 年）》情况	否	3878
生态环境部	2021 年 4 月 1 日	关于 2020 年法治政府建设情况的报告	否	4889
住房和城乡建设部	2021 年 3 月 30 日*	住房和城乡建设部 2020 年度法治政府建设工作情况	否	2363
交通运输部	2021 年 3 月 16 日	交通运输部 2020 年度法治政府部门建设工作情况	否	3181
水利部	2021 年 3 月 30 日	水利部 2020 年法治政府建设年度报告	否	4798
农业农村部	2021 年 3 月 31 日	农业农村部 2020 年度法治政府建设情况报告	否	4660
商务部	2021 年 6 月 8 日	商务部 2020 年度法治政府建设情况	否	2545
文化和旅游部	2021 年 3 月 29 日	文化和旅游部关于 2020 年度法治政府建设情况的报告	否	5142
国家卫生健康委员会	2021 年 3 月 26 日	国家卫生健康委 2020 年度法治政府建设工作报告	否	4020
应急管理部	2021 年 3 月 31 日	应急管理部关于 2020 年法治政府建设工作情况的报告	否	4140
中国人民银行	2021 年 6 月 30 日	中国人民银行关于 2020 年度法治政府建设情况的报告	否	2523
审计署	2021 年 4 月 14 日	审计署关于 2020 年度法治政府建设情况的报告	否	3553
国务院国有资产监督管理委员会	2021 年 3 月 31 日*	国资委 2020 年法治建设工作情况报告	否	4650
海关总署	2021 年 3 月 31 日	海关总署关于 2020 年度推进法治政府建设情况的报告	否	5508

续表

评估对象	发布时间	报告名称	门户网站是否设有专门的栏目发布年度报告	报告字数（个）
国家税务总局	2021 年 3 月 31 日	国家税务总局 2020 年法治政府建设情况报告	是	4553
国家市场监督管理总局	2021 年 3 月 19 日	市场监管总局 2020 年法治政府建设年度报告	否	5307
国家广播电视总局	2021 年 3 月 31 日	国家广播电视总局关于 2020 年度法治政府建设情况的报告	否	3470
国家体育总局	—			
国家统计局	2021 年 3 月 12 日	国家统计局 2020 年度法治政府建设报告	否	3405
国家国际发展合作署	—		—	—
国家医疗保障局	2021 年 3 月 31 日	国家医疗保障局 2020 年法治政府建设情况报告	否	2984
中国气象局	2021 年 3 月 30 日	中国气象局 2020 年度法治政府建设情况的报告	否	4813
中国银行保险监督管理委员会	2021 年 3 月 30 日	中国银保监会 2020 年法治政府建设年度报告	否	4905
中国证券监督管理委员会	2021 年 4 月 16 日	中国证监会 2020 年法治政府建设情况	否	4462

　　* 该发布日期为网站所公示的标注日期，但实际发布时间则有所不同。如能确定的，表格中予以另行注明。下同。

表2　省级政府2020年法治政府建设年度报告发布情况

评估对象	发布时间	报告名称	政府门户网站是否设有专门的栏目发布年度报告	报告字数（个）
北京市	2021 年 3 月 30 日	北京市 2020 年法治政府建设年度情况报告	是	3910
天津市	2021 年 3 月 26 日	天津市人民政府关于天津市 2020 年度法治政府建设情况的报告	是	4598

续表

评估对象	发布时间	报告名称	政府门户网站是否设有专门的栏目发布年度报告	报告字数（个）
河北省	2021年3月31日	河北省2020年度法治政府建设情况报告	否	5302
山西省	2021年3月29日	山西省2020年度法治政府建设情况报告	否	3800
内蒙古自治区	2021年4月1日	内蒙古自治区人民政府关于2020年度法治政府建设情况的报告	否	4218
辽宁省	2021年3月31日	辽宁省人民政府关于2020年法治政府建设情况的报告	否	2924
吉林省	2021年3月31日	吉林省人民政府关于2020年度法治政府建设情况的报告	否	2916
黑龙江省	2021年3月30日	关于2020年度全省法治政府建设工作情况的报告	是	4661
上海市	2021年3月29日	2020年上海市法治政府建设情况报告	是	13217
江苏省	2021年3月29日	江苏省人民政府关于2020年度法治政府建设情况的报告	否	10323
浙江省	2021年3月29日	浙江省2020年法治政府建设情况	是	3320
安徽省	2021年3月30日	安徽省人民政府2020年法治政府建设报告	否	3356
福建省	2021年3月31日	福建省2020年度法治政府建设情况	否	2459
江西省	2021年3月25日	江西省2020年度法治政府建设情况	是	4578
山东省	2021年3月25日	山东省2020年度法治政府建设情况	否	2993
河南省	2021年3月30日	河南省人民政府关于2020年度法治政府建设情况的报告	否	3329
湖北省	2021年3月31日	湖北省人民政府关于2020年度推进法治政府建设情况的报告	是	4536

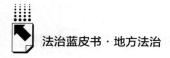

续表

评估对象	发布时间	报告名称	政府门户网站是否设有专门的栏目发布年度报告	报告字数（个）
湖南省	政府：2021年3月8日 司法厅：2021年3月9日	湖南省人民政府关于2020年度法治政府建设情况的报告	否	5419
广东省	2021年3月31日	广东省人民政府关于2020年度法治政府建设情况的报告	是	3323
广西壮族自治区	2021年3月31日	广西壮族自治区2020年法治政府建设年度报告	是	2878
海南省	2021年3月30日	海南省人民政府关于2020年度法治政府建设情况的报告	否	7037
重庆市	2021年3月27日	重庆市2020年法治政府建设情况报告	否	5164
四川省	2021年3月22日	四川省人民政府关于2020年度法治政府建设工作情况的报告	否	4508
贵州省	2021年3月31日	为经济社会高质量发展提供法治保障贵州省2020年度法治政府建设工作综述	否	4721
云南省	2021年4月2日	中共云南省委云南省人民政府关于2020年度法治政府建设情况的报告	否	4823
西藏自治区	2021年4月2日	西藏自治区2020年法治政府建设情况报告	否	2708
陕西省	2021年3月29日	陕西省人民政府关于2020年法治政府建设情况的报告	否	5746
甘肃省	2021年3月30日	甘肃省人民政府2020年度法治政府建设情况报告	否	3101
青海省	2021年3月31日	青海省人民政府关于2020年法治政府建设情况的报告	否	2883
宁夏回族自治区	2021年3月29日	2020年度法治政府建设情况报告	否	3594
新疆维吾尔自治区	2021年4月1日*	新疆维吾尔自治区2020年法治政府建设工作报告	否	5589

表3　较大的市政府2020年法治政府建设年度报告发布情况

评估对象	发布时间	报告名称	政府门户网站是否设有专门的栏目发布年度报告	报告字数（个）
河北省石家庄市	2021年1月27日	石家庄市人民政府2020年度法治政府建设情况报告	否	9154
河北省唐山市	2021年2月1日	中共唐山市委唐山市人民政府关于2020年度法治政府建设情况的报告	否	5169
河北省邯郸市	2021年1月28日	邯郸市人民政府2020年依法行政和法治政府建设工作报告	否	5785
山西省太原市	2021年3月5日	太原市2020年法治政府建设年度报告	否	8639
山西省大同市	2021年2月7日	大同市人民政府2020年法治政府建设年度报告	否	5615
内蒙古自治区呼和浩特市	2021年1月22日	呼和浩特市人民政府关于2020年法治政府建设工作情况的报告	否	4311
内蒙古自治区包头市	2021年1月15日	包头市关于2020年法治政府建设情况的报告	否	3006
辽宁省沈阳市	2021年3月19日	沈阳市2020年法治政府建设情况的报告	否	4296
辽宁省大连市	2021年3月4日	大连市2020年度法治政府建设情况综述	否	2808
辽宁省鞍山市	2021年6月10日	中共鞍山市委鞍山市人民政府2020年鞍山市法治政府建设工作情况的报告	否	3452
辽宁省抚顺市	政府:2021年3月22日 司法局:2021年3月30日	抚顺市人民政府关于2020年法治政府建设情况的报告	否	10447
辽宁省本溪市	2021年2月23日	本溪市人民政府关于2020年法治政府建设工作的报告	否	3810
吉林省长春市	2021年3月30日	长春市人民政府关于2020年度法治政府建设情况的报告	否	7535

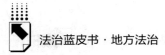

续表

评估对象	发布时间	报告名称	政府门户网站是否设有专门的栏目发布年度报告	报告字数（个）
吉林省吉林市	2021 年 2 月 26 日*	吉林市 2020 年度法治政府建设情况报告	否	4495
黑龙江省哈尔滨市	2021 年 2 月 9 日	哈尔滨市 2020 年法治政府建设情况报告	否	3504
黑龙江省齐齐哈尔市	2021 年 1 月 28 日	2020 年齐齐哈尔市法治政府建设工作情况报告	否	3306
江苏省南京市	2021 年 1 月 14 日	南京市人民政府关于 2020 年度法治政府建设情况的报告	否	9454
江苏省无锡市	2021 年 3 月 31 日	无锡市 2020 年度法治政府建设工作报告	否	6959
江苏省徐州市	—	—	—	—
江苏省苏州市	2021 年 1 月 21 日	苏州市人民政府关于 2020 年苏州市法治政府建设工作的报告	否	9225
浙江省杭州市	2021 年 3 月 15 日	杭州市人民政府关于杭州市 2020 年法治政府建设年度报告	是	3309
浙江省宁波市	2021 年 3 月 31 日	宁波市人民政府关于 2020 年法治政府建设情况的报告	否	7929
安徽省合肥市	2021 年 3 月 10 日	合肥市人民政府 2020 年法治政府建设情况报告	否	5060
安徽省淮南市	2021 年 3 月 31 日	淮南市 2020 年法治政府建设年度报告	是	7066
福建省福州市	2021 年 2 月 20 日	关于福州市 2020 年法治政府建设情况的报告	否	3065
福建省厦门市	政府：2021 年 3 月 3 日司法局：2021 年 3 月 8 日	厦门市人民政府 2020 年法治政府建设情况报告	否	4995
江西省南昌市	2021 年 2 月 23 日	南昌市人民政府关于南昌市 2020 年度法治政府建设工作的报告	否	5460
山东省济南市	2021 年 3 月 30 日	济南市 2020 年法治政府建设情况报告	否	6900

续表

评估对象	发布时间	报告名称	政府门户网站是否设有专门的栏目发布年度报告	报告字数（个）
山东省青岛市	2021 年 3 月 3 日	青岛市人民政府关于 2020 年法治政府建设情况的报告	否	13471
山东省淄博市	2021 年 2 月 22 日	淄博市 2020 年度法治政府建设工作的报告	否	3099
河南省郑州市	2021 年 2 月 2 日	郑州市人民政府关于 2020 年度法治政府建设情况的报告	否	4960
河南省洛阳市	2021 年 2 月 25 日	洛阳市人民政府 2020 年度法治政府建设工作情况报告	否	3977
湖北省武汉市	2021 年 4 月 3 日	中共武汉市委　武汉市人民政府关于 2020 年度推进法治政府建设情况的报告	是	5701
湖南省长沙市	2021 年 3 月 19 日	关于长沙市 2020 年法治政府建设情况的报告	否	4435
广东省广州市	2021 年 2 月 25 日	广州市人民政府 2020 年法治政府建设年度报告	否	3244
广东省深圳市	2021 年 2 月 19 日	深圳市人民政府 2020 年法治政府建设年度报告	否	4834
广东省珠海市	2021 年 1 月 18 日	珠海市人民政府 2020 年法治政府建设年度报告	是	5172
广东省汕头市	2021 年 1 月 28 日	汕头市 2020 年法治政府建设年度报告	否	4960
广西壮族自治区南宁市	2021 年 3 月 1 日	南宁市人民政府 2020 年度法治政府建设工作情况报告	否	4157
海南省海口市	2021 年 3 月 30 日	海口市人民政府关于 2020 年度法治政府建设情况的报告	否	8814
四川省成都市	2021 年 2 月 1 日	成都市人民政府关于 2020 年度法治政府建设情况的报告	否	5172

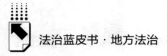

续表

评估对象	发布时间	报告名称	政府门户网站是否设有专门的栏目发布年度报告	报告字数（个）
贵州省贵阳市	2021 年 3 月 5 日	贵阳市人民政府 2020 年度法治政府建设情况报告	否	7384
云南省昆明市	2021 年 1 月 25 日	昆明市 2020 年度法治政府建设工作情况的报告	是	4794
西藏自治区拉萨市	2021 年 2 月 25 日	拉萨市 2020 年法治政府建设情况	否	2535
陕西省西安市	2021 年 3 月 30 日	西安市 2020 年法治政府建设情况报告	是	3673
甘肃省兰州市	2021 年 1 月 28 日	兰州市 2020 年度法治政府建设情况报告	否	8537
青海省西宁市	2021 年 3 月 1 日	西宁市 2020 年法治政府建设情况及 2021 年工作思路的报告	否	7846
宁夏回族自治区银川市	2021 年 3 月 30 日	银川市 2020 年法治政府建设年度报告	是	3680
新疆维吾尔自治区乌鲁木齐市	2021 年 9 月 20 日	乌鲁木齐市人民政府 2020 年度法治政府建设情况报告	否	5498

表 4　县（市、区）2020 年法治政府建设年度报告发布情况

评估对象	发布时间	报告名称	政府门户网站是否设有专门的栏目发布年度报告	报告字数（个）
北京市东城区	2021 年 3 月 31 日	北京市东城区人民政府 2020 年法治政府建设年度情况报告	是	3020
北京市西城区	2021 年 2 月 1 日	北京市西城区人民政府 2020 年法治政府建设年度情况报告	是	2336
北京市朝阳区	2021 年 3 月 31 日	北京市朝阳区人民政府 2020 年法治政府建设年度情况报告	是	6338

续表

评估对象	发布时间	报告名称	政府门户网站是否设有专门的栏目发布年度报告	报告字数（个）
北京市海淀区	2021 年 3 月 31 日	2020 年度推进依法行政工作情况报告	是	10007
北京市通州区	2021 年 3 月 26 日	北京市通州区人民政府2020 年法治政府建设年度情况报告	是	4765
天津市南开区	2021 年 3 月 31 日	南开区 2020 年法治政府建设情况报告	否	3067
天津市河西区	2021 年 2 月 26 日	河西区 2020 年法治政府建设情况报告	否	3949
天津市武清区	2021 年 3 月 18 日	武清区人民政府关于武清区 2020 年法治政府建设情况的报告	否	4460
天津市滨海新区	2021 年 3 月 31 日 *	天津市滨海新区人民政府关于 2020 年法治政府建设情况的报告	是	5556
河北省石家庄市长安区	—	—	—	—
河北省唐山市丰润区	—	—	—	—
河北省唐山市迁安市	2021 年 2 月 10 日	迁安市人民政府关于2020 年度法治政府建设情况的报告	否	5138
山西省吕梁市孝义市	2021 年 1 月 28 日	中共孝义市委　孝义市人民政府关于 2020 年度法治政府建设工作的报告	否	6188
内蒙古自治区呼和浩特市新城区	2021 年 1 月 25 日	新城区 2020 年法治政府建设工作报告	否	3442
内蒙古自治区包头市稀土高新区	2020 年 12 月 23 日	包头稀土高新技术产业开发区管理委员会关于2015～2020 年度法治高新区建设工作的报告	否	13409
内蒙古自治区鄂尔多斯市准格尔旗	—	—	—	—

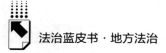

续表

评估对象	发布时间	报告名称	政府门户网站是否设有专门的栏目发布年度报告	报告字数（个）
辽宁省沈阳市浑南区	2021年2月11日	浑南区2020年度法治政府建设情况工作报告	否	5424
辽宁省沈阳市铁西区	2021年2月26日	2020年铁西区法治政府建设工作报告	是	5706
辽宁省大连市瓦房店市	2020年12月31日	关于2020年度法治政府建设工作的报告	否	3111
辽宁省鞍山市海城市	2021年6月21日	中共海城市委关于2020年度法治政府建设工作情况的报告	否	1736
吉林省长春市农安县	2021年6月16日	农安县2020年度法治政府建设情况报告	否	5412
吉林省松原市前郭尔罗斯蒙古族自治县	2021年4月1日	前郭尔罗斯蒙古族自治县人民政府2020年度法治政府建设工作报告	否	4775
黑龙江省哈尔滨市道里区	2021年3月25日	关于2020年道里区法治政府建设情况的报告	否	10175
黑龙江省哈尔滨市松北区	2021年2月26日	关于松北区政府2020年度法治政府建设情况的报告	否	4481
黑龙江省齐齐哈尔市龙沙区	2021年2月23日	龙沙区2020年法治政府建设工作报告	否	3544
黑龙江省牡丹江市东宁市	—	—	—	—
上海市黄浦区	2021年2月11日	黄浦区2020年度法治政府建设工作情况报告	是	4297
上海市徐汇区	2021年3月3日	上海市徐汇区人民政府2020年度法治政府建设进展报告	是	4081
上海市普陀区	2021年3月8日	上海市普陀区人民政府关于2020年上海市普陀区法治政府建设情况报告	是	8503

续表

评估对象	发布时间	报告名称	政府门户网站是否设有专门的栏目发布年度报告	报告字数（个）
上海市虹口区	2021年2月9日	虹口区人民政府关于2020年法治政府建设工作情况的报告	是	10657
上海市浦东新区	2021年3月26日	浦东新区人民政府2020年度法治政府建设情况报告	是	8572
上海市金山区	2021年3月3日	金山区2020年度法治政府建设情况报告	是	5168
江苏省南京市建邺区	2021年3月16日	建邺区2020年法治政府建设情况报告	否	5432
江苏省南京市玄武区	2021年1月12日	玄武区人民政府关于2020年度法治政府建设工作情况的报告	否	5715
江苏省江阴市	2021年3月2日	江阴市人民政府2020年法治政府建设工作报告	否	5189
江苏省宜兴市	2021年3月29日	2020年度宜兴市法治政府建设工作报告	否	6108
江苏省徐州市新沂市	2021年4月1日	全市法治政府建设（依法行政）工作情况报告	否	5810
江苏省常州市武进区	2021年1月29日	常州市武进区人民政府2020年法治政府建设工作报告	否	8963
江苏省张家港市	2021年1月7日	张家港市人民政府2020年法治政府建设情况报告	是	3098
江苏省常熟市	2021年1月18日	常熟市2020年法治政府建设工作报告	否	7591
江苏省太仓市	2021年2月4日	太仓市人民政府关于2020年度法治政府建设工作情况的报告	否	4175
江苏省昆山市	2021年1月12日	昆山市人民政府2020年度法治政府建设工作报告	否	6225
江苏省苏州市吴江区	2021年2月1日	苏州市吴江区人民政府关于2020年度法治政府建设工作的报告	是	4815

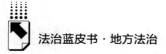

续表

评估对象	发布时间	报告名称	政府门户网站是否设有专门的栏目发布年度报告	报告字数（个）
江苏省苏州市苏州工业园区	2021年2月10日	苏州工业园区2020年法治政府建设工作报告	否	4165
江苏省宿迁市沭阳县	2021年2月23日	沭阳县人民政府关于2020年度法治政府建设情况的报告	否	5989
浙江省杭州市江干区	2021年2月9日	江干区2020年法治政府建设年度报告	是	3217
浙江省杭州市拱墅区	2021年2月24日	杭州市拱墅区2020年法治政府建设工作情况报告	否	3386
浙江省杭州市萧山区	2021年3月18日	杭州市萧山区人民政府关于杭州市萧山区2020年度法治政府建设情况的报告	是	2299
浙江省杭州市余杭区	2021年2月26日	杭州市余杭区2020年法治政府建设工作报告	是	6299
浙江省宁波市江北区	2021年2月23日	2020年江北区法治政府建设情况报告	否	3506
浙江省宁波市鄞州区	2021年2月26日	2020年度鄞州区法治政府建设情况工作报告	是	8224
浙江省余姚市	2021年3月30日	余姚市人民政府关于2020年度法治政府建设情况的报告	是	6933
浙江省慈溪市	2021年3月16日	慈溪市人民政府2020年度法治政府建设工作情况报告	是	4855
浙江省温州市瓯海区	2021年3月8日	中共温州市瓯海区委 温州市瓯海区人民政府 关于瓯海区2020年度法治政府建设工作情况的报告	是	1912
浙江省金华市义乌市	2021年2月23日	关于义乌市2020年度法治政府建设工作报告	否	5638
安徽省合肥市庐阳区	2021年2月10日	庐阳区人民政府关于2020年度法治政府建设情况的报告	否	4348

续表

评估对象	发布时间	报告名称	政府门户网站是否设有专门的栏目发布年度报告	报告字数（个）
安徽省合肥市蜀山区	2020年12月31日	蜀山区2020年法治政府建设情况的报告	否	4317
安徽省黄山市徽州区	2021年3月31日	徽州区2020年度法治政府建设情况报告	是	7528
安徽省宿州市灵璧县	2020年12月17日	关于2020年度法治政府建设情况的报告	是	5137
安徽省六安市裕安区	2021年3月20日*	裕安区人民政府2020年度法治政府建设工作报告	否	9766
安徽省六安市金寨县	2021年3月1日*	金寨县2020年法治政府建设工作总结和2021年法治政府建设重点工作安排	否	6376
福建省福州市鼓楼区	2020年12月15日	鼓楼区2020年度法治政府建设工作情况报告	否	5320
福建省泉州市石狮市	2021年1月8日	石狮市人民政府关于2020年法治政府建设情况的报告	否	5239
福建省泉州市晋江市	2021年3月3日	晋江市人民政府关于晋江市2020年法治政府工作的报告	否	6356
江西省南昌市东湖区	—	—	—	—
江西省南昌市南昌县	2021年3月15日	南昌县政府2020年度法治政府建设工作报告	否	11160
山东省济南市历下区	2021年3月1日	济南市历下区人民政府2020年度法治政府建设工作报告	否	5515
山东省烟台市龙口市	2021年1月19日	龙口市2020年度法治政府建设工作报告	否	3468
山东省威海市荣成市	2021年1月8日	荣成市人民政府关于2020年法治政府建设情况的报告	否	7675
河南省郑州市上街区	—	—	—	—

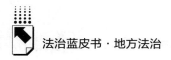

续表

评估对象	发布时间	报告名称	政府门户网站是否设有专门的栏目发布年度报告	报告字数（个）
河南省郑州市中原区	2021 年 4 月 1 日*	中原区 2020 年度法治政府建设情况的报告	否	7234
河南省安阳市汤阴县	2021 年 5 月 18 日	中共汤阴县委 汤阴县人民政府关于 2020 年度法治政府建设工作的报告	否	2479
湖北省武汉市江岸区	2021 年 1 月 25 日*	2020 年度江岸区法治政府建设报告	否	5941
湖北省宜昌市宜都市	2021 年 2 月 18 日	宜都市人民政府关于 2020 年法治政府建设情况的报告	否	4124
湖北省荆州市监利市	2021 年 2 月 25 日	2020 年法治政府建设工作情况报告	否	4386
湖南省长沙市天心区	2021 年 2 月 18 日	关于 2020 年度法治政府建设工作情况的报告	否	4240
湖南省长沙市岳麓区	2021 年 2 月 3 日	关于 2020 年岳麓区法治政府建设工作情况的报告	否	3607
湖南省长沙市长沙县	2021 年 2 月 10 日	长沙县人民政府 2020 年法治政府建设工作报告	否	5168
湖南省长沙市浏阳市	2021 年 2 月 8 日	浏阳市人民政府 2020 年法治政府建设工作报告	否	4462
湖南省衡阳市衡阳县	—	—	—	—
湖南省株洲市渌口区	2021 年 3 月 29 日	株洲市渌口区 2020 年度法治政府建设报告	否	4662
广东省广州市越秀区	2021 年 1 月 12 日	广州市越秀区人民政府 2020 年度法治政府建设工作报告	是	2933
广东省广州市海珠区	2020 年 12 月 22 日	海珠区 2020 年法治政府建设年度报告	是	6100
广东省广州市黄埔区	2021 年 2 月 2 日	广州市黄埔区广州开发区 2020 年度法治政府建设情况报告	否	2993
广东省深圳市罗湖区	2020 年 12 月 29 日	深圳市罗湖区 2020 年法治政府建设工作报告	否	5114

续表

评估对象	发布时间	报告名称	政府门户网站是否设有专门的栏目发布年度报告	报告字数（个）
广东省佛山市禅城区	2021 年 1 月 15 日	佛山市禅城区人民政府2020 年度法治政府建设年度报告	否	3012
广东省佛山市南海区	2020 年 12 月 29 日	佛山市南海区 2020 年度法治政府建设年度报告	是	3088
广东省佛山市顺德区	2021 年 1 月 6 日	佛山市顺德区人民政府2020 年法治政府建设工作情况年度报告	否	2936
广东省惠州市博罗县	2020 年 12 月 30 日	博罗县人民政府关于2020 年度博罗县法治政府建设及依法行政工作的报告	否	5504
广西壮族自治区南宁市青秀区	2021 年 1 月 27 日	南宁市青秀区 2020 年度法治政府建设工作情况报告	是	6041
广西壮族自治区贵港市桂平市	2021 年 1 月 26 日	桂平市人民政府 2020 年度法治政府建设情况报告	否	3322
广西壮族自治区玉林市博白县	2021 年 2 月 3 日	博白县 2020 年法治政府建设年度报告	是	3884
广西壮族自治区百色市平果市	—	—	—	—
海南省海口市秀英区	—	—	—	—
海南省海口市美兰区	2020 年 12 月 15 日	海口市美兰区人民政府2020 年法治政府建设工作总结	否	7108
海南省乐东黎族自治县	—	—	—	—
重庆市渝中区	2021 年 3 月 4 日	重庆市渝中区人民政府关于 2020 年法治政府建设工作情况的报告	否	9168
重庆市奉节县	2021 年 1 月 10 日	奉节县人民政府关于2020 年度法治政府建设情况的报告	否	3377

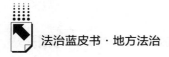

续表

评估对象	发布时间	报告名称	政府门户网站是否设有专门的栏目发布年度报告	报告字数（个）
四川省成都市武侯区	2021年3月19日	成都市武侯区人民政府关于2020年度法治政府建设情况的报告	否	7641
四川省成都市龙泉驿区	2021年3月2日	成都市龙泉驿区2020年度法治政府建设工作情况报告	否	6384
四川省眉山市仁寿县	2021年2月2日	仁寿县2020年法治政府建设工作情况	否	7114
贵州省贵阳市南明区	2021年3月17日	南明区2020年依法治区（法治政府建设）工作情况报告	否	9454
贵州省贵阳市观山湖区	2021年3月2日	观山湖区人民政府2020年度法治政府建设情况报告	否	10624
贵州省六盘水市六枝特区	2021年3月31日	六枝特区人民政府2020年度法治政府建设情况的报告	否	3827
贵州省遵义市播州区	2021年4月16日	遵义市播州区人民政府关于2020年度法治政府建设的情况报告	否	3853
贵州省黔西南州贞丰县	2021年3月1日*（实际为2021年4月2日）	贞丰县2020年法治政府建设工作情况报告	否	10244
云南省昆明市呈贡区	—	—	—	—
云南省昆明市五华区	—	—	—	—
云南省保山市腾冲市	—	—	—	—
云南省楚雄州楚雄市	—	—	—	—
陕西省西安市未央区	2020年11月30日	西安市未央区2020年度法治建设工作总结	否	9006
陕西省咸阳市彬州市	2020年12月25日	彬州市2020年法治建设工作总结	否	5825
陕西省延安市安塞区	2021年2月25日*	延安市安塞区人民政府关于报送《延安市安塞区2020年法治政府建设工作总结》的报告	否	7220

续表

评估对象	发布时间	报告名称	政府门户网站是否设有专门的栏目发布年度报告	报告字数（个）
甘肃省酒泉市肃州区	2021 年 3 月 19 日*	肃州区 2020 年度法治政府建设工作报告	否	4734
青海省西宁市城东区	2021 年 1 月 28 日	城东区人民政府 2020 年法治政府建设工作情况	否	5926
宁夏回族自治区银川市金凤区	2021 年 2 月 26 日	金凤区 2020 年度法治政府建设情况报告	否	5069
宁夏回族自治区银川市贺兰县	2021 年 2 月 24 日	贺兰县 2020 年法治政府建设工作报告	否	10726
宁夏回族自治区吴忠市青铜峡市	2021 年 2 月 23 日	中共青铜峡市委员会 青铜峡市人民政府关于 2020 年法治政府建设工作情况的报告	否	3721
宁夏回族自治区固原市彭阳县	2020 年 3 月 3 日*	彭阳县人民政府关于 2020 年度法治政府建设情况的报告	否	5193
新疆维吾尔自治区巴音郭楞蒙古自治州库尔勒市	—	—	—	—

（三）部分评估对象设置集中公开平台

地方政府设置集中公开平台，将各个部门及下级政府的年度报告集中展示，便于公众查询，也有利于推动本地区法治政府建设年度报告编发工作。本次评估发现，上海市、北京市、广州市越秀区、北京市通州区政府等不仅在其门户网站设置了专栏公开本级政府的法治政府建设年度报告，而且设置了集中平台，发布同级政府部门和下辖政府的法治政府建设年度报告。上海市人民政府门户网站设置法治政府建设年度报告专栏，集约发布市政府、40家市级部门以及 16 家区政府的法治政府建设年度报告，"市政府"栏目中发布了连续五年的法治政府建设年度报告。

（四）部分评估对象提供多种报告形式

报告文本以多种形式、格式公开，有助于公众查找下载和利用。评估发现，应急管理部发布的《应急管理部关于 2020 年法治政府建设工作情况的报告》形式多样，包括网页、PDF 格式和 Word 格式；山西省政府门户网站发布的《山西省 2020 年度法治政府建设情况报告》，既有网页格式，又有可供下载的 PDF 或者 Word 格式。

三　发现的问题

（一）报告按时发布情况仍不理想

按照《法治政府建设与责任落实督察工作规定》的要求，除涉及党和国家秘密以外，地方各级政府和县级以上政府部门应于每年 4 月 1 日前对社会公开本机关法治政府建设年度报告。但评估发现，不少评估对象未能在 2021 年 4 月 1 日前发布本单位的年度报告，其中省级政府、较大的市政府按时发布情况好于国务院部门。

截至 2021 年 4 月 2 日 17 时，项目组仍未查阅到 11 家国务院部门的年度报告。截至 2021 年 5 月 18 日，仍有 4 家国务院部门的年度报告未能检索到。截至 2021 年 9 月 26 日，仍有 2 家国务院部门的年度报告未能检索到。

截至 2021 年 4 月 2 日 17 时，项目组通过网站仍未检索到 5 家较大的市政府的年度报告。截至 2021 年 5 月 18 日，仍有 3 家较大的市政府的年度报告未能检索到。截至 2021 年 9 月 26 日，仍有 1 家较大的市政府的年度报告未能检索到。

有 89 家县（市、区）政府于 2021 年 4 月 1 日前发布了法治政府建设报告。截至 2021 年 5 月 18 日，仍有 20 家县（市、区）政府的法治政府建设报告项目组未能检索到。截至 2021 年 9 月 26 日，仍有 15 家县（市、区）政府的法治政府报告未能检索到。

（二）发布渠道不一，加大查询难度

1. 报告的发布平台不统一

不少地方政府存在发布平台不统一问题，有的同时发布在本级门户网站和司法厅（司法局）门户网站，有的则在其中一个平台发布。平台不统一容易造成信息发布随意、查询不便。有14家省级政府的2020年法治政府建设年度报告同时发布在本级政府门户网站和当地司法厅网站，有17家仅发布在本级政府门户网站。有15家较大的市政府在政府门户网站和司法局网站同时发布，30家较大的市政府仅发布在本级政府门户网站，3家较大的市政府则仅发布在司法局网站。

2. 报告的发布栏目不统一

法治政府建设年度报告在同一网站平台的发布渠道不统一，会造成查询不便。评估发现，仅有4家国务院部门、9家省级政府、7家较大的市政府、29家县（市、区）政府在政府门户网站设置了专栏。其余评估对象多在通知公告等栏目发布。

3. 发布渠道不固定，随意性大

有的评估对象年度报告的发布位置较为随意。例如，应急管理部2020年法治政府建设工作情况报告发布在网站首页的"通知公告"栏目下。广西壮族自治区虽然设置了专栏，其2018年和2019年法治政府建设年度报告均发布在专栏里，但2020年法治政府建设年度报告没有发布在专栏里，而是发布在网站首页的"公告公示"栏目。

（三）报告所采用的名称不统一

法治政府建设年度报告应使用规范、统一的名称，以提升报告的严肃性和辨识度。但评估发现，各评估对象的年度报告名称不一。《法治政府建设实施纲要（2015～2020年）》及《法治政府建设与责任落实督察工作规定》使用了"法治政府建设年度报告"的表述，但各评估对象的表述五花八门。例如，公安部使用的是"公安部2020年度推进法治政府建设工作情况"，贵州省使用的是"为经济社会高质量发展提供法治保障 贵州省 2020 年度法治政府建设工作综述",西宁市使用的是"西宁市 2020 年法治政府建设情况及 2021 年工作思路的报告",西安市未央区使用的是"西安市未央区 2020 年度法治建设工作总结",等等。

（四）报告内容详细程度相差悬殊

评估发现，评估对象的年度报告详细程度差异极大。法治政府建设涉及政府工作的各个方面，虽然无须刻意追求报告字数多少，但如果过于简化，一方面令人质疑其是否认真对待此工作，另一方面也可能难以讲清楚过去一年的工作。统计发现，在四类评估对象中，字数多的达 1 万字，字数少的只有两三千字（见表 1、表 2、表 3、表 4）。国务院部门中，字数低于 3000 字的有 5 家，3000～5000 字的有 21 家，5000 字以上的有 6 家。省级政府中，字数低于 3000 字的有 7 家，3000～5000 字的有 16 家，5000字以上的有 8 家。较大的市政府中，字数低于 3000 字的有 2 家，3000～5000 字的有 22 家，5000 字以上的有 24 家。在县（市、区）政府中，字数低于 3000 字的有 8 家，3000～5000 字的有 38 家，5000～6000 字的有24 家，6000～8000 字的有 19 家，8000 字以上的有 16 家。有的地方称，为了落实精简文件的要求，报告不能超出一定字数，这给人一种生搬硬套、因噎废食的感觉。

比如，就上一年度工作存在的问题及下一年度工作展望部分而言，评估显示，仍然有部分年度报告对本单位上一年度工作存在的问题及下一年度工作展望未进行详尽描述。评估发现，截至 2021 年 5 月 18 日，在已发布法治政府建设报告的单位中，17 家国务院部门、8 家省级政府、7 家较大的市政府、22 家县（市、区）政府对上一年度工作存在的问题没有作出详尽描述，仅有较为空泛和简单的描述，甚至未在报告中提及。9 家国务院部门、7 家省级政府、5 家较大的市政府、11 家县（市、区）政府对年度工作展望没有作出详尽描述，仅有较为空泛和简单的描述，甚至未在报告中提及。

（五）报告内容的口径、标准不一

评估发现，各评估对象对法治政府有关工作的描述，存在内容口径、标准不一的问题。

以重大决策的情况介绍为例，有的报告只是笼统介绍情况，有的报告则详细地列明了具体举措或数据。在国务院部门中，关于"重大行政决策公众参与情况"和"重大行政决策合法性审查的情况"两项指标，仅有 1 家这两项指标均列明了具体举措或数据。在省级政府中，仅有 2 家列明了这两项指标的具体举措或数据。在较大的市层面，仅有 6 家列明了这两项指标的具体举措或数据。在县（市、区）政府中，仅有 12 家列明了这两项指标的具体举措或数据。

又以行政复议、行政诉讼方面的内容为例，有的报告只作了简单文字描述，有的提供了受案数量，有的则公开了纠错率直至分类数据。比如，北京市表述为："加强行政复议、行政应诉工作，全市各级行政复议机关共收到行政复议申请 11311 件，案件数量达到法院一审行政诉讼案件的 1.54 倍，行政复议化解行政争议的主渠道作用进一步显现，其中受理 9503 件，审结 8330 件；市政府共收到行政复议申请 1882 件，其中受理 781 件，审结 672 件。以本市各级行政机关为被告的一审行政诉讼案件 7352 件，审结 6112 件；以市政府为被告的行政应诉案件 487 件，审结 550 件（包括 2019 年结转案件 149 件）。"

再如，关于"披露 2020 年公务员法治培训情况"，各地存在理解不一，有的甚至将公务员法治培训和全民普法混淆。比如，安徽省表述为："全省县以上党政机关组织法治讲座 800 余次、参与人数 5.2 万人次，各地组织国家工作人员法治培训 8500 余次、培训 42 万人次，330 个青少年法治宣传教育基地开展活动 1200 余次、参与人次达 16 万。目前，全省分别建成法治宣传教育基地（法治文化建设基地）、群众性法治文化团体、法治公园（广场、长廊）829 个、852 个、2395 个，组织开展法治文化活动 5000 余次。"河南省表述为："组织开展服务型行政执法走基层活动，为基层授课 157

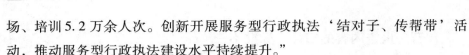

场、培训5.2万余人次。创新开展服务型行政执法'结对子、传帮带'活动，推动服务型行政执法建设水平持续提升。"

这表明，对于如何在年度报告中描述法治政府建设各项工作，各地存在相关内容的口径、标准不一问题。

（六）部分指标的总体达标率不高

评估发现，部分数据评估对象年度报告中披露比例不高（见表5）。其中，国务院部门中披露比例较低的有：描述完善立法机制建设情况（50%）、规范性文件监督审查情况（47.06%）、重大行政决策公众参与情况（8.82%）、重大行政决策合法性审查情况（8.82%）、2020年行政复议机制建设情况（44.12%）、2020年行政复议收结案数据与纠错数据等（20.59%）、披露2020年行政机关负责人出庭应诉情况（0.00%）、披露2020年行政诉讼数据情况（14.71%）、披露2020年法治政府建设存在的问题（35.29%）。

省级政府中披露比例较低的有：重大行政决策公众参与情况（6.45%）、重大行政决策合法性审查情况（45.16%）、2020年行政复议收结案数据与纠错数据等（51.61%）、披露2020年行政机关负责人出庭应诉情况（29.03%）、披露2020年行政诉讼数据情况（19.35%）、披露2020年政务公开工作情况（54.84%）、披露2020年法治政府考核情况（25.81%）、披露2020年公务员法治培训情况（54.84%）。

较大的市政府披露比例较低的有：重大行政决策公众参与情况（14.29%）、重大行政决策合法性审查情况（53.06%）、披露2020年行政机关负责人出庭应诉情况（53.06%）、披露2020年行政诉讼数据情况（44.90%）、披露2020年法治政府考核情况（59.18%）。

县（市、区）政府中披露比例较低的有：重大行政决策公众参与情况（12.50%）、重大行政决策合法性审查情况（40.83%）、2020年行政复议收结案数据与纠错数据等（57.50%）、披露2020年行政机关负责人出庭应诉情况（40.00%）、披露2020年行政诉讼数据情况（44.17%）、披露2020年法治政府考核情况（36.67%）。

表5　2020年法治政府建设年度报告部分内容披露比例

单位：%

报告内容	国务院部门	省级政府	较大的市政府	县（市、区）政府
描述完善立法机制建设情况	50.00	67.74	87.76	—
描述2020年重点领域立法情况	—	67.74	63.27	—
规范性文件监督审查情况	47.06	74.19	73.47	64.17
重大行政决策公众参与情况	8.82	6.45	14.29	12.50
重大行政决策合法性审查情况	8.82	45.16	53.06	40.83
2020年行政复议机制建设情况	44.12	83.87	79.59	66.67
2020年行政复议收结案数据与纠错数据等	20.59	51.61	65.31	57.50
披露2020年行政机关负责人出庭应诉情况	0.00	29.03	53.06	40.00
披露2020年行政诉讼数据情况	14.71	19.35	44.90	44.17
披露2020年政务公开工作情况	76.47	54.84	75.51	67.50
披露2020年法治政府考核情况	—	25.81	59.18	36.67
披露2020年公务员法治培训情况	61.76	54.84	71.43	65.83
披露2020年法治政府建设存在的问题	35.29	67.74	83.67	63.33

（七）个别评估对象理解存在偏差

评估发现，部分单位对法治政府年度报告的理解有误。例如，安徽省六安市裕安区政府工作人员告知，法治政府建设报告不在其发布范围内，其属于党政信息，并且将已经在网站发布的应急管理局法治政府建设年度报告撤回。

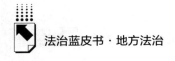

四 展望

法治政府建设年度报告是督查法治政府建设的重要抓手，是创新法治政府建设推进机制的重要方面，结合评估发现的问题，建议从如下方面进一步规范年度报告的编写发布工作。

（一）进一步提升对年度报告的重视程度

《法治政府建设实施纲要（2021～2025 年）》已经再次重申，要做好严格执行法治政府建设年度报告制度，按时向社会公开，并将该制度作为完善法治政府建设推进机制之一。因此，应当加强宣传、督导，提升各级政府及其部门对编写和发布年度报告的重视程度，确保按时、翔实公开报告，接受社会评议和监督。

（二）明确并细化年度报告编写发布标准

标准化是规范化的前提。因此，建议尽快按照《法治政府建设实施纲要(2021～2025 年)》《法治政府建设与责任落实督察工作规定》的要求，出台法治政府建设年度报告编写样本，明确需要在报告中阐释的内容和需要公开的数据。同时对于年度报告的发布渠道、发布方式，也应提出相对统一的要求。

（三）以年度报告撬动法治政府建设精细化

年度报告需要用事实和数据展示上一年法治政府建设的成效与不足，对此，应当发挥年度报告撬动法治政府建设精细化规范化的作用。各级政府应将定期发布报告、事后总结一年的法治政府建设情况转变为对法治政府建设的实时跟踪分析，对标年度报告的内容要求，紧密结合各地政府数字化改革成果应用成效，加强各方面日常数据生成、统计和分析，实时动态监测法治政府建设的成效与问题。这样也有助于确保最终形成的年度报告言之有物、数据可靠，并使年度报告推动法治政府建设的作用得以最大化。

B.4

人民法院普法宣传第三方评估报告（2021）

中国社会科学院法学研究所法治指数创新工程项目组*

摘　要： 为总结人民法院普法情况，推进普法工作，中国社会科学院国家法治指数研究中心及法学研究所法治指数创新工程项目组2021年首次开展人民法院普法情况指数评估，项目采取分层抽样的方法选取了94家法院作为评估对象。评估发现，法院普法宣传工作稳步推进，法律文件宣传开展较好，但也存在普法政策落实不到位、人民法院普法工作不统一、法院普法形式有待创新等问题。未来，应当重视普法工作的供给侧改革，把司法公开作为落实普法责任制的重要抓手，统一普法工作内容及标准，加强普法工作的针对性和实效性，加大普法工作的投入力度。

关键词： 法院普法　普法责任制　以案释法

一　评估背景

开展普法是提升人民群众法治意识、营造全面守法的法治环境的关键措

---

* 项目组负责人：田禾，中国社会科学院国家法治指数研究中心主任，法学研究所研究员，中国社会科学院大学法学院特聘教授；吕艳滨，中国社会科学院法学研究所研究员、法治国情调研室主任，中国社会科学院大学法学院宪法与行政法教研室主任、教授。项目组成员：王小梅、王祎茗、车文博、牛婉云、冯迎迎、刘雁鹏、米晓敏、李士钰、肖丽萍、余楚乔、张红春、陆麒元、胡昌明、胡景涛、洪梅、洪甜甜、袁紫涵、栗燕杰、唐菱、陶奋鹏、梁洁、梁钰斐、彭执一（按姓氏笔画排序）。执笔人：田禾；吕艳滨；王祎茗，中国社会科学院法学研究所助理研究员；牛婉云、李士钰、余楚乔、张红春、胡景涛、唐菱、陶奋鹏、梁洁、梁钰斐、彭执一（按姓氏笔画排序），中国社会科学院国家法治指数研究中心学术助理。

施。中国共产党一直高度重视普法工作。党的十八大报告提出，深入开展法制宣传教育，弘扬社会主义法治精神，树立社会主义法治理念，增强全社会学法尊法守法用法意识。党的十九大报告提出，加大全民普法力度，建设社会主义法治文化，树立宪法法律至上、法律面前人人平等的法治理念。十九届四中全会提出，加大全民普法工作力度，增强全民法治观念，完善公共法律服务体系，夯实依法治国群众基础。2021 年中共中央办公厅、国务院办公厅印发的《关于加强社会主义法治文化建设的意见》提出，加大全民普法力度，在针对性和实效性上下功夫，落实"谁执法谁普法"普法责任制，加强以案普法、以案释法，发挥典型案例引领法治风尚、塑造社会主义核心价值观的积极作用，不断提升全体公民法治意识和法治素养。为贯彻党中央要求，进一步健全人民法院普法宣传教育机制，落实好国家机关"谁执法谁普法"普法责任制，不断推进司法宣传教育工作创新发展，最高人民法院多年来陆续发布了多个文件，对全国法院系统开展普法工作不断提出新的要求、作出重要安排。2017 年《人民法院贯彻落实〈中共中央办公厅 国务院办公厅关于实行国家机关"谁执法谁普法"普法责任制的意见〉的实施意见》（以下简称《"谁执法谁普法"普法责任制实施意见》）提出，全面落实普法主体责任，健全工作制度，加强督促检查，注重分工配合，不断推进人民法院普法工作深入开展，形成"属地管理、分级负责、整体联动"的工作格局。

为总结人民法院开展普法工作情况，深入推进人民法院普法工作，中国社会科学院国家法治指数研究中心及法学研究所法治指数创新工程项目组（以下简称"项目组"）2021 年开展了人民法院普法宣传第三方评估，本报告对此次调研和评估情况进行了总结分析。

二 评估概况

（一）评估对象

根据中国现行法院体制情况，评估采取分层抽样的方法选取了 93 家法院作为评估对象，具体包括：①各省、自治区、直辖市高级人民法院以及新疆维吾尔自治区高级人民法院生产建设兵团分院（共 32 家法院）；②较大的市的中级人民法院（共 49 家）；③专门性法院 12 家（具体包括北京、上海、广州 3 家知识产权法院；北京、杭州、广州 3 家互联网法院；广东自由贸易区南沙片区人民法院、深圳前海合作区人民法院、珠海横琴新区人民法院、四川天府新区成都片区人民法院、重庆自由贸易试验区人民法院 5 家法院；上海金融法院）。

（二）评估指标

项目组根据七五普法文件、《"谁执法谁普法"普法责任制实施意见》、《最高人民法院关于深化人民法院司法体制综合配套改革的意见——人民法院第五个五年改革纲要（2019～2023）》（以下简称《五五改革纲要》）、《落实普法责任制部际联席会议摘编》、《关于加强社会主义法治文化建设的意见》等文件要求，遵循依规评估、客观评价、实事求是、反映现状、逐步引导等原则，结合各级法院普法工作实际情况，设定了 2021 年度人民法院普法宣传评估指标。

人民法院普法宣传评估指标包括法律法规规范性文件、诉讼指南、案件公开、普法形式与平台、司法数据 5 个一级指标（见表 1）。法律法规规范性文件指标主要考察各级人民法院法律法规规范性文件的发布以及解读情况，设置了法律法规规范性文件的解释说明、专栏设置、本院级文件、司法问题解读 4 个二级指标。诉讼指南是人民法院普法宣传的重要内容，也是人民群众进行法律诉讼活动的基础常识。诉讼指南设置公开网站、全案件类型指南配置情况、诉讼注意事项、诉讼流程（图）、诉讼常见问题解答 5 个二级指标。案件公开是人民法院通过以案释法开展普法宣传工作的主要方式之一，该指标下设庭审公开、裁判文书、重大案件公开和典型案例 4 个二级指标。普法形式与平台主要是评估各级人民法院普法工作的渠道、普法内容以及普法作品等，下设普法类新闻信息发布、自媒体平台和普法作品 3 个二级指标。司法数据指标旨在评估各级人民法院普法宣传相关司法业务数据的公开情况，下设司法白皮书、司法统计数据、法治宣传教育相关工作经费及数额 3 个二级指标。

表 1　人民法院普法宣传评估指标体系

法律法规规范性文件(20%)	法律法规规范性文件的解释说明(20%)
	专栏设置(35%)
	本院级文件(10%)
	司法问题解读(35%)
诉讼指南(20%)	公开网站(10%)
	全案件类型指南配置情况(20%)
	诉讼注意事项(50%)
	诉讼流程(图)(10%)
	诉讼常见问题解答(10%)
案件公开(30%)	庭审公开(25%)
	裁判文书(25%)
	重大案件公开(20%)
	典型案例(30%)
普法形式与平台(15%)	普法类新闻信息发布(40%)
	自媒体平台(40%)
	普法作品(20%)
司法数据(15%)	司法白皮书(30%)
	司法统计数据(35%)
	法治宣传教育相关工作经费及数额(35%)

（三）评估方法

项目组依托评估对象的公开服务平台进行了数据采集。此类平台包括评估对象的门户网站、司法公开网站、诉讼服务网、中国裁判文书网、各评估对象的官方微信公众号、官方微博、官方抖音号等。在评估对象门户网站等进行数据采集时，凡站内查找无法找到相关内容、无法打开网页的，均会借助搜索引擎进行查找，或者采取更换计算机及上网方式、变更上网时间等进行验证。由于自媒体平台具有传播速度快、效率高、受众广等特点，项目组还观察了人民法院利用自媒体开展普法的情况，包括查找自采集数据之日起半年内公开的信息以及通过搜索方式获得数据信息。内容评估的数据采集时间为 2021 年 3 月 16 日至 2021 年 4 月 30 日。

三 评估的总体结果

评估显示，2021 年排名居前的高院有：江苏高院、四川高院、广东高院、浙江高院、海南高院、吉林高院、上海高院、山东高院、安徽高院、福建高院（见表 2）。排名居前的中级法院有：南京中院、广州中院、徐州中院、深圳中院、宁波中院、汕头中院、长春中院、海口中院、吉林中院、青岛中院（见表 3）。专门性法院排名前 5 位的分别为：北京互联网法院、广东自由贸易区南沙片区法院、深圳前海合作区法院、广州互联网法院、珠海横琴新区法院（见表 4）。

表 2　2021 年人民法院普法宣传指数评估结果（高级法院）

单位：分

排名	法院	法律法规规范性文件	诉讼指南	案件公开	普法形式与平台	司法数据	总分
1	江苏高院	86.00	82.25	84.50	84.40	47.50	78.79
2	四川高院	86.00	77.75	65.20	82.00	79.00	76.46
3	广东高院	86.00	45.63	78.50	84.40	82.50	74.91
4	浙江高院	72.00	74.00	69.20	80.80	82.50	74.46
5	海南高院	86.00	70.25	68.20	96.40	47.50	73.30
6	吉林高院	72.00	47.25	75.80	86.80	82.50	71.99
7	上海高院	86.00	79.00	66.50	88.00	30.00	70.65
8	山东高院	79.00	57.50	61.30	81.60	65.00	67.68
9	安徽高院	83.00	75.25	59.25	81.60	30.00	66.17
10	福建高院	93.00	57.75	60.00	73.80	37.00	64.77
11	甘肃高院	93.00	54.00	59.20	85.60	30.00	64.50
12	河北高院	83.00	29.00	74.05	87.60	35.00	63.01
13	湖南高院	93.00	52.50	51.40	90.40	30.00	62.58
14	北京高院	72.00	64.00	57.85	40.60	72.00	61.45
15	贵州高院	86.00	49.00	42.95	79.20	37.00	57.32

续表

排名	法院	法律法规规范性文件	诉讼指南	案件公开	普法形式与平台	司法数据	总分
16	广西高院	79.00	65.25	50.45	86.40	0.00	56.95
17	辽宁高院	83.00	68.50	47.55	50.40	30.00	56.63
18	江西高院	69.00	42.50	58.70	79.80	30.00	56.38
19	内蒙古高院	72.00	56.50	58.95	86.40	0.00	56.35
20	重庆高院	51.00	76.50	43.85	81.60	30.00	55.40
21	湖北高院	93.00	56.50	26.15	75.60	30.00	53.59
22	云南高院	69.00	51.50	36.65	78.00	30.00	51.36
23	河南高院	41.00	59.00	46.95	91.60	0.00	47.83
24	青海高院	58.00	25.88	49.20	78.00	30.00	47.74
25	新疆高院	48.00	35.00	47.90	74.40	30.00	46.63
26	陕西高院	58.00	26.50	35.35	48.00	65.00	44.46
27	天津高院	58.00	26.50	52.30	47.80	30.00	44.26
28	宁夏高院	58.00	27.50	39.45	60.00	30.00	42.44
29	山西高院	58.00	16.50	46.95	80.40	0.00	41.05
30	西藏高院	48.00	39.00	38.90	76.00	0.00	40.47
31	黑龙江高院	48.00	10.00	38.80	66.40	30.00	37.70
32	新疆生产建设兵团人民法院	78.35	36.50	37.10	19.80	0.00	37.07

表3　2021年人民法院普法宣传指数评估结果（中级法院）

单位：分

排名	法院	法律法规规范性文件	诉讼指南	案件公开	普法形式与平台	司法数据	总分
1	江苏省南京市中院	86.00	91.50	100.00	92.40	47.50	86.49
2	广东省广州市中院	72.00	74.00	75.70	85.60	65.00	74.50
3	江苏省徐州市中院	93.00	78.50	79.25	90.40	17.50	74.26
4	广东省深圳市中院	51.00	81.50	65.45	84.40	100.00	73.80
5	浙江省宁波市中院	79.00	79.00	67.95	84.00	47.50	71.71
6	广东省汕头市中院	86.00	71.50	64.55	76.00	61.50	71.49
7	吉林省长春市中院	86.00	56.00	82.90	69.60	47.50	70.84
8	海南省海口市中院	79.00	86.50	51.75	80.40	65.00	70.44
9	吉林省吉林市中院	72.00	66.50	61.05	74.80	65.00	66.99
10	山东省青岛市中院	65.00	69.00	56.75	85.20	65.00	66.36

续表

排名	法院	法律法规规范性文件	诉讼指南	案件公开	普法形式与平台	司法数据	总分
11	四川省成都市中院	58.00	88.50	66.95	69.00	37.00	65.29
12	河南省郑州市中院	79.00	65.00	47.60	92.80	47.50	64.13
13	广西壮族自治区南宁市中院	58.00	74.00	68.25	84.00	30.00	63.98
14	黑龙江省齐齐哈尔市中院	93.00	82.25	50.45	84.40	0.00	62.85
15	安徽省合肥市中院	93.00	54.00	47.70	88.80	30.00	61.53
16	安徽省淮南市中院	48.00	61.50	61.20	69.80	65.00	60.48
17	浙江省杭州市中院	51.00	51.50	72.20	83.20	35.00	59.89
18	广东省珠海市中院	86.00	63.50	63.90	58.80	0.00	57.89
19	福建省厦门市中院	79.00	62.75	55.00	74.80	7.00	57.12
20	湖北省武汉市中院	51.00	89.00	52.85	75.60	7.00	56.25
21	山东省淄博市中院	79.00	59.00	43.65	85.60	14.00	55.64
22	江西省南昌市中院	86.00	47.75	53.60	77.40	7.00	55.49
23	辽宁省沈阳市中院	79.00	45.25	42.95	78.40	37.00	55.05
24	山东省济南市中院	44.00	36.50	63.50	81.60	47.50	54.52
25	陕西省西安市中院	58.00	66.50	42.10	81.40	30.00	54.24
26	山西省太原市中院	72.00	38.13	61.10	80.80	0.00	52.48
27	甘肃省兰州市中院	48.00	39.00	68.45	72.00	0.00	48.74
28	贵州省贵阳市中院	51.00	25.00	68.45	76.20	7.00	48.22
29	青海省西宁市中院	48.00	27.75	49.80	73.20	47.50	48.20
30	辽宁省本溪市中院	76.00	30.00	42.05	55.80	30.00	46.69
31	江苏省无锡市中院	72.00	40.25	41.45	78.40	0.00	46.65
32	内蒙古自治区呼和浩特市中院	58.00	57.00	56.90	42.20	0.00	46.40
33	江苏省苏州市中院	58.00	46.50	47.45	74.40	0.00	46.30
34	黑龙江省哈尔滨市中院	79.00	53.75	16.25	67.60	30.00	46.07
35	河北省邯郸市中院	58.00	61.50	45.00	57.60	0.00	46.04
36	宁夏回族自治区银川市中院	41.00	20.00	55.05	75.00	30.00	44.47
37	辽宁省鞍山市中院	69.00	34.00	41.60	74.80	0.00	44.30
38	山西省大同市中院	58.00	46.25	40.30	75.60	0.00	44.28
39	云南省昆明市中院	48.00	24.00	60.30	48.40	30.00	44.25
40	内蒙古自治区包头市中院	62.00	30.00	46.05	78.00	0.00	43.92
41	河北省唐山市中院	51.00	19.63	57.20	48.80	30.00	43.11
42	西藏自治区拉萨市中院	58.00	34.00	44.30	37.00	30.00	41.74
43	辽宁省抚顺市中院	86.00	25.00	24.10	81.60	0.00	41.67

续表

排名	法院	法律法规规范性文件	诉讼指南	案件公开	普法形式与平台	司法数据	总分
44	辽宁省大连市中院	69.00	25.00	36.70	60.80	7.00	39.98
45	河南省洛阳市中院	41.00	15.00	50.50	77.20	0.00	37.93
46	河北省石家庄中院	48.00	16.50	42.05	43.20	30.00	36.50
47	新疆维吾尔自治区乌鲁木齐中院	48.00	31.50	29.60	75.60	0.00	36.12
48	湖南省长沙市中院	48.00	37.50	29.35	32.40	30.00	35.27
49	福建省福州市中院	48.00	0.00	42.05	79.00	0.00	34.07

表4　2021年人民法院普法宣传指数评估结果（专门性法院）

单位：分

排名	法院	法律法规规范性文件	诉讼指南	案件公开	普法形式与平台	司法数据	总分
1	北京互联网法院	48.00	83.50	64.05	89.20	72.00	69.70
2	广东自由贸易区南沙片区法院	51.00	74.00	72.10	74.20	65.00	67.51
3	深圳前海合作区法院	86.00	51.50	57.20	72.00	44.00	62.06
4	广州互联网法院	86.00	28.75	59.85	76.00	35.00	57.56
5	珠海横琴新区法院	51.00	76.50	40.55	84.40	30.00	54.83
6	杭州互联网法院	83.00	52.50	40.80	64.40	30.00	53.50
7	广州知识产权法院	72.00	62.75	46.15	40.40	17.50	49.42
8	上海知识产权法院	44.00	64.00	38.70	63.20	30.00	47.19
9	上海金融法院	44.00	33.75	58.45	58.20	0.00	41.82
10	成都天府新区（自贸区）法院	58.00	42.13	32.45	58.20	0.00	38.49
11	重庆两江新区（自贸区）法院	48.00	44.00	44.75	40.80	0.00	37.95
12	北京知识产权法院	34.00	10.00	40.10	67.40	30.00	35.44

（一）评估发现的成效与亮点

评估显示，人民法院普遍重视普法宣传工作，注重落实"谁执法、谁普法"的要求，在公开法律文件、案件信息过程中提升普法宣传效果。

1. 法院普法工作稳步推进，成效明显

《中央宣传部、司法部关于在公民中开展法治宣传教育的第七个五年规划（2016~2020年）》以及最高人民法院要求，各级法院进一步强化普法意识，结合人民法院工作实际制定好法治宣传工作计划，通过深入扎实的法治宣传教育和法治实践，大力营造推动全社会自觉学法用法守法的氛围和环境。各级法院在"七五普法"期间贯彻落实党中央、国务院和最高人民法院关于普法宣传的决策部署，通过公开法律法规规范性文件、法院审判职能、以案释法等开展全方位的普法工作。评估显示，法院在法律法规规范性文件、诉讼指南、案件公开等方面总体表现较好，49 家法院的上述三个一级指标评估得分超过平均分，有 18 家法院评估得分超过 70 分，占比分别为 52.69% 和 19.35%。

2. 法律文件宣传工作开展较好

公开法律法规、司法解释和规范性文件是法院开展普法的首要工作。最高人民法院要求各级法院在司法解释和规范性文件出台后，要利用形式多样的平台和通俗易懂的语言对公众进行解释和说明，把司法解释、规范性文件起草制定过程变成普法过程。评估发现，有 87 家法院能够利用本院网站、中国法院网以及其他法律平台公开法律法规规范性文件，占 93.55%。同时，各级法院为贯彻落实最高人民法院的司法解释文件、司法政策，须及时制定公开本院相应的执行规范，其中，有 66 家法院公开了本院文件，占 70.97%。

3. 普法工作方式注重新媒体新渠道

各级法院开展普法工作不断创新工作方式，利用新媒体进行普法宣传成为普法工作的最大亮点。评估发现，普法形式与平台板块整体得分（二级指标自媒体平台所占比重为 40%）明显高于其他板块，其中有 65 家法院得分在 70 分以上，所占比重为 69.89%。有 80 家通过网站外的其他渠道（包括新闻通气会、微博、微信、抖音等）发布典型案例，占比约为 86.02%。

（二）评估发现的问题

评估发现，法院参与普法还存在一些共性问题，突出表现在以下方面。

1. 部分法院普法工作落实不到位

评估发现，部分法院存在落实普法不到位、贯彻执行不彻底的问题。最高人民法院印发的《人民法院贯彻落实〈中共中央办公厅 国务院办公厅关于实行国家机关"谁执法谁普法"普法责任制的意见〉的实施意见》明确要求，各级人民法院运用新闻发布会加大普法工作力度，利用新闻发布会制度进一步加大司法政策、司法改革进展、有关案件审理情况的发布力度。但评估显示，分别有 76.34% 和 84.95% 的法院未设置新闻发布会制度专栏、未公开新闻发言人信息，同时只有 6 家法院在网站上定期公开新闻发布会信息。《最高人民法院关于贯彻落实《中共中央、国务院转发〈中央宣传部、司法部关于在公民中开展法治宣传教育的第七个五年规划（2016～2020年)〉的通知》的意见》要求，各级人民法院要把法治宣传教育相关工作经费纳入本院财政预算，专款专用，把法治宣传教育列入政府购买服务指导性目录。但是，就各级人民法院财政公开年度报告来看，有 68 家法院未将法治宣传教育相关工作经费作为财政单独项编入年度财政报告，没有对外公开相关经费信息的占比约为 73.12%。另外，从公布法治宣传教育相关工作经费的 11 家法院的公开情况来看，各级法院存在法治宣传教育相关工作经费公开不清晰的问题。其典型，如海南高院将法治宣传费用与审判执行课题调研等综合事务管理支出、本级法院信息化项目建设统一列入其他法院支出项混同公开，并未专门列明法治教育宣传经费的具体数据。从法治宣传经费来看，公开普法宣传经费的 11 家法院主要集中于高院（其中只有 2 家中院），中院公开水平整体较低；公开的经费数额差距（河北高院、浙江高院、深圳中院经费均在 400 万元以上，是其他法院的 2～5 倍）较大，也反映了各地人民法院普法方面的努力程度差距。

2. 开展普法的形式不统一

评估显示，各级人民法院普法公开的内容没有形成统一的标准，普法宣传工作的内容和形式欠缺规范性。从普法内容看，各级人民法院对普法的内容没有统一要求，网站上公开内容差异较大，部分法院公开的内容不完整。例如，诉讼指南部分有 5 家法院未公开任何有关的信息，有 49 家法院完全未公开多元化解纠纷的信息（包括诉前调解介绍、范围、程序等），各级法院公开内容差异明显。

3. 普法作品形式有待创新

虽然有 86 家法院发布了多种形式的普法作品，但多数法院发布的普法作品集中于文字、图片和短视频形式的法典解读、案例解读等，公益广告、微电影、司法故事短视频等更有趣味性的作品较少，讲好司法故事的能力有待提升，普法作品创新力和吸引力有待加强。

四　各板块评估结果

（一）法律法规规范性文件①

法律法规规范性文件的公开是人民法院普法宣传工作的第一步。只有最大限度公开法律法规规范性文件，确保司法政策宣传到位、司法问题解读清晰，才能让人民群众更好地了解相关法律规定和政策信息。为此，《最高人民法院关于进一步深化司法公开的意见》明确要求，要做好法律法规规范性文件的公开和解读工作。但是总体来看，法律法规规范性文件公开情况并不理想。

1. 评估发现的亮点

法律法规专栏公开情况较好。评估发现，设置法律法规公开专栏的法院有 86 家，占比 92.47%，并且均在专栏中发布了相应的法律法规与规范性文件。其中 57 家法院直接链接到中国法院网，占比 61.29%，4 家法院链接到其他网站，占比 4.30%。在未公开的 7 家法院中，4 家属于专门性法院，分别为北京知识产权法院、广州知识产权法院、上海金融法院和上海知识产权法院。可见，总体上法律法规这一指标公开情况较好，但部分专门性法院在该方面还需不断努力。

2. 评估发现的不足

（1）公开的法律法规更新不及时

公开法律法规及规范性文件可以方便当事人或有需求的群众在遇到司法

---

① 在该板块的公开统计中，司法解释说明性文件仅适用于最高人民法院，因此统计该条信息时，其他法院均不作评估分析。

问题时，通过相关法院的公开平台快速找到对应法律依据。但如果各法院公开的法律依据更新不及时，就难以发挥应有作用，甚至误导群众。评估发现，有 67 家法院虽然公开了有关的法律文件，但未及时清理已经失效的法律法规，也未标注效力，占比高达 72.04%。有 24 家高院、29 家中院系转链接到中国法院网，其所公开的法律法规清理不及时。

（2）法院文件信息公开不到位

法院文件是指结合本法院审判工作实际，对相关问题和审判领域作出的指导性意见。公开这些文件有助于当事人了解法院审理案件的流程、法律适用等，也是在群众中普及法律知识的重要方面。虽然有 65 家法院公开过法院文件（占比 69.89%），但公布 2021 年度最新法律文件的仅有 24 家法院，占比 25.81%，其余 41 家公开的法院文件均为 2021 年之前的（占比 44.09%），且大部分是 2019 年以前的文件。这表明，公开了本院文件的法院也可能存在公开新出台的文件不够及时问题。未公开本院文件的法院有 28 家（占比 30.11%），其中有 9 家高院，14 家中院，5 家专门法院。未公开和公开不及时的法院占比高达 74.19%，远远超过了及时公开的法院占比。

（3）法律文件解读信息公开待加强

对有关的法律文件尤其是法院审理案件依据的重要法律文件进行解读，有助于公众了解相关法律文件的制定本意以及有关条款的具体要求，相比单纯公开法律法规司法解释文本而言，进行必要的解读更有助于提升普法效果。但评估显示，仅有 42 家法院发布了司法文件解读（占比 45.16%），其中 40 家法院以文字形式（占比 43.01%），23 家法院以新闻发布会形式（占比 24.73%），仅有 15 家法院既以文字形式又以新闻发布会形式公开了法律文件解读信息。

（二）诉讼指南

法院编制和公开诉讼指南是为了告知广大群众如何通过诉讼方式解决纠纷、维护自身权益，是当事人利用诉讼程序的"说明书"。公开诉讼指南不仅是司法公开的要求，更是普法的题中应有之义，只有让广大群众尤其是案件当事人知悉如何起诉应诉、如何注意和规避诉讼风险，才能保障其较好地遵守诉讼程序，依法参与诉讼活动，通过合法渠道解决纠纷。观察法院诉讼指南、多元解纷、诉讼流程和常识性问题解答等方面内容可以发现，不少法院存在多元化解纠纷机制公开不理想、管辖范围情况说明不清晰、诉讼风险提示等内容不完善等问题。

1. 评估发现的亮点

评估显示，绝大部分法院诉讼指南公开情况较好。在评估的 93 家法院中，有 92 家公开了诉讼指南，占 98.92%。仅福建省福州市中院未公开诉讼指南，其门户网站上设有诉讼服务专栏，但是专栏内未公开任何内容。人民法院的当事人权利和司法救助信息公开相对较好，有 58 家法院公开了当事人权利义务信息、61 家法院公开了司法救助信息，分别占 62.37%、65.59%。

2. 评估发现的不足

（1）分类公开诉讼指南情况仍有待提升

评估显示，有 40 家法院未按照管辖案件类别配置指南（如民商事、刑事、国家赔偿等），有 49 家法院没有按照级别管辖对上诉、二审、再审案件配置指南，分别占 43.01%、52.69%。

（2）公开多元纠纷化解相关内容的情况亟待加强

建立健全多元化纠纷化解机制，有助于合理配置社会资源，为纠纷当事人提供便捷适宜的纠纷解决途径。公开多元化解纠纷相关内容有助于引导当事人通过诉讼外渠道依法化解纠纷。但评估显示，法院对多元化纠纷化解相关内容的法律知识宣传普及还存在不足。在评估的 93 家法院中，仅有 36 家法院对诉前调解进行了说明（如诉前调解是什么、为什么选择诉前调解以及优点等）、仅有 20 家法院公开了诉前调解范围、仅有 22 家法院公开了诉前调解程序，分别占比 38.71%、21.51%、23.66%。同时，从评估对象的法院层级看，中院应在多元化纠纷化解的普法宣传中发挥更大作用，但实际情况并不理想。评估显示，在评估的 49 家中院中，有 29 家、37 家、33 家法院未对诉前调解、范围、程序进行公开，分别占比 59.18%、75.51% 和 67.35%。只有四川省成都市中院、广东省汕头市中院、山东省青岛市中院、江苏省南京市中院、广东省深圳市中院、山东省淄博市中院 6 家法院对多元化纠纷化解机制信息公开较为全面，并且提供了"人民法院调解平台"链接，仅占 12.24%。

（3）管辖范围的普法宣传不全面

通过诉讼指南对法院审理案件的管辖范围进行说明，有助于当事人较准确地确定起诉法院。但评估显示，仅有 30 家法院同时公开了刑事案件、民事案件和行政案件的管辖范围，占 32.26%；有 17 家法院未公开任何本院案件管辖信息，占 18.28%。从公开案件管辖范围的法院来看，民事案件管辖范围的公开情况相对较好（占 65.59%），其次是行政案件（占约为 53.76%），刑事案件公开情况最差（占比约为 37.63%）。在中国，绝大多数案件由基层法院和中级法院审理，这些法院公开管辖方面的指南信息更为重要。但评估发现，中级法院中仅有 21 家法院公开了刑事案件管辖范围、37 家法院公开了民事案件管辖范围、29 家法院公开了行政案件管辖范围，分别占比 42.86%、75.51% 和 59.18%，公开情况还不够理想。

（4）诉讼风险提示公开内容有待完善

通过诉讼指南公开诉讼风险提示，有助于帮助当事人建立承受、防范、应对诉讼风险的心理预期，避免因行使权利或者履行义务不当带来不利裁判后果，保护当事人的合法权益。但评估显示，仅有辽宁高院、吉林高院、北京互联网法院、吉林省长春市中院、四川省成都市中院、黑龙江省齐齐哈尔市中院、江苏高院、广东省珠海市中院 8 家法院均公开了"刑事诉讼风险提示""民事诉讼风险提示""行政诉讼风险提示"，占 8.60%。

（5）诉讼注意事项公开不理想

诉讼注意事项是指当事人在参与诉讼过程中需要了解和知晓的一些相关法律基础知识，具体包括管辖、诉讼风险、起诉、反诉、诉讼时效、当事人权利与义务和司法救济等内容。这些信息与诉讼参与人参与诉讼直接相关。但评估发现，诉讼注意事项公开不理想。仅有 19 家法院公开起诉和反诉相关内容、有 37 家法院公开举证或诉讼保全相关内容、有 24 家法院公开了诉讼时效相关内容，分别占 20.43%、39.78%、25.81%，公开水平整体较低。

（6）诉讼流程通俗化有待完善

诉讼活动相对较为专业、规范，以流程图等方式进行通俗说明有助于公众理解。但评估显示，诉讼流程配置流程图的情况不够理想。仅有 27 家法院的诉讼流程（图）公开较为全面（刑法、民法、行政法案件均有）、有 19 家法院只公开了部分案件类型的流程图，分别占 29.03% 和 20.43%。

（三）案件公开

案件公开是人民法院普法宣传的最主要方式之一，通过庭审直播、裁判文书、典型案例等宣传有关案件的审理过程和裁判结果，可以使群众直观地了解法律精神，提升日常生活中运用法律的意识和能力。中共中央办公厅、国务院办公厅印发的《关于实行国家机关"谁执法谁普法"普法责任制的意见》提出，审判机关、检察机关、行政执法机关、司法行政机关要加强典型案例的收集、整理、研究和发布工作，建立以案释法资源库，充分发挥典型案例的引导、规范、预防与教育功能。

1. 评估发现的亮点

人民法院典型案例公开是法院"以案释法"普法工作的重要形式。这就要求，各级法院在网站进行典型案例公开时要注重公开渠道及其受众，注重公开的周期性、及时性与公开内容的丰富性、说理性，注重公开内容的质量及公开频率。评估显示，在评估的 93 家法院中，有 55 家法院网站设置了典型案例专栏，并且更新了 2021 年的典型案例信息，占 59.14%；另外有 21 家法院虽然设置了典型案例专栏，但截至评估结束前，仍未更新 2021 年的典型案例信息，占 22.58%。并且，在公开典型案例的法院中，有 73 家法院将典型案例发布在专栏之中，占 78.49%，这提升了典型案例的公开规范化程度，也便于公众查询。此外，有 94.62% 的法院在典型案例公开时说明了基本案情、裁判结果和裁判理由，81.72% 的法院说明了裁判结果的法律依据，

63.44%的法院在发布的刑事类典型案例中说明了从重从轻判决理由，总体来看典型案例公开内容完整性较高。而且，有79家法院通过两种以上渠道（网站、新闻通气会、微博、微信、抖音等）发布了典型案例信息，占84.95%。

2. 评估发现的不足

（1）庭审公开仍不到位

庭审直播是庭审公开的主要途径和重要手段，是"阳光司法"的重要形式，也是普法宣传较为直观的方式。评估显示，广东省广州中院、吉林省长春市中院与江苏省南京市中院均公开了旁听和庭审直播相关四项内容，可以让公众更加全面及时地了解相关案件庭审信息，取得较好的普法效果。但仅有19家法院公开了旁听规则，占20.43%；仅9家法院提供了旁听预约渠道，占9.68%；64家法院提供了最高人民法院庭审直播网链接，占68.82%；59家法院提供了本院庭审直播视频，占63.44%。

（2）裁判文书上网公开精细化程度不足

裁判文书上网公开是中国近年司法体制改革和"智慧法院"建设的重要成果，是互联网时代法院普法宣传的新方式。公开裁判文书，展示文书说理，也有助于借助个案和说理向公众阐释法律规定及其精神。这就要求，法院网站在开展裁判文书上网公开时，需要注意公开的精细化程度，把握不同类型裁判文书的特点，分门别类加以公开，并注重公开内容的完整性与规范性。但评估显示，仅有34家法院网站设置了裁判文书栏目、有21家法院直接链接至中国裁判文书网，分别占36.56%、22.58%。同时，有的法院虽然设置了裁判文书栏目，但栏目无法打开，如湖南省长沙市中院、四川省高级人民法院。仅有27家法院按刑事、民事、行政、执行等类别进行分类公开，仅有33家法院裁判文书内容公开比较完整，分别占比29.03%、35.48%。

（3）裁判文书公开渠道不统一

虽然中国裁判文书网是全国法院裁判文书集中公开的唯一平台，但各法院多数还保留着本院的公开平台。针对裁判文书的公开渠道，中国裁判文书网及各地法院自建的裁判文书网、法院门户网站等均是公开裁判文书相关信息的重要渠道、途径和工具。评估显示，有 88 家法院提供了中国裁判文书网的链接，占 94.62%；有 17 家法院提供本省统一的裁判文书网链接，占 18.28%；有 5 家法院通过其他渠道进行公开。例如，南京等地法院建立了与中级及其下辖基层法院统一的裁判文书公开网。

（4）案件信息公开不理想

2018 年最高人民法院发布的《关于进一步深化司法公开的意见》指出，法院应当主动公开包括重大案件审判情况在内的 12 种审判执行信息。完善重大案件公开相关制度往往是提高司法公开透明度、消除公众误解及不信任、促进公平公正的重要举措之一，有助于法治宣传教育工作的顺利开展，传递司法为民、公正司法的正能量。评估显示，有 61 家法院公开了本院审理的重大案件消息①，占 65.59%；仅有 17 家法院公开了本院审理的重大案件庭审信息，占 18.28%；仅有 24 家法院公开了本院审理的重大案件文书，占 25.81%；仅有 27 家法院公开了本院审理的重大案件裁判解读或评判信息，占 29.03%；仅有 21 家法院对重大案件社会关注问题进行了回应，占 22.58%。同时，32 家法院网站未公开重大案件相关信息，占 34.41%。大部分法院网站虽然公开了本院审理的重大案件信息，但是无法查询到其庭审、文书、裁判解读或评判等相关信息，难以达到解疑释惑的普法效果，公开情况并不理想。

（5）利用司法案例网的情况不理想

中国司法案例网是集中发布指导案例、典型案例的网站平台，但评估显示，地方法院对该资源利用情况不佳。仅有 9 家法院提供了中国司法案例网链接，占 9.68%。

（6）司法案例研究报告公开率低

案件研究报告是对法院特定类型案件进行总结、研究和分析的结果，公开这些内容既有助于公众了解法院审理同类案件掌握的尺度，也有助于揭示

---

① 重大案件指标是各级人民法院审理的本辖区内具有重大影响的案件，特别是法院门户网站上以新闻专题形式进行报道的案件均按重大案件进行统计。

有关领域的行为边界和法律新问题，是法院普及法律知识的重要方式。评估显示，仅有 26 家法院在网站上公开了本院案件研究报告信息，占 27.96%，72.04% 的法院没有公开本院的案件研究报告。这从侧面反映了人民法院的司法案件研究能力有待提升，挖掘和充分利用好本院案件资源的能力有待提升。

（四）普法形式与平台

随着互联网技术的发展与普及，特别是自媒体平台的异军突起，公众获取信息的途径更为便捷。各级法院也都借助互联网优势，积极开展普法活动，普法的形式和内容越来越丰富。本次评估对被评估法院网站的普法类新闻发布，微信、微博和抖音的法院自媒体账号发布，以及普法作品的发布等情况进行了观察分析。

1. 评估发现的亮点

（1）网站新闻发布形式多样，更新较为及时

以新闻报道形式宣传法院工作是群众了解法院业务、法院回应社会关切的一种方式，也是法院开展普法的重要形式。评估显示，有 83 家法院采用文字、图片、音视频等两种以上形式发布相关新闻信息，占比 89.25%。其中有 42 家法院能够采取三种以上形式发布相关新闻信息，发布形式多样，便于公众接受。另外，有 52 家法院能够定期每周更新网站新闻信息，占 55.91%。有 36 家法院网站虽然新闻更新频率超过一周，但能不定期更新网站信息。

（2）普法平台多元，积极借助新媒体平台进行普法

在自媒体时代，公众获取信息更加便捷。微信公众平台、微博平台是社交网络的主要平台，也是公众日常获取信息的重要来源。大多数法院能够积极借助各自媒体平台，以公众喜闻乐见的形式开展普法教育，既丰富了普法的形式，也拓展了普法的范围。评估显示，在参与评估的 93 家法院中，有 92 家开通了微信公众平台，占 98.92%；有 88 家法院开通了官方微博账号，占 94.62%。同时，大部分法院能及时更新各自媒体平台发布的信息，如有

86 家法院能够在每周内更新微信公众平台信息，有 76 家法院能够在每周内更新微博平台信息。

（3）法院通过各平台发布信息，内容较为丰富

在法院网站、微信公众平台、微博平台发布信息内容丰富，涉及案件审理情况信息、相关司法改革政策信息、本院司法改革动态等相关信息，从多方面多角度进行普法教育。例如，在微信公众号平台有 76 家法院发布了案件审理情况信息，81 家法院发布了相关司法改革政策信息，77 家法院发布了本院司法改革动态等相关信息，分别占 81.72%、87.10%、82.80%。在微博平台中，有 75 家法院发布了案件审理情况信息，73 家法院发布了相关司法改革政策信息，70 家法院发布了本院司法改革动态等相关信息，分别占 80.65%、78.49%、75.27%。相比之下，法院网站此类信息发布情况稍差，有 49 家法院网站发布了案件审理情况信息，31 家法院发布了相关司法改革政策信息，43 家法院发布了本院司法改革动态等相关信息，分别占 52.69%、33.33%、46.24%。

（4）普法作品发布形式多样，更新情况较好

好的普法作品能够吸引群众关注、扩大传播范围、提升普法效果。评估发现，各级法院善于运用各种媒介，丰富普法作品形式的多样性，以公众喜闻乐见的形式开展普法宣传。评估显示，有 86 家法院能够运用两种及以上作品形式进行普法教育，占 92.47%。并且各级法院所发布的普法作品更新及时，有 77 家法院于 2021 年更新了相应的普法作品，占 82.80%。有 14 家法院虽然 2021 年并未更新普法作品，但在各公开平台仍然发布有 2020 年的普法作品。

另外，部分法院从作品形式和作品内容上发力，创作出一些具有新颖性、吸引力、趣味性的普法作品。例如，苏州中院发布了法制微电影展播，贵阳中院发布了原创漫画，辽宁高院发布原创京剧《司法新荣光》，宁波中院发布短剧《"典"亮一生》，等等。

2. 评估发现的不足

（1）部分法院设新闻发布会专栏，但未形成常态化公开机制

新闻发布会是法院第一时间公开相关信息、回应公众关切的重要渠道，

也是一个良好的法律知识普及平台。评估显示，仅有 22 家各级法院设立的新闻发布会专栏，以专栏的形式统筹发布相关信息，仅有 7 家法院能够定期公开新闻发布会的相关信息，仅有 14 家法院在网站上公开了新闻发言人，分别占 23.66%、7.53% 和 15.05%。从整体上看，新闻发布会制度没有发挥预期效果，尚未形成常态化公开机制。

（2）网站新闻内容不全面，司法改革信息相对较少

司法改革政策、法院深化司法改革动态直接关系人民群众对诉讼方式的选择和应用，同时及时发布上述信息可以方便人民群众了解法院建设和改革的最新情况。但是从法院门户网站发布的新闻内容来看，存在内容不全面、司法改革类信息相对较少的情况。评估显示，有 26 家法院未发布过任何相关司法改革政策信息、有 17 家法院未发布本院司法改革进展动态信息，分别占比 27.96% 和 18.28%；同时，有 36 家法院、32 家法院的上述信息发布情况并不理想，仅在 2020 年以前发布过相关信息，分别占比 38.71% 和 34.41%，司法改革类信息宣传水平仍有提升的空间。

（五）司法数据

随着大数据时代的到来，"互联网 + 司法"应用越来越广泛，司法数据作为一种丰富的资源，其重要性越来越明显，可以通过司法数据来统计审判活动信息，以此挖掘与经济社会发展的内在联系，为科学决策提供参考，更有助于向社会展示各领域司法制度进展，也可成为普法宣传的有机组成部分。《最高人民法院关于深化人民法院司法体制综合配套改革的意见——人民法院第五个五年改革纲要（2019~2023）的通知》提出，要不断完善司法大数据管理和应用机制，《最高人民法院关于进一步深化司法公开的意见》也要求人民法院的司法数据以及法院白皮书及时公开。但评估发现，人民法院司法数据公开效果不理想。

1. 评估发现的亮点

加强司法大数据研究应用，切实提升数据汇集、分析、应用水平，针对社会治理热点难点及群众关心关切深化专题研究，为经济社会发展提供前瞻

性参考①。司法大数据的研究应用对社会治理、审判管理、社情民意分析发挥着重要作用，司法数据的可视化展示也是人民群众了解司法领域信息最直观的一种方式。评估发现，部分法院司法大数据应用方面情况较好。例如：海口市中院门户网站数据公开专栏，下设"司法业务数据""财务数据""工作报告""司法白皮书"栏目，分类汇总进行公开，其中司法业务数据按收结案、平均审理时间、涉土地纠纷案件统计等进行分类汇总公开，内容翔实，数据丰富；广州市中院门户网站建成司法数据公共服务中心，将收结案、经济形势、治安形势、民事案件、刑事案件和土地纠纷等进行可视化展示，同时配有文字说明，清晰易懂，并且发布了司法大数据研究报告、司法调研报告，充分利用司法数据研究成果进行普法宣传。类似发布司法数据研究报告的法院还有青岛市中院、宁波市中院、山东高院等法院。

2. 评估发现的不足

首先，司法白皮书公开不及时。2021 年仅有 4 家法院公开了司法白皮书，占 4.30%。而公布 2021 年之前白皮书的法院有 54 家，占 58.06%。完全未公开司法白皮书的法院有 35 家，占 37.63%。

其次，司法数据及其报告水平亟须提高。以月为周期公开司法数据的法院有 21 家，占 22.58%，按季度公开的法院有 4 家，占 4.30%，笼统公开当年数据的法院有 11 家，占 11.83%，这其中还有 7 家法院没有更新 2021 年的司法数据。也就是说，在 2021 年有效公开司法数据的法院仅有 24 家，占 25.81%，而未公开司法数据的法院有 56 家，占 60.22%。关于司法数据报告，有 83 家法院完全没有公开，占高达 89.25%。

最后，对法治宣传教育经费规定落实不到位。根据《最高人民法院关于进一步深化司法公开的意见》，各级人民法院都应将本院财政预算、决算向社会公开。《七五普法规划》明确指出，要把法治宣传教育相关工作经费纳入本院财政预算，以更好地推进法治宣传教育。但评估显示，各级人民法

---

① 最高人民法院党组书记、院长周强在科学与技术前沿论坛上的《科技创新驱动智慧法院建设 司法服务保障科技创新》讲话，http://www.court.gov.cn/zixun－xiangqing－302441.html，最后访问日期：2021 年 8 月 9 日。

院对法治宣传教育经费的公开不佳。有 15 家法院未完全公开决算、预算报告①，占 16.13%，有 78 家法院能够按照要求及时公布该年度决算、预算报告，占比达到了 83.87%。但是在落实法治宣传教育经费纳入预算方面，仅有 11 家落实了该要求，占比仅 11.83%，其中该项经费最高的三个法院分别为：广东高院（883 万元）、深圳市中院（677 万元）、浙江高院（642.63万元）。由此可见，法院在积极落实教育宣传经费和加强法治宣传方面还需不断努力。

五　困境与突围

人民法院开展普法工作存在的各种问题，首先是因为认识不统一。《"谁执法谁普法"普法责任制实施意见》要求，各级人民法院根据案件情况，在保守审判秘密和遵守审判纪律的前提下，利用办案的各个环节有针对性地进行法律解读，及时释疑解惑，使案件审判、纠纷调解和法律服务成为向人民群众普法的过程。但普法始终不是人民法院的核心业务，审判执行实践中，广大干警关注的主要是案件办理，顶多按照司法公开要求，对有关信息进行公开，对于如何从提升普法效果角度公开信息、谋划工作，普遍还缺乏一致认识，甚至可能还将其作为一种多余的工作负担。

其次，人民法院参与普法的标准与要求也不够具体明确。"谁执法谁普法"只是笼统提示了负有执行法律责任机关的普法职责，但具体到人民法院，对于如何在办理审判执行业务中做好普法，不但认识上有差异，标准也不明确。从评估结果看，人民法院的普法工作侧重于利用审判案件结果进行普法，忽视了纠纷解决、案件审判、法律服务等司法程序中的普法。例如，各级法院新闻信息中发布的司法问题解读信息较少，多家法院未公开任何诉前调解相关信息并且未提供人民调解平台链接等，说明人民法院普法工作亟

① 项目组在门户网站查找最近年度的预决算报告，以官方报告为准。最近年度是指 2021 年度本级法院预算报告和 2020 年本级法院决算报告。

须转变工作思路，将普法工作的重心前移，重视并加强多元解纷、案件庭审、法院调解等过程中的普法，使普法工作能够全方位、全过程展开，促使人民法院的普法宣传工作形成合力，发挥整体效力。实践中，人民法院宣传普法工作的规定缺失，对于在哪些环节融入普法的要求和理念、如何开展工作才是符合普法要求的，都缺乏具体的标准。因此，无论是对法律司法解释的公开，还是对诉讼指南的公开、案件信息的公开等，普遍还停留在一般性司法公开层面，尚未落实到普及法律知识、提升法治素养、建设法治文化方面。此外，哪些案件应当配合做好普法工作、按照什么样的频率公开、上下级法院如何分工配合等，也缺乏明确的要求和标准。

中共中央办公厅、国务院办公厅印发的《关于加强社会主义法治文化建设的意见》提出，要坚持知行合一、重在实践，引导全体人民成为社会主义法治的忠实崇尚者、自觉遵守者、坚定捍卫者。加大全民普法力度，正是在法治实践中持续提升全体公民的法治意识和法治素养，是加强社会主义法治文化建设的题中应有之义。《中央宣传部、司法部关于开展法治宣传教育的第八个五年规划（2021～2025年)》提出，要强化"谁执法谁普法"普法责任制，完善国家机关普法责任清单制度，细化普法内容、措施标准和责任，全面推行"谁执法谁普法"责任单位年度履职报告评议制度，压实各责任单位普法责任。推行"谁管理谁普法""谁服务谁普法"，促进各社会团体、企事业单位以及其他组织加强本系统本行业本单位人员学法用法，加大对管理服务对象普法力度，落实普法责任。其中，人民法院作为司法审判机关，紧紧围绕司法服务大局开展法治宣传教育，结合人民法院工作实际，推进深入扎实的法治宣传教育和法治实践。2020年，人民法院普法工作总体上表现较好，对全民普法工作进行了有效回应和推进。为持续做好全民普法，加强社会主义法治文化建设，各法院要落实好"谁执法谁普法"普法责任制，还需要从以下方面入手。

第一，把司法公开作为落实普法责任制的重要抓手。人民法院紧紧围绕"努力让人民群众在每一个司法案件中感受到公平正义"的工作目标，把司法公开作为贯彻落实普法责任制的重要抓手，不断拓展司法公开的广度、深度和维度，让人民群众在阳光透明的司法过程中发自内心地尊崇和信仰法律。为此，人民法院普法工作的重要抓手在于要与司法公开工作紧密结合，充分利用审判流程公开、庭审活动公开、裁判文书公开、执行信息公开四大平台推动普法工作的深入开展，把每一场庭审、每一份文书、每一次司法活动当成法治公开课堂。

第二，统一普法工作内容及标准。评估发现，法院普法类信息存在内容和形式不统一、不规范的问题，信息以各种主题形式发布在法院网站，没有突出标识，查找不便。同时，各地法院普法工作水平参差不齐，普法作品展示渠道混乱，这与普法工作标准化水平密切相关。因此，需要制定出台人民法院普法责任实施意见和责任清单，可以由最高人民法院牵头，加强对全国法院普法工作的指导，统一普法信息的内容及形式，梳理普法工作清单，编制普法工作目录，细化普法宣传的法律法规、普法对象、预期目标、时间安排、责任部门等情况，确保规划落实落地，努力组建全国法院"一盘棋"普法工作格局。

第三，推进普法工作的供给侧改革。普法工作应当充分体现用户导向，以群众的需求为出发点和落脚点。《关于加强社会主义法治文化建设的意见》要求，推动法治文化数字化建设，以全国"智慧普法"平台为依托，组织开展法治动漫微视频征集展播活动，建立全国法治文艺精品库，汇聚优秀网络法治文艺作品。首先，普法要创新形式。各级法院应当学习借鉴"智慧普法"平台利用微电影、微视频、动漫、漫画等多种喜闻乐见的形式普法的做法，利用好本院司法案例资源、创作本院的普法"新"作品，助推社会主义法治文艺繁荣发展。各级法院应注重采用群众喜闻乐见的形式，让法治宣传打动人心。充分利用新闻发布会、新闻通气会、新媒体产品，建设法治博物馆等法治教育基地、组织邀请群众旁听庭审、巡回审理、组织知识竞赛等各种形式开展法治宣传。其次，普法要积极深入基层、深入实践。坚持广泛开展普法进网站、进校园、进机关、进企业、进社区、进商场、进广场"七进"活动，全力打造普法全覆盖体系，用接地气、贴民心的宣传教育方式讲好司法故事，传递司法为民、公正司法的正能量。

第四，加强普法工作的针对性和实效性。《关于加强社会主义法治文化建设的意见》指出，加大全民普法力度，在针对性和实效性上下功夫。就针对性而言，要根据所辖地区人民法院工作实际，分析不同地区、不同对象的法律需求，区别对待，分类指导。例如，就不同人群的法治宣传教育工作要有不同的侧重点。健全人民法院领导干部学法用法制度，完善人民法院干警日常学法制度，突出抓好青少年的法治教育，增强企业经营管理人员诚信守法、依法经营的法治思维，加强农民工等群体依法维权、自觉运用法律手段解决纠纷的法律意识，重点面向当事人等诉讼参与人的法治宣传，要将法治宣传教育工作融入立案、审判、执行、出台规范性文件等每一个工作环节。力争审理、执行一起案件教育一群人、宣传一大片。首先，各地法院要加强以案普法、以案释法，发挥典型案例引领法治风尚、塑造社会主义核心价值观的积极作用，及时公开重大案件的有关新闻消息，庭审过程和裁判文书，对重大案件社会关切问题作出回应。其次，要突出责任承担，将法治宣传工作列入绩效考核体系，增加"谁执法谁普法"绩效考核权重，开展"谁执法谁普法"专项督查，利用好第三方评估，推动有关部门找准问题，有效解决问题。

第五，坚持线下发力与线上突破相结合。《落实普法责任制部际联席会议摘编》指出，为更好地满足人民群众日益增长的法治需求，弘扬中国特色社会主义法治理念，人民法院以信息化建设为支撑，建立新闻发布例会制度，四级法院新闻发言人联系方式一律在网络公开。全国法院集体入驻抖音、快手、知乎等新媒体平台，推出"中国法院手机电视"小程序，打造全面覆盖移动终端领域的信息传播新平台。2020 年，法院普法工作借助新技术取得了良好的效果。今后，要在用好传统的线下公开方式的同时，还要用好新科技。首先，加强各法院网站普法信息，一个网站或者一个栏目统一对外负责普法宣传工作，统一相关信息名称，便于检索。其次，加强地方普法网站整合，打破各法院以及各普法责任部门"信息孤岛"，做到以省为单位，集中展示当地普法宣传工作内容及成果。

第六，加大普法工作人财物投入力度。普法工作质量的提升，离不开工

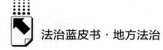
作经费、人力资源、技术力量的投入。为此，各级人民法院不仅要把法治宣传教育相关工作经费纳入本院财政预算，专款专用，切实予以保障，还要随着经济社会发展逐步提高经费标准，建立动态调整机制。同时建议今后加大对经济欠发达地区法治宣传部门的支持力度，把资金、技术、人才向这些地区倾斜，缩小各地普法工作的差距。将法治宣传队伍建设纳入国家人才发展规划，着力培养法治宣传人才，大胆使用法治宣传人才，切实解决人员配备、基本待遇、工作条件等方面的实际问题。

第七，切实加强部门联动和工作协同。要积极加强与社会各界的沟通协调，发挥自身优势，积极引导各类媒体进行公益性法治宣传教育，鼓励引导各类社会组织和公民参与、支持法治宣传教育工作，形成部门分工负责、齐抓共管的大普法格局。通过层层分解目标，抓好责任延伸，形成推进法治宣传教育工作创新发展的合力。

B.5
人民检察院普法宣传第三方
评估报告（2021）

中国社会科学院法学研究所法治指数创新工程项目组 *

摘　要：　为总结检察院普法的进展与成效，中国社会科学院国家法治指数研究中心和法学研究所法治指数创新工程项目组于2021年度启动了对全国省级检察院普法宣传情况的第三方评估。通过研发指标，形成从法律文件、指南须知、检察文书、典型案例到统计数据、专题报告的衡量体系，以省级检察院为对象，就四大检察、十大业务进行评估。评估报告总结了各地检察院在普法宣传方面取得的成效，突出体现在未成年人保护、公益诉讼检察、扫黑除恶等各个领域，也指出网站栏目设置、内容完整性、指南更新性、数据全面性等方面存在的问题，建议从各级检察院普法合理分工、普法嵌入工作业务、突出以案释法和解读回应等方面，不断提升检察普法的覆盖面和实际效果。

关键词：　检察普法　第三方评估　以案释法　解读回应

---

* 项目组负责人：田禾，中国社会科学院国家法治指数研究中心主任、法学研究所研究员，中国社会科学院大学法学院特聘教授；吕艳滨，中国社会科学院法学研究所法治国情调研室主任、研究员，中国社会科学院大学法学院宪法与行政法教研室主任、教授。项目组成员：王小梅、王祎茗、王赫、冯迎迎、刘禹言、刘雁鹏、米晓敏、宋君杰、张月、胡昌明、禹小琴、洪梅、栗燕杰、雷继华等（按姓氏笔画排序）。执笔人：田禾；吕艳滨；栗燕杰，中国社会科学院法学研究所副研究员。

一 检察普法宣传的定位与意义

2014年10月，中国共产党第十八届中央委员会第四次全体会议通过的《中共中央关于全面推进依法治国若干重大问题的决定》提出，实行国家机关"谁执法谁普法"普法责任制，建立法官、检察官、行政执法人员、律师等以案释法制度，加强普法讲师团、普法志愿者队伍建设。由此，检察院普法、检察官以案释法等，成为推动全社会树立法治意识、深入开展法治宣传教育的重要组成部分。2015年1月，《最高人民检察院关于贯彻落实〈中共中央关于全面推进依法治国若干重大问题的决定〉的意见》（高检发〔2015〕4号）专门提出要求，"完善法治宣传教育机制"，充分发挥检察院专业优势，积极参加普法教育，促进增强全民法治观念。2016年4月，《全国人民代表大会常务委员会关于开展第七个五年法治宣传教育的决议》出台。2017年5月，中共中央办公厅、国务院办公厅印发的《关于实行国家机关"谁执法谁普法"普法责任制的意见》要求，要通过公开开庭、巡回法庭、庭审现场直播、生效法律文书统一上网和公开查询等生动直观的形式，开展以案释法。《人民检察院组织法》2018年修改，对检务公开从原则到具体规则均提出新的定位要求①。2019年出台的《检察官法》第10条第7项规定，检察官应当履行的义务包括以案释法②。由此，中国的检察院已成为中国普法与法治宣传的重要一极。

二 评估内容与要求

在指标设计上，充分考虑《中共中央关于全面推进依法治国若干重大问题的决定》《法治社会建设实施纲要（2020~2025年）》《关于加强社会

---

① 《人民检察院组织法》第7条规定："人民检察院实行司法公开，法律另有规定的除外。"
② 《检察官法》第10条第7项规定："通过依法办理案件以案释法，增强全民法治观念，推进法治社会建设。"

主义法治文化建设的意见》《关于实行国家机关"谁执法谁普法"普法责任制的意见》《最高人民检察院关于贯彻落实〈中共中央关于全面推进依法治国若干重大问题的决定〉的意见》等中央相关政策文件，以及《刑事诉讼法》《检察官法》等相关法律法规的规范，遵循依法评估、客观中立、适度前瞻的原则，设置人民检察院普法宣传指标体系（见表1）。

表1　人民检察院普法宣传评估指标体系（2021年度）

一级指标	二级指标
检务指南	流程信息
	法律文书
	常见问题解答
	重大案件信息
	典型案例
检察业务	刑事检察
	民事检察
	行政检察
	职务犯罪
	公益诉讼
	未成年人保护
	扫黑除恶
普法宣传	新闻发布
	自媒体
	普法作品
司法数据与专项报告	检察白皮书
	专项报告
	司法统计数据
财政经费	法治宣传教育相关经费情况

为发挥检察院专业优势，遵循现代传播规律，提升普法的传播力、影响力和引导力，测评指标根据不同项目要求，大致区分为以下层次的要求。

一是法律条文、司法解释及各类司法文件的全文或相关内容的公开。在此层次，需及时更新，内容全面，罗列该领域法律、文件完整，无错误即可。

二是法律及文件的必要解读。中央要求，要以"群众喜闻乐见、易于接受的方式开展法治宣传教育"①。在政务公开领域，解读回应已成为重要组成部分。相应的，与检察业务相关，对新近法律文件政策的解读，作为评估重要维度。

三是典型案例、文书与以案释法。2017年5月，中共中央办公厅、国务院办公厅印发的《关于实行国家机关"谁执法谁普法"普法责任制的意见》要求，审判机关、检察院、行政执法机关、司法行政机关要加强典型案例的收集、整理、研究和发布工作，建立以案释法资源库，充分发挥典型案例的引导、规范、预防与教育功能。通过典型案例的发布和解读进行普法，已成为全国党政、司法机关的共识。运用典型案例，结合社会热点，开展生动直观的法治宣传教育，在多个中央文件中反复提及。《法治社会建设实施纲要（2020~2025年）》要求，"加强对社会热点案（事）件的法治解读评论，传播法治正能量"，并明确提出，"完善法官、检察官、行政复议人员、行政执法人员、律师等以案释法制度"。典型案例与以案释法，在推进检察工作和检察普法中有强大生命力。因此，项目组在指标设计与论证中予以了充分考虑。

公开相关领域检察建议书、意见书等检察法律文书，也是检察普法的重要样态。其典型如，2021年，最高人民检察院制定下发《"十四五"时期检察工作发展规划》，提出要严格诉前检察建议制发程序，推广圆桌会议、第三方评估、宣告送达、公开听证等公众参与机制，探索重要诉前检察建议向党委、人大、被建议单位上级主管部门等抄送备案制度。

四是数据公开。包括办案数据整体公开，以及特定领域的办案数据公开。

五是白皮书、新闻发布会、各类专题报告、调研报告、工作报告等。

六是相关指引提示。例如，对未成年人、老人等各类群体的诈骗犯罪警示，对企业的劳动用工法律风险提示等。

---

① 《全国人民代表大会常务委员会关于开展第七个五年法治宣传教育的决议》（2016年4月28日第十二届全国人民代表大会常务委员会第二十次会议通过）。

三　评估对象与渠道

评估对象为各省、自治区、直辖市人民检察院和新疆生产建设兵团人民检察院，共 32 家。在评估渠道上，项目组坚持通过检察院门户网站观测作为主要方式，并对微博、微信、抖音等检务新媒体进行测评验证；对于检务新媒体的内容，则观测其功能和相关指南的准确性、更新及时性，观察检务新媒体更新频率，以及是否可进行咨询、业务办理等功能。

在准确性与更新性方面，特别注重以下检察业务及指南的相关内容。

在刑事检察方面，检察院应当告知犯罪嫌疑人、被告人约见值班律师的权利及保障机制①。告知委托辩护人和申请法律援助时机的新规范②。以及告知诉讼权利和认罪认罚的法律规定，保障其程序选择权③。应当听取被害人及其诉讼代理人意见及其制度保障，等。

公益诉讼检察离不开社会各界的参与支持，因此，公益诉讼线索举报奖励机制的宣传指引，成为兼有普法和检务指南的重要机制。相应的，评估指标要求提供受理公益诉讼线索或举报平台的链接等。

职务犯罪检察方面，考查指南是否根据修订后的《刑事诉讼法》《监察

---

① 2018 年修改后的《刑事诉讼法》第 36 条第 2 款："人民法院、人民检察院、看守所应当告知犯罪嫌疑人、被告人有权约见值班律师，并为犯罪嫌疑人、被告人约见值班律师提供便利。"

② 《人民检察院刑事诉讼规则》第 40 条第 1 款规定，人民检察院负责侦查的部门在第一次讯问犯罪嫌疑人或者对其采取强制措施时，应当告知犯罪嫌疑人有权委托辩护人，并告知其如果因经济困难或者其他原因没有委托辩护人的，可以申请法律援助。属于《刑事诉讼法》第 35 条规定情形的，应当告知犯罪嫌疑人有权获得法律援助。《人民检察院刑事诉讼规则》第 40 条第 2 款规定，人民检察院自收到移送起诉案卷材料之日起三日以内，应当告知犯罪嫌疑人有权委托辩护人，并告知其如果因经济困难或者其他原因没有委托辩护人的，可以申请法律援助。属于《刑事诉讼法》第 35 条规定情形的，应当告知犯罪嫌疑人有权获得法律援助。

③ 2019 年 10 月《关于适用认罪认罚从宽制度的指导意见》要求，案件移送审查起诉后，人民检察院应当告知犯罪嫌疑人享有的诉讼权利和认罪认罚的法律规定，保障犯罪嫌疑人的程序选择权。告知应当采取书面形式，必要时应当充分释明。

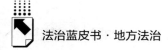

法》《人民检察院刑事诉讼规则》等进行更新调整。例如，管辖涉及监察机关管辖的职务犯罪线索，是否有"及时与同级监察机关沟通"的表述①。

刑事执行检察方面，主要考查对强制医疗决定的监督②，社区矫正对象向人民检察院的申诉、控告和检举的指南③，对于认为公安、检察、法院妨碍诉讼权利的申诉、控告的受理机构和处理机制④，以及对于认为看守所妨碍诉讼权利的受理机构和处理机制⑤，等等。行政检察方面，考查修改后的《行政处罚法》及相关影响。

接受人民监督员监督方面，《人民检察院办案活动接受人民监督员监督的规定》2019 年出台，废止了 2016 年的《最高人民检察院关于人民监督员监督工作的规定》。新规定明确：人民检察院组织的案件公开审查、公开听证活动，应当邀请人民监督员参加。

---

① 《人民检察院刑事诉讼规则》第 17 条规定，人民检察院办理直接受理侦查的案件，发现犯罪嫌疑人同时涉嫌监察机关管辖的职务犯罪线索的，应当及时与同级监察机关沟通。经沟通，认为全案由监察机关管辖更为适宜的，人民检察院应当将案件和相应职务犯罪线索一并移送监察机关；认为由监察机关和人民检察院分别管辖更为适宜的，人民检察院应当将监察机关管辖的相应职务犯罪线索移送监察机关，对依法由人民检察院管辖的犯罪案件继续侦查。人民检察院应当及时将沟通情况报告上一级人民检察院。沟通期间不得停止对案件的侦查。

② 《人民检察院刑事诉讼规则》第 652 条规定，人民检察院在强制医疗执行监督中发现被强制医疗的人不符合强制医疗条件或者需要依法追究刑事责任，人民法院作出的强制医疗决定可能错误的，应当在五日以内将有关材料转交作出强制医疗决定的人民法院的同级人民检察院。收到材料的人民检察院负责捕诉的部门应当在二十日以内进行审查，并将审查情况和处理意见反馈给负责强制医疗执行监督的人民检察院。

③ 《社区矫正法》第 34 条第 2 款规定，社区矫正对象认为其合法权益受到侵害的，有权向人民检察院或者有关机关申诉、控告和检举。受理机关应当及时办理，并将办理结果告知申诉人、控告人和检举人。

④ 《人民检察院刑事诉讼规则》第 57 条第 1 款规定，辩护人、诉讼代理人认为公安机关、人民检察院、人民法院及其工作人员具有下列阻碍其依法行使诉讼权利行为之一，向同级或者上一级人民检察院申诉或者控告的，人民检察院负责控告申诉检察的部门应当接受并依法办理，其他办案部门应当予以配合。

⑤ 《人民检察院刑事诉讼规则》第 57 条第 3 款规定，辩护人、诉讼代理人认为看守所及其工作人员有阻碍其依法行使诉讼权利的行为，向人民检察院申诉或者控告的，由负责刑事执行检察的部门接受并依法办理；其他办案部门收到申诉或者控告的，应当及时移送负责刑事执行检察的部门。

四　评估总体结果

中共中央办公厅、国务院办公厅印发的《关于实行国家机关"谁执法谁普法"普法责任制的意见》要求，制定本部门普法规划、年度普法计划和普法责任清单，明确普法任务和工作要求。项目组对 2019 年至 2021 年度检察院年度普法责任清单的公开情况进行考查。评估发现，在省级检察院中，仅有 4 家省级检察院公布过年度性的普法责任清单。2018 年 7 月，《2018 年度湖南省人民检察院机关"谁执法谁普法"责任清单》才通过官方网站向社会公布。贵州省人民检察院机关每年向社会公布普法责任清单，除明确普法内容、普法对象、行动计划之外，还向社会公示责任领导、联络员及其联系方式。总体上，年度普法责任清单的公开，还远未普及。

白皮书公开展示检察工作成绩，得到广泛应用。2020 年以来，省级检察院的白皮书公开情况总体尚可。有 7 家公布了检察白皮书全文，另有 4 家虽然未公开全文但公开了白皮书的摘要，有 5 家有相关新闻报道。

检察司法统计数据的公开情况整体较好。有 20 家按季度公开了 2020 年度的各季度数据；按半年或仅公开全年数据的，有 10 家省级检察院；公开本院司法数据统计报告的，已有 24 家省级检察院。2021 年度第一季度的统计数据公开的，有 17 家省级检察院。

自媒体公开普法宣传，已成为重要渠道。北京市、福建省等多地检察院，在微博、抖音、头条、微信等多个平台开通官方账号并及时更新，适应了不同受众群体的个性需求。评估结果显示，门户网站提供自媒体入口的，有 29 家。所有省级人民检察院均开通了微信公众号。在微信公众号方面，已有 31 家发布了 2021 年以来的案件办理情况；32 家均公开了 2020 年以来本院司法改革进展动态信息，均发布了司法文件权威解读；微信公众号均做到了每周更新。在微博平台方面，已有 31 家发布了 2021 年以来的案件办理情况；31 家公开了 2020 年以来本院司法改革进展动态信息，30 家的官方微博账号做到了每周更新。在抖音平台上，已有 17 家开通官方抖音号；其中，发布案件办理情况的有 15 家，发布法律问题解答信息的有 14 家，在诸如禁毒日等时间节点进行专题法律宣传的有 13 家，进行《民法典》等新出台重要法律的解读或宣传的有 14 家，每周有更新的有 13 家。

普法的动画等各类创作作品，已成为检察院普法的重要形态。评估结果显示，在自身门户网站或自媒体上发布普法作品的，有 32 家，实现了全覆盖。截至评估结束的 2021 年 5 月，普法作品有 2021 年度更新信息的，已有 30 家，且绝大部分做到了形式多样化，采用 H5、微视频等多种样态，较为生动活泼。

31 家省级检察院实现了案件查询系统的集中管理，辩护与代理预约申请平台也集约到案件信息公开网。截至 2021 年 6 月初，仅有一家的链接无法打开。

项目组对预算中是否公开法治宣传教育相关工作经费的情况进行了观察。在评估期间，仅有上海市人民检察院的"上海市人民检察院 2021 年度部门预算"中专门列出了检察宣传费项目，金额为 716.1 万元，系"主要用于能凸显上海检察工作、释法说理、法律宣传等所需经费"。"上海市人民检察院 2021 年度财政支出项目绩效目标"显示，其检察宣传工作完成率为 100%，而宣传工作完成及时性为"及时"①。

新闻发布会宣传引导，逐步常态化。设置新闻发布会或类似栏目的，有 24 家。绝大部分省级检察院在门户网站公布新闻发言人信息，并向社会公开了司法改革进展相关信息。

检察院舆情回应的意识还相对淡薄。一直以来，司法公开与舆情回应都是保障司法公正的重要手段，并相辅相成，司法公开为舆论监督提供了基础，舆论监督促进了司法公开。舆论回应一定程度上是回应机关就舆论对社会作出解释和承诺，及时、有效、有力的舆论回应可以促进司法与舆论的良

---

① 两项信息均置于上海市人民检察院门户网站的"计财和信息化"栏目，https：//www. sh. jcy. gov. cn/jwgk/cwxx/index. jhtml，最后访问日期：2021 年 8 月 6 日。

性互动。如今网络传播的作用及影响不容小觑，检察院的地位和作用性质决定了涉检案件的敏感性。因此，在发生相关社会舆情时，检察院及时出面，客观分析并进行正向引导、应对非常必要。因此，本次测评将各检察院的舆情回应情况纳入测评指标，发现检务机关对舆情回应的重视程度有待加强，尤其是 2020 年新冠肺炎疫情的爆发，给社会各界造成较大影响，疫情期间涉刑事案件频发，但对涉检舆情进行回应的检察院并不多。

五　各主要领域的评估结果

（一）刑事检察

2018 年修改后的《刑事诉讼法》第 15 条将认罪认罚从宽改革明确入法，2019 年 10 月《关于适用认罪认罚从宽制度的指导意见》进一步予以规范。相应的，认罪认罚从宽的宣传，系近年检察院法治宣传特别是刑事检察领域普法的重点内容。2020 年，最高人民检察院下发《关于做好认罪认罚从宽制度法治宣传片使用推广工作的通知》。各地检察院由内到外开展认罪认罚制度的学习和法治宣传活动。为做好羁押场所的认罪认罚从宽制度法治宣传，最高人民检察院推动建立宣传片播放常态化机制。检察院组织犯罪嫌疑人观看认罪认罚从宽制度法治宣传片，促使其了解该制度，进而主动自愿如实供述、真诚悔罪、认罪认罚，提升了制度适用率。不少地方检察院还利用门户网站展示、新媒体推送、电子大屏滚动播放等方式，播放认罪认罚从宽制度法治宣传片，扩大社会公众的知晓度、美誉度。湖北省人民检察院下发《关于使用推广认罪认罚从宽制度法治宣传片的通知》。除教育宣传外，还同步改进办案机制，把法治宣传片的播放观看和宣讲作为办理认罪认罚案件权利告知的重要补充，纳入正式讯问前的必经程序。

《最高人民检察院关于贯彻落实〈中共中央关于全面推进依法治国若干重大问题的决定〉的意见》（高检发〔2015〕4 号）提出，要"加强对国家工作人员的廉政法制教育，增强依法办事、廉洁从政的自觉性"。在职务犯罪预防查办方面，准确提供修订后的《刑事诉讼法》和《人民检察院刑事诉讼规则》相关内容解读的，仅有 4 家省级人民检察院；提供 2020 年以来的典型案例的，有 28 家省级人民检察院。

行贿犯罪档案查询方面，仅有 1 家省级检察院尚未根据法律修订进行更新，设置"行贿犯罪档案查询申请"栏目，提供《关于在全省招投标活动中进一步规范行贿犯罪档案查询工作的通知》，要求"招标人在签订委托招标代理协议书前应要求招标代理机构提供由检察院出具的《行贿犯罪档案查询告知函》"，且未标注已失效。

（二）民事行政检察

习近平总书记在中央政治局第二十次集体学习时强调"要加强民事检察工作"。各级检察院将《民法典》作为民事检察精准监督的百科全书，总结检察院贯彻实施的经验做法和优秀典型案例，将指导办案与普法宣传有机统一。

支持起诉系中国民事诉讼的基本制度，《民事诉讼法》第 15 条规定了机关、社会团体、企业事业单位对损害国家、集体或者个人民事权益的行为，可以支持受损害的单位或者个人向人民法院起诉。但社会各界对于检察院支持起诉功能的认知存在不足，本次普法测评将民事支持起诉情况告知作为一项指标，对其公开情况进行测评。评估结果显示，公开民事支持起诉办理须知的并不多见，公开全流程的仅有 7 家；对支持起诉情况通报的，提供了 2020 年以来支持起诉案件进展的，有 26 家省级人民检察院；还有 4 家省级人民检察院公开了之前的相关信息。

《民法典》相关内容和宣传。2020 年 5 月 28 日，《民法典》表决通过。最高人民检察院主要领导要求，"带头学习宣传民法典，带头贯彻实施民法典，带头保障民法典不折不扣落到实处"。2020 年 12 月，最高人民检察院向社会公布了《最高人民检察院关于废止部分司法解释和司法解释性质文件的决定》。各地检察院也高度重视其宣传工作。其典型如，2020 年 11 月，山东省人民检察院发布《全省检察院关于深入推动〈中华人民共和国民法典〕贯彻实施的意见》。评估结果显示，提供了《民法典》普法信息的，有23 家省级人民检察院。

惩治虚假诉讼。近年来，虚假诉讼发案数量上升迅猛。最高人民法院、最高人民检察院、公安部、司法部《关于进一步加强虚假诉讼犯罪惩治工作的意见》（法发〔2021〕10 号）第 27 条要求，人民法院、人民检察院、公安机关、司法行政机关落实"谁执法谁普法"普法责任制要求，通过定期开展法治宣传、向社会公开发布虚假诉讼典型案例、开展警示教育等形式，增强全社会对虚假诉讼违法犯罪的防范意识，震慑虚假诉讼违法犯罪。显然，典型案例已成为虚假诉讼犯罪惩治普法的重要机制。

修改后《行政处罚法》于 2021 年 7 月 15 日实施，部分内容与检察院具有一定关联①。截至评估结束，对修改后的《行政处罚法》进行解读的，仅有 3 家省级人民检察院。

（三）未成年人保护

指南应根据 2020 年 12 月修改后的《预防未成年人犯罪法》、最高人民检察院 2017 年的《未成年人刑事检察工作指引（试行）》进行更新。检察院的职责涉及参与未成年人保护社会治理，加强未成年人法治宣传教育，依法惩戒和精准帮教涉罪未成年人，打击侵害未成年人犯罪，保护救助未成年受害人，等等。2020 年 4 月，《最高人民检察院关于加强新时代未成年人检察工作的意见》下发，要求常态化开展"法治进校园"活动，深化检校合作、检社合作，制定普法活动周期表，扩大覆盖面，努力满足外来务工人员子女、留守儿童、辍学闲散未成年人、中等职业院校学生等群体法治教育需求。根据实际需要，开展"菜单式"法治教育。充分发挥"法治进校园"全国巡讲团作用，适时开展专项巡讲活动。2021 年 4 月，《最高人民检察院

---

① 例如，依法不需要追究刑事责任或者免予刑事处罚，但应当给予行政处罚的，司法机关应当及时将案件移送有关行政机关。行政处罚实施机关与司法机关应当加强协调配合，建立健全案件移送制度，加强证据材料移交、接收衔接，完善案件处理信息通报机制。违法行为构成犯罪判处罚金的，行政机关尚未给予当事人罚款的，不再给予罚款。

关于印发依法惩治家庭暴力犯罪典型案例的通知》下发，引导检察院依法妥善办理家庭暴力犯罪案件。各地检察普法应加强《预防未成年人犯罪法》修改内容及其他未成年人检察、未成年人保护的解读、宣传。

2020 年 6 月 1 日儿童节，最高人民检察院对外发布了《未成年人检察工作白皮书（2014～2019）》，从依法惩戒和精准帮教涉罪未成年人、打击侵害未成年人犯罪及保护救助未成年被害人、开展全面综合司法保护、参与未成年人保护社会治理、加强未成年人法治宣传教育、强化未成年人检察专业化规范化建设、推进未成年人检察社会化建设等方面展示具体做法和成效。白皮书的发布和向社会公开全文，有利于弘扬未成年人保护理念，让社会各界更充分了解未成年人检察举措，争取更广泛的支持。2021 年 5 月，最高人民检察院发布十起检察院与各方力量携手构建未成年人保护大格局典型案（事）例。设置未成年人保护或相关专栏的，有 7 家省级人民检察院；提供未成年人保护相关法律政策解读或实施方案的，有 29 家省级人民检察院；提供未成年人保护专题报告或白皮书的，有 9 家省级人民检察院；提供未成年人保护相关统计数据的，有 24 家省级人民检察院。

《最高人民检察院关于充分发挥检察职能依法保障和促进非公有制经济健康发展的意见》（高检发〔2016〕2 号）专门提出要求，"结合办案加强法制教育和犯罪预防，延伸职能为非公有制经济发展提供法律服务"，并明确提出一系列要求①。2020 年 10 月，最高人民检察院《关于全面履行检察职能 依法服务和保障自由贸易试验区建设的意见》要求，"积极开展法治宣传教育，拓宽法律服务渠道。严格落实普法责任制，紧密结合司法办案，积极开展检察官以案释法工作。加强法治宣传，通过发布典型案例等形式，帮助自贸试验区企业和从业人员提高运用法治思维和方式规范经营管理、维

---

① 比如，《关于全面履行检察职能依法服务和保障自由贸易试验区建设的意见》要求，结合司法办案，加强法制宣传，采取普法讲座、以案释法等方式，帮助和促进非公有制企业、非公有制经济人士强化依法经营意识，明确法律红线和法律风险，促进非公有制企业及从业人员做到既依法办事、守法经营，又提高自我保护意识，有效防控重大法律风险，提高经营管理的法治化水平。

护合法权益的能力，促进企业在法治轨道上健康发展。加强对自贸试验区企业和从业人员合法权益的司法救济，依托检察院远程视频接访系统、12309检察服务中心等平台，依法及时办理控告、申诉和举报，为企业和从业人员寻求法律帮助提供便捷高效服务。推动建立民事、行政申诉案件引导和解机制，推动建立社会协同、政府扶持的社会矛盾化解机制，推动建立健全与人民调解组织、行业调解组织衔接联动机制，推动建立律师参与的信访工作机制"。优化营商环境与服务保障非公经济发展方面，设置相关专栏的，有 4家省级人民检察院；提供相关法律政策解读或实施方案的，则为 29 家；提供本地区相关典型案例的，为 25 家；8 家提供相关专题报告全文，20 家提供了相关统计数据。

（四）公益诉讼检察

检察公益诉讼具有中国特色、反映中国国情，是中国司法实践创设的产物。2018 年以来，先后通过的《英雄烈士保护法》《人民检察院组织法》《检察官法》，对检察公益诉讼范围进行了拓展，明确规定检察职权，从局部试点到全面推开，近年来检察公益诉讼案件数量迅速增长，发挥了越来越重要的作用。本次测评将公益诉讼指南须知纳入考核。最高人民法院、最高人民检察院于 2020 年 12 月公布修正后的《关于检察公益诉讼案件适用法律若干问题的解释》，各地检察指南中，应当将其修订内容纳入更新后的指南。评估结果显示，表面上看，公开公益诉讼指南或流程图的并不少，公开民事公益诉讼指南、流程图的，公开行政公益诉讼指南、流程图的，均为 22 家。但其中，内容更新不及时的，分别有 15 家和 14 家；换言之，更新及时、体现最新法律、司法文件要求的，分别仅为 7 家和 8 家。值得一提的是，重庆、青海等多地发布了公益诉讼检察工作白皮书。青海省已连续发布了 2019 年度、2020 年度的公益诉讼检察工作白皮书。但公布相关白皮书全文的，尚未普及。

（五）其他重点相关

与检察院相关的中央大政方针，专项斗争和服务大局相关工作的宣传、

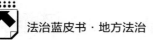

解读、典型案例、白皮书、统计数据等公开。比如，考查扫黑除恶专项斗争、服务三大攻坚战、生态环境司法保护、服务营商环境优化、惩治虚假诉讼等方面的检察工作及相关普法宣传情况。

2020年是为期三年的扫黑除恶专项斗争收官之年，全国检察院严格依法办案，对涉黑和重大涉恶案件提前介入，将涉黑恶定性问题尽可能解决在侦查终结、移送审查起诉之前，工作完成情况通报公开是对社会的一个交代。本次测评细化指标分别对专栏设置、专题报告、典型案例、普法活动和数据统计情况分别进行测评。在扫黑除恶方面，设置相关专栏的，有14家省级人民检察院；提供本地区典型案例的，为29家；13家提供相关专题报告或工作报告全文，另有6家公开了专题新闻发布会、工作推进会或工作总结的信息；28家提供了相关统计数据。

在民生保障方面，设置相关专栏的，仅有4家省级人民检察院；提供本地区典型案例、事例示范的，则有30家；6家提供相关专题报告或工作报告；16家提供了相关统计数据。

在生态环境保护方面，有5家省级人民检察院设置相关专栏；提供本地区典型案例、事例示范的，则有31家；10家提供相关专题报告或工作报告；21家提供了相关统计数据。

为贯彻党中央要求，全国开展政法队伍整顿工作，以完成"筑牢政治忠诚、清除害群之马、整治顽瘴痼疾、弘扬英模精神"四项任务。整治工作进展情况向社会公布是集中整治活动的重要一环，有利于保证整治活动的实际效果，真正提升和优化司法队伍质量，提升司法公信力。设置专栏的，有10家省级人民检察院；公开相关通报信息的，则有31家省级人民检察院。

六　建议与展望

普法作为依法治国的一项长期基础性工作，应当以人民为中心，围绕大局工作，更好开展检察普法宣传引导教育，结合评估发现问题，特别要注意以下方面。

第一，做好检务公开，以公开促普法宣传。检务公开对于检察普法宣传具有重要意义。公开本身就是最好的普法宣传。把检察工作的依据、流程、指南、活动和结果、典型案例向社会公开，让检察权力在阳光下运行，让社会各界了解知情，本身就起到普法宣传的效果，使得相关法律被知晓，制度被遵守，规范被应用，既有利于减少违法犯罪发生，也有利于企业群众依法维权。为此，应当明确并坚持"以公开为常态、不公开为例外"理念，在不违反现行法律规定和国家保密规范的前提下，更广更深推进检务公开的制度化、常态化和规范化，为检察普法宣传夯实基础。

第二，功能合理分配，形成普法宣传合力。一些检察院对于全国统一平台依赖过高，自身功能存在萎缩，独立功能不足，未能发挥好普法及治理方面的预期功能。应当明确，不同层级检察院应有所分工侧重。比如，一般层面的法律法规和司法文件、办事指南，可由较高层级的人民检察院统一公开，地方检察院不必叠床架屋再重复公开；而设区的市级和县级人民检察院，则应负责公开富有当地特色和特殊性的内容，如基于检察改革带来的特别性机构设置、办事地点和联系方式等。这样，既有利于确保法律监督的统一实施，也有利于民众快速获得地方性、个性化的检务信息。

第三，多管齐下，着力增强友好性与可及性。本年度的评估结果显示，一些检察院仅仅将普法相关内容简单堆到网上，其布置缺乏统筹考虑，分散在犄角旮旯，对于受众极不友好，不便于查阅和获取。建议借鉴政务公开的经验，将栏目建设作为增强友好性的关键。对于中央要求、当地群众迫切需要的事项，均应考虑设置栏目或专栏，予以集约公开。接下来，应当明确，重要、正式的检察普法相关指南、信息、案例、文书、数据和报告，应当多渠道公开。测评发现，一些检察院出现重要指南、活动在微博、微信公开，但在门户网站却难觅踪影的情况。这既损害了门户网站的定位，也不利于多种渠道形成公开合力。有必要凸显门户网站公开的权威性、正式性等优势，发挥好门户网站的定向定调功能；与此同时，在微博微信做好转载和宣传解读，做好分众化、对象化的传播。由此，多种公开平台形成合力，实现公开

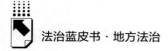

效果、传播力和影响力的最大化。

第四，突出以案释法和解读回应，增强普法专业性和针对性。在"谁执法谁普法"指引下，检察普法不应独立于检察业务成为额外工作，而应嵌入工作流程。中央多个文件将以案释法作为司法机关普法宣传的重点予以反复强调。通过展示检察案件办理，通过生动鲜活的典型案例，发挥好普法作用。另外，对于引起社会争议或误解的案件，检察院还应加强解读和回应，避免不良社会效果。通过互动公开，及时回应群众关切，借力舆情事件，形成法治宣传的良性互动，切实增强社会各界对法治的信仰和信心。

第五，加强人财物投入，突出保障体系建设。"巧妇难为无米之炊"。检察普法宣传的质量和效果提升，离不开领导重视、经费投入和队伍保障。评估结果显示，列出普法专项经费的检察院并不多见，经费保障水平更是不尽如人意。应考虑将普法宣传经费予以专项列支，并逐年有所提升。检察官在办好案的同时，还应做好典型案例的搜集、加工和宣传。着力培养一批既懂法律又懂传播规律的检察人才，讲好中国检察故事，增强法治宣传实效。

B.6
河北省石家庄市普法效果
第三方评估报告

王艳宁　刘淑娟　李　靖*

摘　要：　河北省社会科学院法学研究所成立课题组，对石家庄市8区13县（市）七五普法工作成效进行评估。评估发现，普法制度普遍建立、普法队伍建设基本到位，普法阵地建设卓有成效、法治宣传教育已经深入群众生活各个方面，矛盾纠纷多元化调解机制日益完善、基层社会治理法治化有序推进，群众对普法工作有较高认同度。评估也发现，各区县依然存在普法效果不均衡、部分区县普法制度建设不完善、领导普法责任落实需加强等问题。未来，应当夯实党政主要负责人法治建设第一责任人职责，让"关键少数"真正成为普法的组织者、推动者和践行者，强化各部门各领域普法主体责任，落实好普法责任制，抓牢党员干部，培树法治理念，做尊法守法表率，搭建普法五级管理平台，加强普法信息化建设，创新多元普法方式，加强阵地建设，增强普法针对性，整合普法资源，构建普法大格局，加强普法队伍建设。

关键词：　七五普法　普法责任制　第三方评估

---

* 王艳宁，河北省社会科学院法学研究所所长、研究员；刘淑娟，河北省社会科学院法学研究所副研究员；李靖，河北省社会科学院法学研究所副所长、研究员。

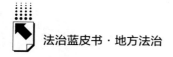

一 石家庄市探索普法效果评价新模式

七五普法的原则之一是坚持创新理念，注重实效，这要求总结经验、把握规律，推动法治宣传教育工作理念、机制、载体和方式方法创新，不断提高法治宣传教育的针对性和实效性，力戒形式主义。石家庄市司法局探索开展以效果为导向的普法评价模式，委托独立第三方对普法效果进行评估，是创新普法理念和方式的有益尝试，在全国省会城市尚属首次。

第三方评估有利于克服内部考核局限性。石家庄市司法行政系统以往对普法工作的考核，均为内部考核，具有较大的局限性。内部考核体系注重从各部门工作职能和任务出发设立考核指标，目的在于考核当年的普法职责任务完成情况，从效果来看，并不能真实全面反映当地普法工作的实际水平。首先，考核指标多为制度建立类指标，主要考察制度是否建立，并不能直接反映法治工作的社会效果；其次，数据来源主要是被考核单位所报资料，客观性和可量化性较差；最后，考核是从体制内部视角出发，考核结果属于公权力自评数据，缺乏从受众角度对制度运行的客观数据分析和主观感受考量，公信力较低，需要客观视角的评估予以补充校正。

第三方评估从考察普法工作的效果出发，注重矫正内部考核偏重工作任务完成情况的倾向，改变内部评估主要依靠上报材料的方式，采用审查报送材料、提取管理数据、现场核查抽查、网络观测、面对面访谈、电话访谈、实地暗访、调查问卷等多种评估方式收集数据，一项工作效果采用多种方法验证，力求结论客观、真实；评估指标设计上选择确立"钻石指标"，不追求指标体系大而全，而是精而准，不要求指标全覆盖，更坚持指标具有客观性和可操作性，每一个具体指标都能从某一侧面观测到普法实效的一个角度或某个点。

二 普法效果评估指标体系的构建

普法效果评估指标体系包括普法架构、普法方式、普法实效、普法获得感 4 个一级指标以及加分减分项。由 4 个一级指标、11 个二级指标、36 个三级指标构成评估指标体系。总分值为 100 分,另有加减分项各 10 分,对被评估单位的得分进行补充、校正(见表 1)。

表 1 普法效果评估指标体系

一级指标	二级指标	三级指标
1. 普法架构(20 分)	1. 普法制度建设(16 分)	1. "谁执法谁普法"制度落实(4 分)
		2. 学法用法制度、培训制度及落实(3 分)
		3. 普法纳入领导干部政绩考核(2 分)
		4. 人大专项检查普法工作(1 分)
		5. 领导干部考法(2 分)
		6. 法律九进(4 分)
	2. 领导普法责任落实(4 分)	7. 领导专项研究普法工作(2 分)
		8. 领导对普法工作的批示(2 分)
2. 普法方式(15 分)	3. 传统方式普法(7 分)	9. 县(市、区)、乡、村三级阵地建设(3 分)
		10. 电视台普法宣传(2 分)
		11. 法治文化活动(2 分)
	4. "互联网 +"普法(8 分)	12. 网站普法宣传的内容、频次(4 分)
		13. 微信公众号、微博、今日头条法制宣传情况(内容、频次、关注量)(4 分)
3. 普法实效(50 分)	5. 依法履职状况(10 分)	14. 重大执法决定法制审查(2 分)
		15. 领导干部旁听庭审情况(1 分)
		16. 法律顾问发挥作用(2 分)
		17. 执法中普法(4 分)
		18. 行政案件负责人出庭率(1 分)
	6. 以案释法(10 分)	19. 司法机关释法情况(2 分)
		20. 执法机关释法情况(2 分)
		21. 公民旁听便利度(2 分)
		22. 法律文书释法情况(4 分)

续表

一级指标	二级指标	三级指标
3. 普法实效 （50分）	7. 普法网格化（10分）	23. 普法宣传员（社会管理网格员）全覆盖（5分）
		24. 村（居）法律顾问全覆盖（5分）
	8. 公民权利救济（6分）	25. 刑事案件律师辩护覆盖率（2分）
		26. 人均法律援助业务经费（2分）
		27. 违法信访年度排名（2分）
	9. 社会化普法（14分）	28. 基层公共法律服务全覆盖（3分）
		29. 基层调解组织全覆盖（2分）
		30. 人均政府购买调解服务经费（1分）
		31. 普法讲师团建设（2分）
		32. 普法志愿者队伍建设（1分）
		33. 青少年法治教育基地建设（2分）
		34. 青少年违法犯罪情况（1分）
		35. 刑事案件发案情况（1分）
		36. 领导干部违法犯罪情况（1分）
4. 普法获得感 （15分）	10. 普法获得感测评（8分）	
	11. 安全感测评（7分）	

1. 普法架构

普法架构（普法大格局）包括普法制度建设、领导普法责任落实2个二级指标。三级指标选择了以下重要制度进行考察：①"谁执法谁普法"制度落实；②学法用法制度、培训制度及落实；③普法纳入领导干部政绩考核；④人大专项检查普法工作；⑤领导干部考法；⑥法律九进等。这些指标构成了普法工作的基础与支撑，是普法取得预期效果的制度保证。

2. 普法方式

普法方式创新考察各普法主体除了运用传统方式普法外，是否积极运用新兴的"互联网＋"方式进行普法活动。

3. 普法实效

普法实效是普法效果评价的核心，主要包括以下二级指标。①依法履职状况。考察执法机关履行职责过程中，是否能够做到依法定职责、法定程序履职，并将普法贯穿到执法全过程。②以案释法。考察行政执法机关和司法机关通过具体案例进行普法的情况。③普法网格化。考察普法宣传员和村（居）法律顾问全覆盖落实情况。④公民权利救济。考察公民是否有顺畅的渠道和途径维护自己的权利。⑤社会化普法。考察面向社会大众的普法活动及其效能。主要包括基层公共法律服务全覆盖、基层调解组织全覆盖、人均政府购买调解服务经费、普法讲师团建设、普法志愿者队伍建设等。

4. 普法获得感

普法获得感属于主观指标。普法获得感以调查问卷方式，考察普法受众对普法活动的感受。主要通过两个调查问卷获得：一是普法获得感测评，二是安全感测评。问卷主要考察普法活动对公众的影响力及其结果。

三　普法效果评估基本情况

（一）评估总体情况

本次评估最高分为 86.6 分，最低分为 62.07 分，相差 24.53 分，平均分值为 78.19 分。说明整体普法效果较好，但是，各地的普法成效不均衡（见图 1），不同板块得分也不够均衡（见表 2）。

（二）评估各板块情况

1. 普法架构板块

普法架构一级指标下面有两个二级指标，分值为 20 分，其中最高分为满分 20 分，最低分为 13 分，平均分值 16.6 分，得分率为 83.0%。其中，普法制度建设平均得分为 13.8 分，得分率为 86.3%。这表明，各地普遍对普法制度建设非常重视，效果较好。领导普法责任落实方面得分较低，其中，领导专项研究普法工作一项指标，平均分值为 1.4 分，领导对普法工作的批示得分为 1.45 分，二者得分率分别为 70.0% 和 72.5%。这表明，县（市、区）相关领导对普法工作的重视程度有待提高。

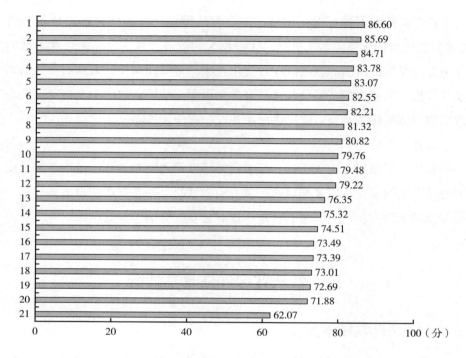

图1　各地普法效果总得分情况

表2　各板块得分率情况

板块	得分率(%)
1. 普法架构(20 分)	83.0
2. 普法方式(15 分)	71.3
3. 普法实效(50 分)	72.9
4. 普法获得感(15 分)	86.0

2. 普法方式板块

普法方式分为传统方式普法和"互联网＋"普法,分值为15分,平均得分10.7分,得分率为71.3%。各地三级阵地建设和法治文化活动方面基本都得到满分,说明经过多年努力,传统普法方式的普法工作已经比较成熟和常态化。相比之下,利用网站、微信、微博等新媒体普法的平均值仅为4.35分,得分率为54.4%,尚有较大提升空间。

3. 普法实效板块

普法实效板块是本次评估的重点,占分 50 分,包括 5 个二级指标,23 个三级指标。平均分值为 36.44 分,得分率为 72.9%。其中,最高得分为 43.4 分,最低得分为 26.35 分。

从具体板块来看,社会化普法效果较好,平均分值为 12.54 分,得分率为 89.6%,说明经过长期努力,普法队伍、普法阵地建设卓有成效,普法工作在社会层面取得了长足进步,有力促进了社会稳定和一方平安;依法履职状况得分 8.65 分,得分率为 86.5%,说明行政执法机关、司法行政机关和司法机关依法办事意识和能力逐步提高。公民权利救济得分 3.9 分,得分率为 65.0%;普法网格化得分 5.9 分,得分率为 59.0%;以案释法得分 5.63 分,得分率为 56.3%,表明相关部门对普法工作的重视程度需要提高,在公民权利救济方面需要加大工作力度(见图 2、图 3)。

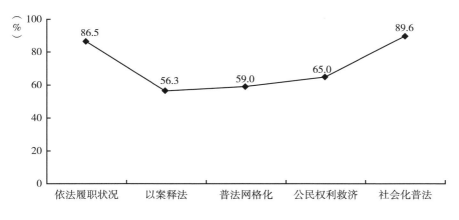

图 2　普法实效平均得分率对比

4. 普法获得感板块

普法获得感测评总分值为 8 分,平均得分为 6.88 分,得分率为 86.0%。其中最高分为 7.77 分,得分率为 97.1%,最低分为 5.49 分,得分率为 68.6%。

调查受访群众对当地政府部门执法工作的评价显示,88.9% 选择了

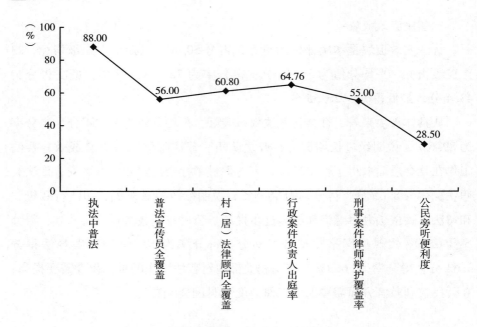

图3　普法实效具体指标得分率对比

"好"和"较好"，7.4%选择了"一般"，3.7%选择了"不清楚"；对于当地公检法机关工作的评价，87.2%选择了"好"和"较好"，7.3%选择了"一般"，5.5%选择了不清楚。

（三）普法评估发现的亮点

1. 普法制度普遍建立，普法队伍建设基本到位

"谁执法谁普法"制度、学法用法制度、培训制度、领导考法制度均已建立，并得到了较好执行。普法工作均已纳入领导干部政绩考核，学法用法制度得到较好执行，各部门普遍建立了普法责任清单制度，普法宣传员、普法讲师团、普法志愿者队伍均已建立，为完成七五普法任务提供了坚实保障。

2. 普法阵地建设卓有成效，法治宣传教育已经深入群众生活

根据实地核查，三级阵地建设卓有成效，每个县（市、区）都有法治公

园或法治广场、法治角，乡镇（街道办事处）有法治角，村居有法治宣传一条街或宣传墙。"法律九进"活动基本做到了有计划、有活动、有效果。普法宣传已经覆盖了大部分人群，普法活动形成了强大的声势，取得了明显效果。

3. 矛盾纠纷多元化调解机制日益完善，基层社会治理法治化有序推进

评估发现，基层矛盾纠纷多元化调解机制普遍建立，基本做到了普法宣传员全覆盖，村级法律顾问全覆盖，基层公共法律服务全覆盖，基层调解组织全覆盖。

4. 多年普法成效明显，群众对普法工作有较高认同度

普法获得感测评结果显示，总分值为 8 分，平均得分为 6.88 分，得分率为 86.0%。说明普法工作具有明显成效。根据问卷调查结果，90.1% 的社会大众、92.5% 的中小学生认为当地普法工作的整体情况为"好"或"较好"，说明多数受访者对普法工作有较高的认可度。

91.6% 的受访学生、96.3% 的受访群众知道 12 月 4 日是国家宪法宣传日；92.6% 的受访群众在受到不法侵害时，会选择法律途径维护自己的权利；68.2% 的受访学生、61.5% 的受访群众经常观看法治类节目、阅读法律书刊。这些数据表明，普法工作成效显著，群众的法律知识和法律意识大幅提高。

四　评估中发现的问题与不足

（一）各区县普法效果呈不均衡状态，各板块差距较大

首先，各区县总分值差距较大。全市整体平均分 78.19 分，其中最高分 86.6 分，最低分 62.07 分，相差 24.53 分。9 个区县的分值在 80 分以上，平均分为 83.4 分；其余 12 个区县的分值在 80 分以下，平均分为 74.3 分。

其次，各区县各个板块的得分差异较大。得分较高的地区各项得分相对均衡，而得分较低的区县则往往存在 1～2 个较为明显的短板。例如，有的区县普法实效板块的以案释法、普法网格化、公民权利救济等得分不佳，有的普法获得感得分较低。1～2 个板块的短板造成了有些区县整体得分偏低。

（二）部分区县普法制度建设不完善，领导普法责任落实需加强

评估发现，虽然普法制度普遍建立，但配套措施不够完善，影响了作用发挥。一些区县普法责任清单只是停留在出台文件阶段，没有通过网络等途径向社会公开，也缺乏刚性约束措施保证落实。评估数据显示，只有3个区县的普法责任清单公示率和普法述职报告公开符合评估要求，18个区县在该指标失分。学法用法制度、培训制度及落实情况，有10个区县失分；人大专项检查指标以及法律九进指标各有7个区县失分。

普法领导责任落实指标重点考察领导专项研究普法工作以及对普法工作的批示。评估结果显示，县委县政府领导专项研究普法工作指标分值为2分，平均得分为1.4分，得分率仅为70%，其中11个区县得分在1分以下；领导对普法工作的批示分值为2分，平均得分1.45分，得分率72.5%，其中9个区县得分在1分以下。

与此相关，行政案件负责人出庭率也是明显弱项。该指标分值1分，有15个区县在行政案件负责人出庭率指标上失分，得分率仅为64.8%。很多区县及部门领导对行政案件出庭有畏难情绪，没有起到带头示范作用。2020年7月1日施行的《最高人民法院关于行政机关负责人出庭应诉若干问题的规定》进一步明确了行政机关负责人的出庭义务，应当引起各级行政机关的重视，否则将会构成违法。

评估结果说明，领导是否重视普法工作、重视程度高低在很大程度上决定了普法工作发展水平，这是各地普法取得成效与否的重要影响因素。如果领导尚不能落实普法责任，当地普法工作推动乏力，部门之间难以协调，整体效果必然大打折扣。

（三）普法方式创新不够，"互联网＋"普法水平需大幅提高

在传统方式普法中，三级阵地建设以及普法文化活动得分较为均衡，但存在普法形式较为单一、内容刻板、难以满足人民群众日益增长的法律知识需求等问题，需要进一步挖潜创新。

"互联网＋"普法部分包括网站、微信公众号、微博以及今日头条普法三项内容，分值为8分。全市平均分值仅为4.35分，得分率为54.4%，存在的主要问题是微信、微博、网站普法内容较少，系统性、针对性不够。一些县（市、区）政府网站没有普法专栏，普法内容分散在政务公开、政务服务等栏目。政府网站设置普法专栏的区县，在内容丰富性、方式创新性以及更新及时性方面尚有较大提升空间。

信息互联互通能够极大提升工作效率和管理能力。评估组在实地核查中发现，很多区县还没有普法的信息化管理平台，区县和乡镇以及村级的一些信息传递主要依靠纸质材料报送，制约了工作效率提高；不同普法主体之间尚未建立常规的信息沟通渠道，影响普法工作的互相配合协调，难以形成普法合力。

（四）普法网格化作用未得到充分发挥，普法力量需要进一步整合

网格化普法是实现普法全覆盖的重要举措。石家庄市各区县网格化普法已经覆盖到村（社区）一级，但是作用发挥还存在短板。普法宣传员全覆盖指标总分值为5分，21个区县平均分为2.8分，得分率不及60%，其中12个区县得分在3分及以下。评估发现，很多群众不知道普法宣传员是谁、是做什么工作的；村（居）法律顾问全覆盖指标略好于普法宣传员全覆盖情况，总分5分，21个区县的平均分为3.1分，得分率为62%。其中10个区县得分在3分及以下。一些群众不知道本村本社区的法律顾问，一些知道但从未咨询过法律顾问，对法律顾问作用不清楚。这说明，普法宣传员全覆盖和村（居）法律顾问全覆盖工作需要克服形式主义，切实发挥该制度在基层治理中的作用。

刑事案件律师辩护覆盖率是公民权利救济的重要举措，该指标分值为2分，14个区县得分等于或低于1分。评估发现，有的区县只有一个律师事务所、两三名律师，无法满足群众对法律服务的需求。

综观各级各类普法力量，从专业的普法机关，到各部门责任制普法，再到社会化普法，普法队伍和普法平台均在普法中发挥着重要作用，也各自有

短板与客观制约因素。对此，需要整合各种力量形成合力，构建普法大格局，提升普法实效。

（五）群众普法获得感尚有较大提升空间，法律意识有待增强

评估结果显示，普法获得感方面，9 个地区得分在 7.21～7.77 分，得分率为 90% 以上，占比 42.86%；6 个地区得分率为 83%～86.88%，占比 28.57%；其他 6 个地区得分在 5.49～6.39 分，得分率为 68.63%～79.88%，占比 28.57%。这说明，整体上特别是一些区县群众普法获得感尚有较大提升空间。

社会公众问卷显示，对于"是否参加过所在单位（或社区、企业等）举办的法治宣传活动"，9.66% 回答"从未参加过"；"对周围人群法律意识、守法意识的评价"，认为"有很强的法律意识、守法意识"的只占 63.1%。这表明，群众的法律意识需要继续增强，普法工作任重而道远。

五 进一步改进和加强普法工作的建议

（一）夯实党政主要负责人法治建设第一责任人职责，让"关键少数"真正成为普法的组织者、推动者和践行者

领导重视是抓好普法工作的关键。评估实地考察发现，如果领导重视，那么普法投入的经费、设施、人员就能到位，推进产生好的实际效果。反之则会推动乏力。因此，党政主要负责人要在思想上提高认识，切实加强对普法工作的重视。更为重要的是，作为主要负责人要真正明白普法工作同经济工作一样，是其职责所在。要进一步落实党政主要负责人集体学法、集体参加法院旁听、任前考法制度，以及党政主要负责人专项研究普法工作，把学法用法结合起来，并及时解决普法工作中的重大问题。要把法治宣传教育纳入党政领导班子综合绩效考核、综治考核和文明创建考核内容。继续健全、

完善党委领导、人大监督、政府实施的法治宣传教育工作领导体制，加强法治宣传教育工作组织机构建设。

（二）强化各部门各领域普法主体责任，落实好普法责任制

各部门应制定普法责任清单并通过门户网站、报纸等媒体进行公开，形成工作制度和规范，同时将普法责任落实情况纳入综治考核，增强普法责任刚性约束。要重点针对实践中发现的相关问题进行整改：行政执法机关完善重大执法决定法制审查制度，严格工作程序，细化执法过程中的普法程序、内容，健全执法全过程记录制度，严防工作走过场。司法机关应重视以案释法工作，改善网络释法，落实公民旁听权；领导干部带头守法，切实提高行政机关负责人出庭率；提升法律文书质量，增强说理释法等。

（三）抓牢党员干部，树立法治理念做尊法守法表率

经过多年的法治宣传教育，全民法治意识和法律知识水平有了大幅提高，但是全社会对法治的信仰与建设法治国家的要求还有很大差距。要让尊法守法成为全体人民的共同追求和自觉行动，党员干部特别是领导干部要带头尊法守法，严格依法办事，不得违法行使权力，更不能以言代法、以权压法、徇私枉法。执法机关和司法机关直接面对群众，执法司法行为直接影响群众对于法治的认知。行政执法人员要坚持严格规范公正文明执法，坚守法治底线，而不是仅仅将法律视为治理工具和权宜之计，不能为了工作便利侵犯相关人员的权利，更不能为了完成特定工作任务而突破法律界限。司法人员要坚持公正司法，提升司法公信力，让人民群众在每一个司法案件中感受到公平正义。

（四）搭建普法五级管理平台，加强普法信息化建设

信息化是促进普法工作的重要基础和保障，是推进普法建设的重要抓手。在信息化时代，应当充分发挥新媒体在信息传递和数据管理中的作用，建立健全国家、省、市、县、乡五级普法管理平台，实现信息互

联互通，提升普法工作的数据采集、信息研判、活动推广、绩效考核的综合效用。

（五）创新多元普法方式，加强阵地建设增强普法针对性

推进法治宣传教育"供给侧改革"，加强阵地建设，创新宣传形式，提高宣传实效。要更加重视依托政府网站、公检法网站和"两微一端"等新媒体平台开展普法活动，构建多层次、立体化、全方位的法治宣传教育网络。各地要普遍建立专门的普法网站，建设法治宣传教育云平台，实现法治宣传教育公共数据资源开放和共享，显著提升法治宣传教育水平。增强普法针对性，需要不断研究群众普法需求，细化普法对象，了解不同时期、不同群体的法律诉求，寻找群众法律兴趣点，突出重点进行普法，有的放矢选择普法内容，回应百姓呼声，逐步满足社会需求。

（六）整合普法资源构建普法大格局，加强普法队伍建设

加强普法讲师团和普法志愿者队伍建设，加大对基层普法力量的培训力度，提高普法网格员、人民调解员素质。积极协调社会媒体公益普法资源，整合基层普法力量，推进普法宣传与法律服务深度融合。进一步畅通法律救济渠道，提高群众对基层法律服务中心、基层调解组织、法律顾问等所构成的法律服务网络的知晓度。群众在遇到问题时，有渠道及时、方便地反映自己的诉求，并得到专业人士、专业机构"一对一"的法律帮助，及时解决问题、化解矛盾，提升群众的普法获得感和满意度。在建立健全普法管理平台基础上，创造条件实现与其他普法主体网络的互联互通，打造统一的普法云系统，构建多元化多主体普法大格局。

法 治 政 府

Law-Based Government

B.7

北京市财政系统健全公平竞争审查制度
优化法治化营商环境的实践与展望

北京市财政局优化法治化营商环境研究课题组 *

摘　要： 北京市、区两级财政部门全面贯彻落实党中央、国务院和北京市委、市政府关于建立健全公平竞争审查制度的要求，积极对标国际先进经验和打造国内营商环境样本城市，构建"1+4+N"工作模式，取得了一定成效。为更好地落实公平竞争审查工作和在财政政策措施中嵌入公平竞争审查制度，北京市财政局结合当前实践，提出了深入实施公平竞争审查的工作建议，进一步强化公平竞争审查的约束力。

* 课题组负责人：赵彦明，北京市财政局副局长、一级巡视员。课题组成员：陈以勇，北京市财政局法制处处长；金竹，北京市财政局法制处副处长；黄晋，中国社会科学院国际法研究所国际经济法研究室副主任、最高人民法院"一带一路"司法研究基地研究员；隗文华，房山区财政局法制科科长；袁会涛，丰台区财政局办公室主任；李娜，顺义区财政局法制科科长；戴然，大兴区财政局办公室副主任。

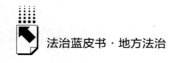

关键词： 公平竞争审查 财政政策 优化营商环境

一 基本情况

实施公平竞争审查制度，是防止滥用行政权力，排除、限制竞争的一项创新性的顶层设计，也是建设统一开放、竞争有序市场体系的重要举措[①]。党的十九届四中、五中全会就落实公平竞争审查制度、健全公平竞争审查机制都作出了重要决策部署，北京市、区两级财政部门以习近平新时代中国特色社会主义思想为指导，全面贯彻落实党中央、国务院和北京市委、市政府关于建立健全公平竞争审查制度的工作要求，积极对标国际先进经验和打造国内营商环境样本城市要求，创造性地构建起"1+4+N"工作模式，围绕建立健全公平竞争审查工作机制，坚决破除与现行对外开放政策不符、妨碍统一市场和公平竞争的市场障碍，有效强化了通过财政政策措施支持优化营商环境、促进市场配置资源、激发市场主体活力的标杆作用，取得了较大成效。

近年来，北京市两级财政部门在实践探索中形成了一系列可复制、可推广的工作经验，财政部编发《"放管服"改革工作简报》，向国务院推进政府职能转变和"放管服"改革协调小组办公室专题报送了《北京市财政局推进公平竞争审查助力优化营商环境》的报告，并将北京市财政系统公平竞争审查先进经验在全国财政系统进行专题推送，受到多个主流媒体的关注与宣传。

二 主要做法与实施效果

"1+4+N"工作模式中的"1"是指以北京市财政局（以下简称"市

---

① 时建中：《推动实施公平竞争审查制度的又一顶层设计——解读〈公平竞争审查制度实施细则（暂行）〉》，《中国价格监管与反垄断》2017年第11期。

财政局")为龙头，面对公平竞争审查这项新工作、新要求，市财政局率先研究制定工作规程，率先梳理财政领域审查重点，率先开展专家论证等实践活动，将成功经验向各区财政局介绍推广，极大发挥了"头雁"的示范引领作用；"4"是指选取房山区、丰台区、顺义区和大兴区财政局作为分领域推动示范区，结合各区产业特点、发展重点和工作难点，分别从抗疫助力恰当适用例外规定、丽泽金融商务区建设、政府采购领域破解公平竞争难题以及加强内部工作机制建设等四个维度，积极调研、勇于探索、敢于实践，形成的工作成果极大丰富了北京市财政系统公平竞争审查工作内涵和外延；"N"是指将市财政局和四个示范区财政局的经验成果迅速向北京市财政系统全面推广，通过发挥考核督导与通报表扬"双效应"，极大促进了公平竞争审查制度在北京市财政系统的全覆盖。

（一）"一个龙头"摆起来

市财政局以落实《优化营商环境条例》《北京市优化营商环境条例》为契机，持续推进财政政策措施公平竞争审查工作，对新出台的涉及财政事项的地方政府规章、行政规范性文件等政策措施进行公平竞争审查，组织开展了北京市财政地方性法规、规章及行政规范性文件清理工作。公平竞争审查已经成为北京市财政领域持续优化营商环境、推动首都经济社会高质量发展的有力抓手。在中国营商环境检查评比中，市财政局负责牵头完成"政府采购"和"纳税服务"两项考评指标的填报任务，其中"政府采购"指标连续两年被列为标杆；2020 年纳税指标在全国 98 个参评城市中升至第二位①。主要做法如下。

1. 起草机构与审核机构"双把关"，从严落实公平竞争审查规则

《北京市财政局公平竞争审查工作规程》制定出台，建立文件起草机构与审核机构"双把关"制度，压实工作责任，重点聚焦政府采购、税费优

---

① 北京市财政局网站，http：//czj.beijing.gov.cn/zwxx/czyw/202103/t20210316_ 2308422.html，最后访问日期：2021 年 8 月 10 日。

惠政策、财政补贴政策等 8 个直接涉及市场主体经济活动的领域，开展公平竞争审查。四年来，对市财政局以行政规范性文件等形式出台的近 100 件财政政策措施，均采取了"双把关"做法，对可能出现的未经公平竞争审查对外地和进口商品实行歧视性补贴政策等"越位""跑偏"的问题，在严格实行"双把关"中实现了"过滤、预警、刹车、纠错"。

2. 专业机构与法治工作"双介入"，切实加强公平竞争审查的评估

2017 年，市财政局率先在北京市探索建立公平竞争审查专家论证机制。实施四年来，针对审查过程中发现的难点和争议较大的问题，组织召开专家论证会十余场次。2018 年，在全国财政系统率先探索引入第三方机构参与新增政策措施审查和存量政策措施清理等工作，2020 年研究制定了《北京市财政局公平竞争审查第三方评估机构工作规则》，与中国社会科学院竞争法研究中心等单位建立了长期稳定合作关系。在政策措施的研究制定和审查论证过程中，充分听取相关行业协会及企业代表等利害关系人的意见，使专业评估工作更加严格规范、客观公正。此外，在遴选补充法治人才时，聘请资深法律顾问等专家作为"外援"，着力培养公平竞争审查工作的"尖兵"。

3. 增量政策与存量政策"双把控"，坚决消除影响公平竞争环境的隐患

市财政局在运用公平竞争审查机制严把增量政策"出口"的同时，积极将清理工作向存量政策文件延伸，对市财政局政策法规库中收录的 7500 余份文件进行了起底式、拉网式清理，重点聚焦政策文件上位法依据不足、与对外开放政策不符、妨碍统一市场和公平竞争，以及与"放管服"及机构改革等要求不适应、不符合的问题。"十三五"期间，市财政局通过 5 次集中清理、近 20 次专项清理，累计对外宣告废止文件 950 件，其中违反公平竞争审查标准文件 16 件。

4. 工作机制与工作成效"双推进"，强化公平竞争审查的外部监督以及内部能力建设

市财政局利用作为北京市全面推进依法行政工作领导小组成员单位、承担"市对区政府依法行政"相关考核任务的优势，2019 年将北京市财政系统开展公平竞争审查情况纳入对各区政府依法行政考核内容，使这项工作的

落实与评估有了"硬指标"和"硬抓手"。该项工作在全国财政系统、北京市市级部门都属于首创，经财政部推广后，四川省、湖北省、湖南省财政厅以及南京市财政局等省市财政厅、局纷纷前来调研或来电咨询。同时，还将公平竞争审查纳入本单位干部培训工作内容，邀请实务工作者、专家学者等进行专题辅导授课，并将社会上发生的指定印章系统、指定代收银行、指定购买企业产品及服务、给予特定企业优惠政策等案例，整理形成研究公平竞争审查工作的教材进行深入学习讨论。

北京市在全国首创将财政部门公平竞争审查工作情况写入《北京市2017年预算执行情况和2018年预算（草案）的报告》向北京市人大报告，主动接受人大监督，得到市人大代表的广泛好评。北京市已连续4年在提交市"两会"预算报告及解读材料中，专题反映市财政局公平竞争审查工作推进情况及主要成效，并将财政政策法规库接入市人大预算监督联网系统和市级"领导驾驶舱"，接受人大重点监督并为领导决策提供参考，使公平竞争审查工作在"聚光灯""放大镜"的检视下不断得到提升。此外，积极将公平竞争审查制度贯彻到预算绩效管理改革、政府采购制度改革、政府购买服务改革等财政重点工作中。2019年在推进预算绩效管理等工作过程中，吸纳公平竞争审查方面的专家参与相关工作，注重通过公平竞争审查机制强化市场配置资源的决定性作用，完成了29个项目成本效益分析、调整完善86项支出标准，实现了政府降本增效与企业减负添利的"双赢"目标。2021年，继续推动在北京市市级财政支出事前绩效评估中专门增加公平竞争审查评估指标，重点对产业类政策开展评估，在全国财政系统中首先探索将公平竞争审查与财政预算绩效管理工作深度融合的新路径。

5. 理论探索与实践工作"双发力"，以理论研究强力推动实践工作创新开展

市财政局注重结合工作实践开展前沿理论研究。2017年以来，法治机构及具体负责同志撰写的《地方财政部门公平竞争审查实务问题探讨》《北京市财政局以公平竞争审查工作助力高质量财政制度体系建设》《公平竞

审查实务问题研究》《北京财政政策措施穿上公平竞争审查"紧身衣"》等多篇理论研究文章在多个学术期刊发表，创造性地对公平竞争审查制度与规范性文件合法性审核制度的差别、欧盟国家援助制度对我国财政补贴政策的借鉴意义、公平竞争审查制度与外商投资法的衔接以及如何开展第三方评估等进行了理论研究并付诸实践，极大推动了理论研究的创造性转化和实践工作的创新性发展。

（二）"四轮驱动"跑起来

一则，房山区财政局积极"战疫"，以公平促"稳"。在疫情期间，房山区财政局全面落实公平竞争审查制度，为疫情防控和企业复工复产提供有力的法治保障。为切实减轻新冠肺炎疫情对中小微企业的生产经营影响，房山区财政局在研究制定《关于新型冠状病毒感染的肺炎疫情期间减免中小微企业房租补贴细则》《中小微企业首次贷款贴息实施方案》等政策文件过程中，针对存疑问题积极引入法律顾问审核机制，经过第三方机构评估后依规适用公平竞争审查"例外规定"并明确了适用期一年；既达到了疫情背景下促进企业复工复产的目的，又通过公平竞争审查制度的合理运用助力区内营商环境优化，为北京市财政系统解决类似问题提供了典范。

二则，丰台区财政局聚焦产业升级，以公平促"引"。为提升丽泽金融商务区产业承载能力和区域营商环境，丰台区财政局在联合区金融办等部门研究制定《加快培育发展丰台区现代金融服务业的意见》《关于优化营商环境若干措施》等政策措施的过程中，切实加强公平竞争审查，推动在丽泽商务区营造良好的营商环境，成功引进了大数字货币研究所、广电网络、农业再保险公司等机构企业入驻丽泽。2018～2020年，丽泽金融商务区实现全口径税收均超过30亿元，金融业实现全口径税收均超过22亿元，金融业实现留区税收均超过5亿元，实现了区级财政收入较快增长。丰台区通过积极实践公平竞争审查制度，从竞争政策中获得了丰厚"红利"。

三则，顺义区财政局推进政府采购创新，以公平促"撬"。顺义区财政局聚焦政府采购领域精准发力，强化保障中小微企业参与政府采购，借助作为财政部"十四五"政府购买服务工作联系点的有利契机，推动镇街购买社会组织服务工作，持续优化顺义区政府采购营商环境。顺义区财政局积极开展政府采购备选库、名录库、资格库专项清理工作，清除影响公平竞争的壁垒；严格落实采购意向公开制度，提高政府采购透明度，截至2021年6月底共有465个项目按要求进行了政府采购意向公开，为市场主体参与政府采购创造公平竞争条件；同时，还为中小微企业量身定制公平竞争环境，大力支持中小微企业发展，明确为中小微企业预留政府采购项目的范围及比例，给中小微企业让渡市场份额；采购人支持中小企业首付款支付比例不低于50%，缓解中小微企业资金压力；在处置重大疫情突发事件中保持法治定力，顺义区财政局还印发了《关于进一步加强我区疫情防控采购便利化的通知》《关于新型冠状病毒感染肺炎疫情防控期间加大政府采购支持中小微企业力度的通知》，并在顺义区政府采购服务平台设立"疫情防控绿色通道"模块，落实疫情期间支持中小微企业政策，截至2021年7月底已惠及99家中小微企业，涉及采购资金15092万元。

四则，大兴区财政局提升审查效能，以机制促"控"。其主要做法如下。一是以制度建设为"根本点"，加强规范化。率先建立起公平竞争内部审查制度，进一步规范审查流程，将涉及市场主体经济活动的政策措施全部纳入审查范围，坚持存量清理和增量审查并重。二是以平台管理为"切入点"，实现痕迹化。将审查工作作为必经程序嵌入OA办公平台公文办理流程，实现全程留痕可追溯。三是以专业支持为"关键点"，提升法治化。在充分落实"起草科室自查＋审查科室复核"机制的同时，聘请律师事务所参与审核，出具法律意见，为审查工作提供法制保障。大兴区财政局在与大兴区金融办联合印发《大兴区中小微企业首次贷款贴息实施方案（试行）》的过程中，聘请专业律师发表审查意见，并向27家利害关系人单位广泛征求意见。该方案的施行优化了大兴区营商环境，降低了中小微企业融资成本，为增强大兴区市场主体活力、提高经济发展内生动力作出了积极贡献。

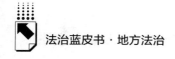

（三）全盘联动"活起来"

北京市财政系统以市财政局为主导，以房山区、丰台区、顺义区和大兴区财政局为"四轮"，协同推进公平竞争审查机制全面嵌入市、区两级财政系统的举措，已构建起"1核4轮"工作基础，形成"1＋4＋N"雁阵引领工作格局。其主要表现如下。

一是建章立制、规范流程。市、区两级财政部门实现工作机制全覆盖、工作流程全规范、审查工作全开展，联合联动从严落实公平竞争审查各项工作要求。

二是引进外援、保障人员。市、区两级财政部门以聘请法律顾问为依托，以法治机构配备法律专业人员为保障，普遍建立起公平竞争审查专业人才队伍，切实加强公平竞争审查第三方评估工作。

三是稳步推进、存量清理不留死角。市、区两级财政部门均已完成存量政策措施清理工作，并建立起与年度规范性文件集中清理工作相结合的常态化工作机制，坚决消除影响公平竞争环境的隐患。

四是巩固制度、加强培训。市、区两级财政部门早在2017年就实现了公平竞争审查培训全系统覆盖，此后又邀请研究领域学者、实操领域专家等区分审核人员和政策起草人员等重点群体开展了不同层次的专门培训和业务交流，强化公平竞争审查内部能力建设。

三 展望与建议

从国家市场监管总局近年发布的各省市违反公平竞争审查标准典型问题来看，各地区、各部门制发的政策措施仍然存在妨碍统一市场和公平竞争的规定和做法，通过政府手段干预市场的行为时有发生，特别是面对新冠肺炎疫情给市场环境和地方财源建设带来的巨大压力，如何打破思维定式、正确处理好政府和市场的关系，突出竞争政策对建设高标准市场体系、推动经济高质量发展、实现高水平对外开放的基础性保障作用，就显得尤其重要。

《国民经济和社会发展第十四个五年规划和 2035 年远景目标纲要》设置了强化竞争政策基础地位的专门板块，明确规定"统筹做好增量审查与存量清理，强化公平竞争审查制度的刚性约束，完善公平竞争审查细则，持续清理废除妨碍全国统一市场和公平竞争的规定和做法"①。为落实中共中央、国务院和北京市委、市政府的工作部署，发挥公平竞争审查制度对强化竞争政策基础地位的积极作用，下一步应从以下方面精准发力，深入推动公平竞争审查制度在北京市财政系统落地生根、开花结果。

一是对标新修订出台的《公平竞争审查制度实施细则》，提前对接即将修订的《反垄断法》，重新梳理、细化公平竞争审查工作流程和要求，加强统筹组织，探索建立北京市财政系统统一审查标准、统一审查流程、统一审查要求，形成市、区财政部门"一把尺子量到底"的一体化推进工作模式，使财政领域公平竞争审查机制在北京市优化营商环境工作中发挥更大的杠杆撬动作用。

二是加快研究制定"财政政策措施公平竞争审查指引"。结合财政工作特点，探索与市场监督管理部门等共同研究出台指引，细化财政奖补、税费减免等政策措施的公平竞争审查标准，研究微小金额奖补、公用事业等民生领域财政补贴政策直接适用例外规定的可行性；规范征求利害关系人或社会公众意见的程序要求；梳理符合公平竞争审查要求的财政政策措施制定依据清单，为财政政策措施嵌套公平竞争审查政策和坚持竞争政策基础性地位提供有力支持。

三是全面深化与第三方评估机构的合作，拓展第三方评估领域，探索在财政政策措施公平竞争审查的各环节、各阶段建立第三方评估机构全程参与闭环工作模式。对于疑难、有争议的重大问题，建立专家论证必经程序、完善向本级公平竞争审查联席会议办公室咨询工作机制，切实有效避免、降低政策措施出台的法律风险。

---

① 中国政府网，http：//www. gov. cn/xinwen/2021－03/13/content_ 5592681. htm，最后访问日期：2021 年 8 月 10 日。

B.8
宁波市江北区创新执法模式助推政务公开的实践与成效

宁波市江北区创新执法模式助推政务公开实践与成效课题组 *

摘　要：　宁波市江北区综合行政执法局作为宁波市首个完成职能划转和综合执法的城市管理基层单位，按照中共中央、国务院印发的《法治政府建设实施纲要（2015～2020年）》要求，坚持严格规范公正文明执法、创新执法方式方法，分别于2017年、2018年成功探索并运行"非现场执法"模式、"执法进小区"模式，变被动管理为主动服务，变末端执法为源头治理，实现执法效果与社会效果相统一，深入融合政务公开大趋势，社会认可持续向好。

关键词：　"非现场执法"　"执法进小区"　政务公开

长期以来，城市管理执法领域面临法规知晓率低、矛盾化解繁、群众认可难等多重问题。以宁波市江北区为例，在2013年至2015年三年间，平均每年发生暴力抗法事件109起。同时，随着城市管理执法改革推进，行政处罚职权事项由原来的299项增至933项，而居民群众对城管执法人员的印象

---

* 课题组负责人：徐芳，宁波市江北区综合行政执法局党委委员、二级调研员；任旗峰，宁波市江北区综合行政执法局党委委员、副局长，区综合行政执法大队副大队长。课题组成员：吴晓琳、陈黎杰、翁妍、徐丽娜、徐贤明、黄晖、谢秋波（按姓氏笔画排序）。执笔人：陈黎杰、翁妍。

还停留在管理小摊小贩、处罚无照经营行为的固有观念上，导致执法对象和社会群众不理解、不支持，执法队员被动应对各类复杂问题、承受极大压力，这些都是摆在宁波市江北区综合行政执法局面前亟待破解的难题。

近年来，宁波市江北区综合行政执法局积极探索新型执法模式，成功打造"非现场执法""执法进小区"等模式，助推政务公开工作，将行政权力运行展现在公众监督视野之下，进一步提升了城管执法的知晓度、认可度和满意度，不断降低投诉率从而化解执法矛盾，加速推进人民群众理解支持综合行政执法工作，成功营造了和谐有序的城市管理服务环境。

一 政务公开总体情况

综合执法领域的政务公开，是推进行政权力公开透明运行，保障行政相对人和社会公众知情权、参与权、表达权、监督权的重要抓手。近年来，宁波市江北区综合行政执法局结合工作实际，加大政务公开力度，扩大政务公开范围，积极推进行政执法权力公开透明运行。

（一）明确公开目的

一是落实法律法规、条例政策的需要。根据《政府信息公开条例》等相关文件精神，坚持"公开为常态、不公开为例外"，打造"政府信息公开网站、广播电视、政务微博、政务微信"等多元化政务公开体系，多渠道发布重大决策、重要活动、民生服务等信息，不断加强政府信息公开力度，提升政府信息公开程度，持续推动政务公开工作有序开展。

二是助推"最多跑一次"（放管服）改革的需要。通过动态调整行政许可事项清单，进一步推行行政许可告知承诺制，推进"一件事"改革延伸扩面。全局涉及的依申请行政服务事项已100%进入区行政服务中心，窗口首席代表100%签批。其中，创新推出"口袋政务"，实现政务信息从窗口端、电脑端到手机端的多元拓展，办事群众可以多渠道获取并知晓事项办理流程、所需携带材料，同时可在网上接受并提供相关咨询，减少或避免现场

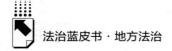

咨询，有效实现"最多跑一次"甚至"零次跑"。

三是保障公众知情权、参与权、监督权的需要。社会公众对政府工作知情、参与和监督意识不断增强，对政务公开工作提出了更高要求。积极响应上级政府部门基层政务公开标准化规范化试点工作，结合本单位权责清单和公共服务事项清单，全面梳理细化相关领域政务公开事项，于2020年底前编制完成本级政务公开标准目录，实行政务过程和结果全公开。

四是提升区域城管工作认可度、满意度的需要。坚持推行"一宣传、二教育、三警告、四处罚"和"721"（即70%的问题用服务手段解决、20%的问题用管理手段解决、10%的问题用执法手段解决）工作法，进一步细化服务标准、量化服务指标、深化服务特色，切实提高服务质量和工作效率。2020年度，执法局共接到信访639件，按期受理率100%、按期答复率100%，满意率达到100%。

（二）细化公开对象

综合行政执法局政务公开对象主要分为以下四类。一是办事群众。根据"应公开、尽公开"的原则，向社会公众公开区域城市管理和综合执法的基本情况、最新进程、规划计划。二是被处罚人。通过浙江政务服务网查询案件处罚结果，切实保障其合法权益。三是政策咨询者。通过座谈会、听证会、实地走访、向社会公开征求意见、问卷调查、民意调查等多种方式，充分听取公众意见，及时回应公众关切。四是一般企业群众。利用城管义工活动、城管体验日活动、宪法宣传日等重要节点进企业、进学校、进社区，让公众了解综合执法、配合执法工作、认可执法工作。同时，通过微博、微信公众号进行以案释法，宣传介绍综合行政执法法律法规。

（三）厘清公开内容

一是公开执法内容。全面准确及时主动公开办事指南、法律法规、执法程序、执法流程图、救济渠道等信息，公开的信息简明扼要、通俗易懂，并及时根据法律法规及机构职能变化情况进行动态调整。二是公开执法设备信息。将配备的相关执法记录仪、移动车载视频设备、无人机等取证设备进行公示，让行政相对人提前知晓执法取证的途径。三是公开执法点位。采用科技手段取证的相关抓拍点位，在执法前进行公开公示、告知，既起到震慑作用，又保护了行政相对人合理合法的知情权。四是公开执法案例。秉承"谁执法谁普法"原则，将与群众生活密切相关的易发违法事项及新型案例在官网及新媒体端进行公开，让大众更好地了解、熟悉综合执法工作的同时，对违法行为起到警示作用。

二 政务公开创新做法

2017 年起，宁波市江北区综合行政执法局开始探索并推行"非现场执法"模式。"非现场执法"模式是以现场执法可视化为前提，以法院非诉执行为保障，以违法行为取证多元化为手段，积极探索运用视频监控、影像摄录等信息技术手段固定违法证据，可在当事人"零口供"情况下，完成整个违法行为查处的新执法模式。与传统执法模式相比，非现场执法模式在执法前端的证据收集和认定、执法末端的处罚执行保障等两个关键环节进行了突破，实现了两个转变：一是变"执法人员'现场控制'人和物"为"科技手段'场外锁定'违法违规行为"，实现"场外"收集和认定证据；二是变"综合执法'单打独斗'"为"综合执法 + 多部门"整体联动，保障处罚执行到位。

2018 年，宁波市江北区司法局牵头，区综合行政执法局协助联合区住建局（交通运输局）、公安江北分局、江北消防大队、区市场监管局、区卫健局等执法部门，在充分征求街道、社区（村）以及相关专家意见后，对居民小区（村）中涉及民生问题的易发违法 23 个事项 60 个执法依据进行了集中梳理，明确各类情形的执法主体，出台《江北区居民小区（村）易发违法事项执法清单》，并于 2019 年 10 月加入了农村执法相关事项，进行了更新修订。居民发现问题、遇到"疑难杂症"，第一时间可通过清单找到对应执法部门解决相关问题；各部门按清单执法，履行本部门职责。

上述两种新型执法模式均具有公开、透明、科学、高效等多重优势。一方面，凭借政务公开网站、电视报纸、新媒体等现有平台将权力运行公开化；另一方面，也利用自身执法特点，推进政务公开工作更上一层楼。

（一）着力科技取证，破解执法难题

占道经营问题一直是城市管理的顽疾，不但影响市容市貌，还给城市交通带来了一定影响。以往管理此类违法行为采取的是日常巡查与集中整治相结合的办法，虽然在一定程度上有遏制作用，但由于客观需求的存在依然屡禁不绝。经营商户和执法队员玩起了"猫鼠游戏"，在队员巡查时，商户将占道物品放回店内，等执法队员离开后又将物品放出占道。执法局积极探索解决问题新方式，由"人防"变"技防"。前期将相关设备公示在政务服务网站内，后期通过高科技设备远程巡查，锁定违法行为，采集相关证据。2017年，地处江北核心地段的某水果店多次占道经营，执法人员到现场准备取证时当事人立即整改。为遏制此类行为反复发生，执法队员提醒当事人再次发生同类违法行为将采取非现场执法方式取证，并将事先公示相关网址信息告知店主。一周后执法队员通过视频巡查发现该水果店仍存在占道经营行为，于是通过视频探头取证，并电话通知当事人进行处理。店主起先辩解称并没有放很久，但当执法人员将相关锁定的证据回放给其时，店主承认了相关事实，配合案件处理。同时执法人员也与当事人进行了细致的沟通，该店主在重新衡量违法成本后，搬迁店址、扩大店面、规范经营，真正实现了标本兼治的执法成效。

（二）优化执法流程，整顿绿地停车

绿地停车是综合行政执法及交警的处罚盲区。部分车主将车辆随意停放，造成城市绿地损害，甚至在接到"协助调查通知书"后仍存在侥幸心理，拒绝出面配合调查。执法局通过查询车辆归属、采集三方证人证言、确认毁绿行为，固定车辆违法证据，在当事人"零口供"的情况下，形成完整的证据链，并作出行政处罚。2020年12月10日，执法队员在日常巡查时发现，一辆轿车停放于沿街绿地内，在现场对车辆周边走访后未能找到当事人,遂将"协助调查通知书"留置于车辆前挡。执法人员拍照取证后制作"现场勘察笔录",由该绿地的养护单位工作人员作为见证人签字制作"旁证笔录",执法记录仪全程记录现场情况,并于同日电话通知车主并推送短信提示,要求其携带相关资料前来协助调查。车主认为只要不出面接受调查就不用接受处罚,拒不配合执法工作。执法局立即启动"非现场执法"程序,在车主不配合案件调查的情况下,通过向公安、交警部门查询,调取涉案车辆信息及驾驶人身份信息,向驾驶人登记地址邮寄送达相关法律文书,该当事人未在规定期限内提出陈述、申辩申请。2021年1月6日,该局对其作出罚款500元的行政处罚,并将"行政处罚决定书"通过邮寄方式进行送达。执法局同时将相关已经公开的处罚案例、法律条文的政务网址发送给当事人,告知其不履行处罚的后果,最终当事人认识到自己的错误,接受了处罚结果。

(三)联合法院执法,力推非诉讼执行

宁波市江北区综合行政执法局加强与江北区法院协调,成立由法院副院长担任主任、综合行政执法局副局长担任副主任、法院行政审判庭和综合行政执法局法制案审科负责人为成员的法院综合执法联络室。一方面,综合行政执法局做到公开前置,将接受违法行为调查处理的权利义务及不配合工作承担失信风险的有关法律法规、宣传文章发布到政务官网上,同时在执法过程中准确及时告知当事人相关情况;另一方面,强化非诉执行,针对罚款类处罚案件,当事人收到处罚决定书后拒不执行,又未在诉讼期限内提出行政诉讼的,通过非诉执行程序对有可执行财产的当事人进行强制执行;将无可执行财产的当事人列入全国失信人员名单,限制其"高消费"。2020年1月27日,吴某因为无照经营被处2000元的罚款。在邮寄送达决定书后,其拒不缴纳罚款,综合行政执法局将案件移交至江北区人民法院执行。疫情稳定后,吴某打算从老家四川绵阳回甬打工,发现自己已被法院列入失信被执行人名单,无法乘坐高铁、飞机等交通工具出行。迫于压力,吴某主动联系法院并按要求缴纳罚款及滞纳金共计人民币4000元。

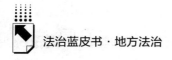

（四）优先整改预警，强化集中整治

2019 年，综合行政执法局联合白沙街道对桃源小区东门及南门十多家商铺的违法违规行为进行集中整治。前期公示告知相关整治安排，要求存在店外经营、违章停车、堆放物品、乱搭建、乱设广告牌等行为的商家和个人限期整改，对逾期仍未整改的，作出相应的行政处罚。同时，对政务网上居民反映的小区楼道内张贴小广告行为进行重点打击，杜绝了小区内的相关违法行为。

（五）"八颗公章"联动，速销问题清单

宁波市江北区孔浦街道红梅小区存在老化、杂乱、基础设施缺乏等老旧小区的通病，一度非常突出。沿街商铺跨门营业，无证摊贩常年"驻扎"，原本五六米宽的小区道路被"蚕食"得仅剩半米，居民颇有怨言。为破解这一环境顽疾，综合执法、市场监管、公安、街道、社区、物业等相关单位联合制定了红梅小区环境问题专项整治方案，以"八颗公章"联合执法的形式先行推进小区整治，并将相关方案在政务网上公告告知居民。随着联合执法力量全面进入小区，跨门营业、无证摊贩、垃圾乱堆放、违规广告牌等影响小区环境的违法违规行为，得到了一一整治。同时，对存在相关违法事项顶格进行处罚，小区秩序得到全面改善；逐楼逐栋清理楼道堆放物，整治毁绿种菜，小区环境全面提升。盘踞红梅小区 4 号门区域十多年之久的"马路市场"被彻底整治，多家常年跨门营业的经营户被成功清退。清退出来的 600 多平方米空间，被改造成为红梅社区老年大学教学点，有效改善该社区缺乏老年活动空间的现状。

三 新型执法模式的成效

（一）"非现场执法"模式成功样板化

自 2017 年推行以来，该模式通过助推政务公开，把服务挺在前、执法

立在后，在事先公开告知后，基本不再采取扣押、先行登记保存等强制措施，缓解了当事人抵触情绪和执法队员压力。2018 年，该模式得到住房和城乡建设部主要领导和浙江省委主要领导的批示肯定，省住建厅在宁波召开"非现场执法"工作现场推进会。2020 年执法局行政复议诉讼案件量、执法冲突案件量、违法物品扣押数量，同比分别下降 95%、90%、98%。同时依靠现代信息技术支撑，提高了执法效率，减轻了执法力量不足压力。在队员数量无明显增加的情况下，适用一般程序的案件数量明显上升，从 2017 年的 687 件、2018 年的 1624 件上升至 2019 年的 2257 件，2020 年为 1957 件（2～4 月疫情期间对小微违法行为以教育警告为主，未作行政处罚），车辆违停抄告数从 2017 年的 9765 件、2018 年的 15896 件、2019 年的 32265 件，上升至 2020 年的 35823 件（2～4 月疫情期间对小微违章停车行为以教育劝导为主，不予行政处罚）。此外，法院综合执法联络室成立后，通过当事人自动履行或者法院强制执行等方式，两家单位保障执行"非现场执法"案件 994 件，涉及罚款金额 1665.9 万元。2018 年至今已有全国各地 150 余家单位前来交流学习。

（二）"执法进小区"模式日趋常态化

集中开展专项整治只能"治标"，只有建立起长效监管机制才能"治本"。针对居民小区内各类乱象，江北区明确了小区日常管理实施"物业 + 执法"治理模式。2018 年，出台执法行动实施方案，集中解决人民群众反映突出的"乱堆放、乱停放、乱毁绿、乱张贴、乱装修、乱出租、乱排污、乱经营、乱饲养、垃圾分类"等问题；2019 年，督促整改 9006 件、作出处罚决定 1211 件，罚款 63.99 万元；2020 年督促整改 9060 件，作出处罚决定 1206 件，罚款 232.56 万元，为成功创建全国文明城市"六连冠"、"和美江北"增力添彩，受到了社会广泛认可。

（三）首创全国性文本规范"清单式"执法

2020 年，宁波市江北区综合行政执法局和浙江海泰律师事务所联合承接参与的"城市管理执法文书示范文本研究"课题成果获住建部认可，住建部正式印发《城市管理行政执法文书示范文本（试行）》。此项工作是继统一城管标识标志、人员服装、车辆喷涂后的又一重要举措，有利于规范城市管理行政执法行为，提升执法能力和水平，公开执法规范文本，更好地保护行政相对人的合法权益。这项工作为全国城管执法队伍逐步走向公开化、规范化、制度化、标准化提供了有力的政策保障。同时通过使用统一的城市管理执法文书，为案卷档案管理、跨区域案件调查提供便利，亦为数字化、互联网化执法做铺垫，推进全国城市管理从粗放式向现代化精细化转型。

四　展望建议

首先，继续公开扩大宣传面。在做好政务公开"规定动作"的同时，结合新的法律法规、社会热点，有的放矢进行其他执法公示内容的"自选动作"。通过发布非现场执法、执法进小区执法流程，提高公众知晓率，为后期执法提供前置保障。

其次，加快建设个人诚信体系。加快建立和完善个人信用记录形成机制，及时归集有关人员受到行政处罚的相关信息并进行公示，确保信息真实准确，实现动态更新，加大对屡次违法违规及拒不履行处罚决定人员的约束力。

最后，统一牵头健全联动机制。在区政府牵头的"八颗公章"联动基础上，建立行之有效的联动机制，以制度的形式规范各部门间的执法配合，切切实实满足居民需求。

青岛西海岸新区政务新媒体
发展调研报告

青岛西海岸新区管委办公室课题组*

摘　要：　自2018年起，青岛西海岸新区结合国家、省、市有关要求，组织开展全区政务新媒体摸底调查，全面启用政务新媒体备案管理系统，建立完善备案登记台账。在青岛市率先出台《青岛西海岸新区政务新媒体管理办法》，制定《青岛西海岸新区政务新媒体日常监管指标》，明确各级政务新媒体的监管责任，提出具体要求。积极与第三方技术监测服务机构合作，对已备案政务新媒体进行实时监控。同时，对政务新媒体日常监管中存在的体制不畅、职责交叉、监管困难等问题，以及政务新媒体的功能、定位、专业管理等方面开展了深入探讨。

关键词：　政务新媒体　政务公开　监管　功能定位

近年来，政务新媒体已成为各级政府及其部门推行政务公开、优化政务服务、凝聚社会共识、创新社会治理的新载体和重要渠道。2018 年、2019年，国务院办公厅先后印发《关于推进政务新媒体健康有序发展的意见》《关于印发政府网站与政务新媒体检查指标、监管工作年度考核指标的通知》，进一步强化政务新媒体监管工作。2020 年，基层政务公开标准化规范

＊　执笔人：冯春，青岛西海岸新区管委办公室四级调研员；周晓辉，青岛西海岸新区管委办公室政务公开科科长；李鲁明，青岛西海岸新区管委办公室调查研究中心政务服务指导科科长。

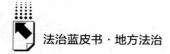

化工作全面推进，在国务院各部门出台的 26 个领域政务公开标准目录中，公开渠道为政务新媒体的有 192 项。为进一步促进青岛西海岸新区政务新媒体健康有序发展，发挥基层政务公开、政务服务和政民互动重要作用，本报告对全区政务新媒体建设管理情况进行了专题调研。

一　基本情况

（一）全区政务新媒体运行基本情况

自 2018 年起，结合省市有关要求，数次组织开展全区政务新媒体账号摸底调查，全面启用省政务新媒体备案管理系统，建立完善备案登记台账。

截至 2021 年初，新区各行政机关（含承担行政职能的事业单位及其内设机构）已开设政务新媒体账号 120 个，占青岛市总数的 16%。其中，微信 52 个，微博 45 个，今日头条 13 个，抖音 7 个，快手 2 个，小程序 1 个。根据国家、省、市工作要求，新区 120 个政务新媒体账号已全部纳入全国和山东省政务新媒体备案管理系统平台进行监管。

从订阅关注数量来看，52 个微信公众号中，订阅关注超过 10000（含）的有 14 个，占比 26.9%；订阅关注 5000（含）~10000 的有 6 个，占比 11.5%；订阅关注 1000（含）~5000 的有 27 个，占比 51.9%；订阅关注 1000 以下的有 5 个，占比 9.6%。

45 个微博账号中，粉丝数超过 10000（含）的有 3 个，占比 6.7%；粉丝数 5000（含）~10000 的有 1 个，占比 2.2%；粉丝数 1000（含）~5000 的有 0 个；粉丝数 1000 以下的有 41 个，占比 91.1%。

13 个头条账号，其中"青岛西海岸发布"粉丝数 45469 人，"青岛西海岸综合执法"粉丝数 8195 人，"黄岛公安"粉丝数 4570 人；"微言西海岸教育和体育"粉丝数 2125 人。从日均发布数量来看，52 个微信公众号中，日均发布数量 1 条以上的单位有 31 个，占比 59.62%。45 个微博账号中，日均发布数量 1 条以上的单位有 12 个，占比 26.67%。

（二）区级政务新媒体吸引了大量粉丝及流量，品牌效应凸显

区级政务新媒体"青岛西海岸发布"（微博、微信、头条）由新区工委宣传部主办，获评"2020年度山东最具影响力政务微信50强""2020年度山东最具影响力县级政务微信""2020年度青岛市十大政务网络品牌"，"青岛西海岸发布"微信公众号日均发布6次以上、浏览量达到3万多，关注量达201245人；微博账号日均发布5次以上，粉丝数681308人；今日头条号刊播新闻3034篇，总点击量超过630万人次。特别是在新冠肺炎疫情防控工作中，区级政务新媒体作为全区疫情防控政策信息集中统一和权威发布的主流渠道，成为疫情防控工作中政民互动、舆情管控的主阵地，如《西海岸新区：全力打好疫情防控阻击战》《新区首例新型冠状病毒感染的肺炎患者今日治愈出院》等新闻报道阅读量超过5万人次，《青岛市疫情防控情况公布》《一图读懂丨防范病毒，要做好这些事!》等网络倡议书和图解防疫知识获得10万次点击转发。

（三）做优做强主账号，聚焦民生领域，满足群众信息服务需求

以"青岛西海岸发布"两微为引领，汇聚全区48个政府部门、镇街政务新媒体账号，立体、全方位打造整体协同、迅速响应的政务新媒体矩阵，实时发布权威政务信息，提供便民政务服务。区行政审批局全面推行"网上办，不见面"政务服务模式，无差别综合受理政务服务事项583项100%实现网上办，即办窗口114项100%实现网上办，市民在家就可以通过"西海岸新区行政服务大厅"微信公众号、"百姓e站"等途径完成网上业务办理。区文旅局"西海岸文旅发布"微信公众号连续荣获2019年度、2020年度"山东新锐政务微信"称号，信息覆盖全区23个镇街、全部A级以上景区、140余个乡村庄园以及各度假综合体、各文旅项目、各品牌饭店和星级饭店等，已成为宣传新区城市形象和文化旅游资源的良好平台，是沟通企业营销推广和市民游客旅游度假需求的有效渠道。区人社局微信公众号"青岛西海岸新区人社局"在全国首创"效廉智库"办案平台，开创"互联

网＋大数据"办案新模式，多措并举做好劳动监察执法领域信息公开。区教体局在全省率先建成教育系统融媒体中心，利用平台优势整合媒体资源，推进新闻形式和体裁创新，构建新媒体内容输出新样态，实现与政务类、党建类客户端共融共享，新媒体传播效益进一步扩大。"青岛西海岸新区教育和体育局"微信公众号连续 4 年进入全省政务微信 20 强，连续 3 年获得全省县直机构政务微信第 1 名，获评青岛市政务及公共服务移动传播创新性品牌 20 强、政务公共服务移动传播公信力品牌。区医保局、综合行政执法局、人社局等开展"政府开放日"活动，通过政务新媒体平台进行网络直播、宣传推广，扩大阳光政府的影响力。

二　监管现状

根据国务院、省、市政务新媒体监管的要求，地方各级人民政府办公厅（室）是本地区政务新媒体工作的主管单位，政务新媒体主办单位履行规划建设、组织保障、健康发展、安全管理等职责。2018 年底，青岛市实施市级机构改革，青岛市政府办公厅新设立政务网络服务处，负责指导监督政府门户网站规划建设和政务新媒体监管工作。但青岛市所辖 10 个区市的政务新媒体监管职能，由各区市政府办公室政务公开科或大数据局、电政办来承担，均未设置与市级对应的独立科室。目前，新区政务新媒体监管工作，参照政府网站管理模式，新区管委办公室（区政府办公室）作为主管单位，负责全区政务新媒体的推进、指导、协调和监督。区工信局（大数据局）负责政府门户网站"两微一端"平台搭建和日常管理工作，提供技术支持服务。工委宣传部（网信办）负责全区各类媒体宣传指导和舆情监管等工作，做好区级政务新媒体账号（"青岛西海岸发布"微信、微博、头条）维护管理工作。新区管委办公室主要做了以下三方面工作。

一是摸清底数。对已经开设的微博、微信账号和移动客户端，进行全面摸底排查，规范清理。对党委部门和不具有行政职能事业单位的新媒体账号，按照要求及时从山东省政务新媒体备案系统平台删除撤备，对符合监管要求的 120 个政务新媒体账号进一步精简压缩，个别未录入备案系统的，督促部门及时录入做好备案登记。

二是建章立制。出台《青岛西海岸新区政务新媒体管理办法》《青岛西海岸新区政务新媒体日常监管指标》，明确了各级政务新媒体的监管责任，从政务新媒体的开办整合与变更备案、信息发布与功能应用、运行维护与安全保障、考核评价及责任追究等方面，提出了具体要求。制定"政务新媒体日常监管指标"，各部门、单位责任到人，坚决杜绝已经开办的政务新媒体"僵尸化""睡眠化"等现象，避免出现开而不管、管不到位的问题，确保导向正确、内容健康、更新及时、服务到位。

三是动态监管。完善备案登记管理，对政务新媒体的开设、变更、关停、注销严格履行审批程序。新开设或关停政务新媒体，要于 7 个工作日内填写"政务新媒体备案登记表"提交管委办公室，经管委办公室审核同意后，登录山东省政务新媒体管理平台进行系统备案。在青岛市 10 个区市率先开展政务新媒体技术监测，由第三方机构对全区 120 个账号每月进行技术监测检查，主要检查错误敏感信息及账号更新是否及时，对超过 10 天未更新账号进行实时提醒。对制度不健全、管理不到位的政务新媒体账号，采取约谈、警告、通报或责令关闭等措施。

三　存在问题

一是政府办公室与宣传部职责交叉，管理职能不强。工委宣传部主管全区新媒体的舆情引导、管控工作，并对各单位新媒体进行评先评优，各单位政务新媒体管理人员接受宣传、网信部门管理考核。国务院办公厅《关于推进政务新媒体健康有序发展的意见》虽然规定"地方各级人民政府办公厅（室）是本地区政务新媒体工作的主管单位"，但对县级政府办公室管理人员、编制、科室等并未明确保障，目前由管委办公室负责政务公开的兼职人员对全区政务新媒体进行管理与考核，客观上造成了管理职能弱化、管理人员不足、有效管理手段缺乏等问题。

二是政务新媒体数量大、种类杂，监管吃力。除纳入政务新媒体备案系统的120个账号外，全区另有工委部门账号15个，教育系统各学校账号176个，卫生系统各医院账号40个，黄岛公安局及下属单位账号19个，开发区公安局及下属单位账号4个，甚至一个单位同时开设了微信、微博、抖音、头条、快手等5～6个平台账号。新媒体作为新生事物，微博、微信、头条、抖音、快手等各类新媒体平台的运营企业与政府无法有效沟通，政府在监管方面缺乏有效源头管控，部门无须到当地政府办理审批备案，就可直接向平台运营企业申请注册开通，致使"底数"摸不清，给监管工作造成很大压力。在日常监管方面，新区宣传系统舆情监管系统仅对网站页面等传统媒体进行实时监控，不能对微信、抖音等新媒体信息内容进行实时监控，相关信息数据抓取延迟较大，导致不能第一时间发现问题，只能被动对负面信息进行事后处置。

三是政务功能缺失，解读、服务、互动差。客观方面，部分政务新媒体主要职能局限于信息传播，政务服务、公共服务等功能不完善，如微博、抖音、头条、快手等平台缺少服务功能，无法开展政务便民服务。微信公众号虽然承载着一定办事服务功能，但在互动性方面，受限于平台留言功能调整，新注册账号无法使用留言功能。主观方面，部分政务新媒体只注重"媒体"角色，忽略了"政务"的属性，发布内容多是社会热点新闻转载信息和工作信息等，与职能相关的政策文件信息和涉及群众切身利益、需要公众广泛知晓的政府信息较少。政务新媒体的互动性发挥不足。部分政务新媒体虽然设有互动功能，但存在无人回复或回复滞后问题，缺乏有效互动。政务新媒体的服务性发挥不足。个别单位未能结合部门实际，在微信、微博、客户端上设置相关服务功能。据统计，全区120个政务新媒体账号中，仅32个具有办事服务功能，占总量的26.67%。

四是缺乏精准定位和专业管理。部分政务新媒体缺乏精准定位，发布内容随意，内容策划欠缺，对于微信、微博、客户端的传播特点利用不充分，未发挥平台优势相互协作、共同发力的作用。服务是政务新媒体的功能定位，也是其活力所在。微博在处理突发事件中能第一时间公开信息和回应关切，微信服务号则通过小程序应用等在服务便利性上发挥更好的作用。以政务微信为例，在新区52个政务微信账号中，能够体现服务功能"数据查询办事功能"定位的仅占6.67%。另外，政务新媒体工作人员专业性较弱，缺乏一支人员结构合理、协调有力的运维团队。无论政治站位、责任意识还是议题设置、内容生产、媒介素养等方面都需要加强培训教育，提升工作人员专业化水平。部分单位政务新媒体存在发布时效性差、频率低、转载多、原创少的问题。

四　政务新媒体发展设想和建议

根据国务院办公厅的指导意见，各地政府应遵循政务新媒体发展规律，发挥政务新媒体传播速度快、受众面广、互动性强等优势，以内容建设为根本，强化发布、传播、互动、引导、办事等功能，为企业和群众提供更加便捷实用的移动服务，努力建设利企便民、亮点纷呈、人民满意的"指尖上的网上政府"。在具体发展过程中，应关注做好以下四方面。

一是理顺体制，加强协作。建议国家相关部门加强政务新媒体第三方平台的源头管控，参照政府网站开设监管方式，凡是以政府机关名义开设的政务新媒体，由各级政府办公厅、宣传部门进行预审，从源头上加强管控，确保规范有序。原则上，抖音、头条等"娱乐性"较强的第三方平台，应减少开设政府机关"官方"账号。理顺政务新媒体监管体制，从机构编制入手，在各级政府办公厅（室）设立专门处（科）室，明确专人负责，做好政府网站和政务新媒体的协同建设发展工作。建立与宣传、网信部门政务新媒体管理衔接、协作工作机制，通过加入网信部门网评员工作群、联合召开座谈会等方式，强化对各单位政务新媒体工作的管理，将舆情监管与政务公开有机结合、一并管理。

二是清理整合，集约建设。参照政府网站集约化建设思路，集中力量做优做强区级"两微一端"主账号，构建整体联动、集体发声的政务新媒体矩阵。区级政务新媒体功能应与区级政府网站关联又有所区分，如新区微信公众号"青岛西海岸发布"与青岛西海岸新区政务网"政府公报"专栏关联，强化政府公文公开力度；网站"政府信息公开"板块，应侧重政策类、长期有效政务信息的公开公示，"青岛西海岸发布"应侧重新闻类、动态类政务信息的公开公示。对一个部门的多个政务新媒体账号进行清理整合，对达不到信息更新、互动功能要求，以及群众关注度低的进行清理、关停与整合。同时具体问题具体分析，不搞"一刀切"。例如，新区综合行政执法局探索在微信平台增设一个服务号，实现行政执法电子文书不见面送达，是政务新媒体发展的有益尝试，可在分析可行性、明确部门监管责任义务的基础上给予支持。

三是技术监测，规范管理。新区政务新媒体在建章立制、动态监管方面初见成效，制定了监管办法，通过购买服务方式，委托专业机构进行24小时实时技术监测，能够及时发现问题，快速处置。在具体工作中，应更加关注技术检测的结果运用，如对监测结果的汇总分析，剔除长期更新不及时的账号和单位；设定监测预警提示，确保国家省市政务新媒体考核指标不出问题；对全区政务新媒体账号运行情况、互动服务、功能定位等进行系统分析，提出规划及引导建议等。部门政务新媒体可考虑向具有互联网新闻生产发布资质和日常运营、维护能力的区融媒体中心挂靠，委托其具体承担政务新媒体日常运维工作。将政务新媒体信息原创、政策解读、办事服务、互动回应、标准化事项公开情况等纳入政务公开考核评估指标，引导科学规范发展。

四是明确定位，强化功能。政务新媒体的三个基本功能是政务公开、政民互动、民生服务。在内容建设上，应彰显政务新媒体"本地化、个性化"角色，聚焦公众关注的热点难点，提供公众需要的便民服务，将其建成公众喜闻乐见的沟通渠道；在平台建设上，应注重评论留言、征集调查、咨询投诉等交互功能，可参考互联网平台运营模式，将"好差评制度"或"单项否决权"落到实处，让"群众评判"成为新的常态。特别是在基层政务公开标准化规范化工作中，对于重大建设项目领域、义务教育领域、安全生产领域、生态环境领域等 192 项具体公开事项，"两微一端"是重要的公开载体和渠道。要围绕政务新媒体的三个基本功能，结合具体的公开目录，以更加贴近公众的方式，做好政策公开、信息公示、事项办理等，充分发挥政务新媒体在基层标准化工作中的独特优势，不断提升亲和力和易用性。

司 法 建 设

Judicial Construction

B.10
著作权司法保护的现状与未来展望

孙秀丽　陆 川　吴正倩*

摘　要： 在知识经济、数据经济背景下，著作权犯罪模式不断翻新，极大冲击着中国著作权司法保护既有模式。报告立足于当前著作权犯罪的主要特点和著作权保护的实践探索，研判著作权保护的发展趋势，提出从制度政策、监管执法、预防教育等角度完善著作权民行刑全方位保护体系，优化著作权司法治理路径，为著作权领域蓬勃发展构建良好的法律环境和强有力的司法保障体系。

关键词： 著作权犯罪　权利救济　量刑规范　立体保护

随着著作权侵权作品种类和侵权途径不断拓展，著作权犯罪呈现诸多新

＊ 孙秀丽，上海市人民检察院第三分院第六检察部主任；陆川，上海市人民检察院第四检察部检察官；吴正倩，上海市黄浦区人民检察院第七检察部检察官助理。

特点、新趋势，其中借助互联网的无限延展性和信息便捷性，以极为低廉的犯罪成本获取丰厚犯罪利益的侵犯著作权犯罪案件呈高发态势。随着国内知识产权保护要求的进一步强化以及知识产权犯罪司法打击的常态化，加大著作权刑事司法保护力度，保障著作权领域健康有序发展，已然成为当前及未来相当长一段时间内著作权保护的重点。

一　著作权犯罪案件主要特点

（一）犯罪主体更加多元，单位化、规模化特征明显

与早期侵犯著作权犯罪多为个体作案、自然人作案不同，当前著作权犯罪案件中单位主体及规模化犯罪团伙主体比例明显增加，犯罪分工趋向精细化，逐步呈现组织化和产业化的特征。一方面，以单位作为侵权行为主体，利用企业运作模式的规范有序性，外观上更具迷惑性和诱导性，侵权行为的实施更为流畅高效，犯罪波及面更广、后果更严重，冲击着民营经济的有序发展。更有甚者，在利用单位主体合法取得相关著作权授权期满后，仍利用授权期内合法取得的相关授权内容，继续实施原授权的著作权大规模复制发行行为，甚至以欺瞒方式转授权第三方使用著作权相关内容，造成权利人经济损失进一步扩大。另一方面，链条式、产业化精细分工模式凸显，犯罪行为相互交织、千丝万缕，规避法律意识明显。侵权行为突破个人或家庭小作坊模式，转向产业链化。侵权团体内部层级明确，分工细化，往往涉及多自然人、多单位主体，按操作步骤进行细化分工，从购买正品、拆解复制，到设计、开模、生产，再到包装、仓储，直至最终销售环节，均指定专人负责、各司其职，以一套完整自洽、颇具规模的产业链运作整个侵犯著作权行为，生产销售侵权产品数量巨大，非法经营数额惊人。

（二）侵权手段不断更新，专业性、复杂化程度加深

著作权侵权手段借助互联网载体的迅猛发展，逐步突破传统有限犯罪

模式的限制，朝着更具专业化复杂化的方向不断发展，侵权对象的范围也随之扩大，并逐步覆盖《著作权法》所列著作权种类。一是网络影视作品设置盗版链接类侵犯著作权案件高发，逐步成为网络侵犯著作权的主要行为模式之一，行为人往往只需支付数千元不等的视频资源非法解析及租赁网络服务器的费用，即可在自行设立的网页上非法设置链接，盗取正规视频网站的影视作品资源供网站用户点击，从而在较短的时间内，以提供广告服务并收取广告费用的途径非法获利数万至数十万元。而理论和实践中有关设链行为是否构成深度链接行为以及深度链接行为对著作权的侵权实质和侵权程度问题仍存较大争议，缺乏统一共识，对取证过程、证据标准及行为定性等方面均造成一定困难。二是涉及未注册商标图案与美术作品保护交叉的问题，司法实践中出现将他人未申请商标权的美术作品进行商标注册申请，并将该美术作品作为商标标识印在商品外包装上对外销售的复杂情况。由于商标权和著作权在保护范畴上存在较大差异，行为是否构成对美术作品著作权的侵权仍有争议，且在计算犯罪金额时是否可以将商品销售金额作为著作权侵权金额也存在认定困难。三是侵权行为对象属性界定出现著作权与商业秘密竞合的情况，主要集中在计算机软件方面。利用非法取得的他公司软件代码开发新程序，形成同类功能软件并销售牟利，此类案件侵权事实认定的核心即聚焦在侵权行为的对象是原单位软件代码商业秘密，还是计算机软件这一著作权作品的界定上，而知识产权领域作品认定方面固有的复杂疑难性，对司法实践工作提出了更为专业化的要求。

（三）以互联网为媒介，犯罪结果影响辐射效应倍增

传统侵犯著作权案件受地理区域、发行媒介、传播路径等限制，其犯罪结果影响范围也具有局限性。而互联网作为新型媒介，上下游犯罪关系突破时空限制，呈现前所未有的紧密联系，在侵犯著作权犯罪结果影响范围的扩散、权利人损害程度上发挥着几何量级的助推作用。在以设置链接方式盗版影视作品牟利的侵犯著作权案件中，多会出现上下游犯罪脉络。犯罪上游行

为人也即盗版影视资源的提供者，通过租用服务器、架设视频解析站点，吸纳会员，采取技术手段破坏网络视频鉴权及防盗链系统，盗取视频片源链接后有偿提供给会员。而犯罪下游行为人通常为上游行为人的会员或由会员发展的其他人，利用其盗取的视频资源以设置链接的方式在各自设立的盗版视频网站上向公众提供在线播放服务，且均采取投放广告等形式牟利。作为盗取视频链接的上游犯罪行为实施者，其犯罪结果借助互联网媒介的强大传播力，由中心向外围无差别辐射，社会危害结果影响范围实现倍数扩散，利用其解析的视频链接实施进一步著作权侵权犯罪的下游行为人多达数十上百人，造成极其恶劣的社会影响。

（四）量刑轻缓化问题突出，刑罚震慑力尚显不足

作为知识产权犯罪案件量刑的共性问题，近年来著作权侵权犯罪案件的量刑呈现轻缓化特点。究其原因，一是证据固定存在现实困难。著作权犯罪立案标准要求是 500 件作品，而对侵权作品固定并进行鉴定的过程，需要耗费大量司法资源和时间，受制于司法效率和操作成本，多数案件中侦查机关固定证据时仅追求达到入罪门槛即可，根据罪责刑相适应原则，相应的刑罚自然与所确定的犯罪数额相匹配。二是当前认罪认罚从宽制度的推行和适用。随着该制度在司法实践中大力推行，检察机关将认罪认罚从宽制度与权利人合理赔偿机制相结合，在侵权行为人自愿认罪认罚并给予权利人一定程度经济损失弥补的情况下，即认定其悔罪态度较好，在量刑上适用从宽，法院也通过判决予以确认。

二　著作权刑事保护的实践探索

（一）程序实质双管齐下，探索权利人权利保障多元化渠道

权利人作为著作权等知识产权犯罪侵害结果的直接承受方，长期以来在刑事诉讼中未能得到足够重视。为此，检察机关一直致力于探索知识产

权权利人保障机制，由最高人民检察院牵头，北京、上海等六省市作为试点的知识产权权利人刑事诉讼权利义务告知制度已经逐步成熟，并于2021年初在全国范围内铺开执行，实现从程序上保障权利人权利的初步探索，通过程序认可了权利人在知识产权刑事案件中的诉讼地位，进一步畅通权利人控告申诉举报渠道，保障权利人知情权、参与权和诉讼权。在此基础上，检察机关也在积极拓宽权利人实质性参与诉讼的渠道，如建议法院允许权利人以特定主体身份出席庭前会议及法庭审理并可以发表意见、表达诉求等。

（二）积极推进合理赔偿工作，权利人经济救济力度加大

在保证案件办理质效的同时，检察机关积极寻求利用羁押必要性审查制度、量刑建议权限等刑事手段保障权利人经济利益得以有效救济。一方面，在具体案件中合理运用认罪认罚从宽制度，充分协调侵权人退赃退赔，积极寻求为权利人挽回经济损失；另一方面，合理研判侵犯著作权案件的社会危害程度，结合保护中小企业可持续发展政策，积极促成双方达成赔偿谅解，并据此重新考量社会危险性，充分审查羁押必要性，及时改变强制措施。

（三）立足检察服务保障职能，强化民营企业营商环境保护

检察机关在办理民营企业单位侵犯著作权犯罪时，采取实地走访、调取企业工商税收材料等调查手段，厘清涉案企业业务范围、比例分配等情况。针对侵权企业涉案侵权业务仅占其公司业务的很小比重，还有其他占比较大的经营业务，且能够正常经营，在解决就业、缴纳税款等方面贡献突出的情况，贯彻保障民营企业营商环境的政策，在其主动赔偿权利人经济损失寻求和解并取得谅解后，及时启动羁押必要性审查，对其主要负责人适时变更强制措施，并给予缓刑量刑建议，充分体现检察护航民营经济发展的主动作为和有力担当。

三 著作权刑法保护的趋势

（一）顺应发展形势，著作权刑法保护日趋严密

受此前知识产权领域自主创新力度不足而长期作为知识产权消费国的国情影响，中国著作权市场化起步较晚，公众普遍缺乏对保护著作权的内心认同，为确保社会公众享有著作权产品的公共利益得以实现，行政司法机关对著作权一直秉承"弱保护"理念。与之相对应的是，中国著作权法律制度体系特别是著作权刑事法律体系，长期处于滞后、不足状态，如著作权刑法保护的周延性和严密性方面，与国际著作权刑法保护力度相比仍存在较大差距。司法实践中对侵犯著作权犯罪的打击力度有限，侵犯著作权犯罪案件数量长期保持低位，在知识产权案件中占比极低，与社会上著作权侵权行为的猖獗现象呈现鲜明对比。近些年来，随着中国与国际社会知识产权领域的深入接轨，国内著作权保护的观念和力度要求也逐步向国际社会靠拢，《刑法修正案（十一）》修订后的刑法条文在扩大著作权保护范围、加重著作权犯罪刑罚等方面也作出了积极调整，著作权刑法保护日趋严密化和严厉化。

（二）转变司法理念，著作权人利益救济力度逐步提升

侵犯著作权相关罪名在刑事法律客体上表现出双重性，著作权人利益与公共利益的平衡问题由来已久，且呈现愈演愈烈之势。刑法中著作权刑事司法长期遵循公共利益至上主义，将侵犯著作权犯罪首先视作对国家知识产权管理秩序的侵犯，重点关注对侵权行为人处以刑罚，很大程度上忽视了对权利人经济损失的救济。实质上，侵犯著作权犯罪作为一种知识财产侵害型犯罪，其对著作权人个人利益的侵害更为直观，重视著作权人经济损失的救济理应成为著作权刑法保护的题中应有之义，也符合国际著作权刑法保护注重著作权人私权利救济的基本趋势。基于此，以转变司法理

念为契机，著作权刑法保护应当在加大著作权人经济利益救济力度方面积极探索。一是依托认罪认罚从宽制度大力推行的背景，在具体个案中积极挖掘线索及时追捕，实现涉案人员处理全面化的同时，最大限度确保权利人追偿，加大对涉案人员退赃退赔敦促力度，将主动退赃退赔情节作为认罪认罚从宽制度量刑从宽幅度的考量因素之一，有效帮助权利人挽回部分或全部经济损失。二是在逐步加深著作权侵权刑事诉讼中权利人实质参与程度的基础上，充分听取权利人对经济损失救济的迫切诉求，积极促成侵权人与权利人以全额赔付的方式达成和解，继而将权利人谅解作为酌定量刑情节予以考量，深化公共利益保护与著作权人权益保护并重的刑事司法理念。

（三）"互联网＋"时代著作权刑事法律调整存在必然性

在互联网技术的普及应用背景下，著作权作品的外在表现、传播路径及影响范围等发生了翻天覆地的变化，相对应的著作权侵权形式也更具多样性、专业性和复杂性，极大冲击着传统著作权刑法保护的既成体系，刑法的稳定性与著作权侵权行为模式翻新的矛盾日益突出，作出相应调整和修改既是必要也属必然。一是受立法技术限制，尽管《刑法修正案（十一）》以"法律、行政法规规定的其他作品"的规定弥补了刑法所保护的著作权作品种类不周延性，但仍囿于列举式立法方式，对著作权侵权行为方式的发展变化缺乏前瞻性、全局性的考量。二是在采用出台司法解释的折中方式解决刑法条文设置不周延困境时，忽略侵犯著作权罪名设置上的立法原意，突破文义解释的严格限制而任意加以扩张解释，导致相关罪名之间规制行为范围发生重复，造成司法应用上的阻碍。三是侵犯著作权犯罪作为法定犯，其刑法保护理当与民事、行政等前置法保护有效衔接，也即刑法作为后置法，在对侵权行为的规定上与前置法应当保持一致。刑法对相关行为的界定一旦突破前置法的内涵和外延，则会导致前后法律发生脱节，进而引起公众认知和司法适用中的混乱。

四　著作权保护全方位强化的对策建议

（一）制度、政策层面

1. 打造著作权立体司法保护模式，重视权利人权利救济保障

一是借鉴"三审合一"办案机制，保障权利人不同维度权利。知识产权"三审合一"来源于司法实践，旨在解决同一知识产权事由但因刑民行性质差异分散在不同法庭的司法困境。最高人民法院已自上而下在全国推进"三审合一"机制工作，打通审判庭隔阂，集中在同一审判庭审理，能够有效集中审判资源，统一裁判标准，提高裁判质效。有鉴于此，检察机关也在积极探索"三审合一"办案机制，打造知识产权案件专门管辖制度，在知识产权刑事案件中实现刑民行"三审合一"办案模式，融合刑事犯罪打击、民事利益保护、行政监督预防职能，在刑事案件办理中借鉴知识产权民事办案理念，在维护知识产权市场秩序的刑事客体保护基础上，充分重视对权利人私权利的经济救济，寻求两者间的有效平衡。由于目前立法并不支持知识产权刑事案件附带民事诉讼和刑事和解，"三审合一"办案机制在知识产权个案、类案中，体现出民事基础理论、私权利救济理念在刑事案件中的合理运用，将知识产权"民事损失赔偿"和"私权利损失弥补"的理念落实到刑事案件办理中，并依托刑事判罚的强制性保障知识产权侵权犯罪的惩罚性赔偿力度，对于有效弥补权利人经济损失具有不可替代的重要作用。

二是发挥认罪认罚从宽制度作用，实现恢复性司法效果。认罪认罚从宽制度的本义是对行为人确有悔罪认罪表现的，予以量刑上的从宽。著作权犯罪作为对权利人造成经济损害的犯罪类型，行为人的悔罪应当立足于对权利人的积极赔偿，以有效化解矛盾和纠纷，促进社会关系的抚平和修复。故在适用认罪认罚从宽制度时，应当充分注重对权利人合理损失的赔偿，将积极赔偿权利人作为相应量刑建议的重要考量因素之一。

2. 完善著作权侵权犯罪信息披露制度，促进全社会自觉监督

基于中国当前著作权侵权行为呈高发频发态势，以及从业禁止刑罚在著作权侵权犯罪中的缺位状态，有必要积极探索完善系统化、针对性的著作权犯罪信息披露制度，引导相关特定主体乃至社会公众自觉监督、防范著作权侵权行为，进一步阻断侵权行为高发、再犯的路径。一方面，定期汇总统计著作权侵权犯罪案件信息，形成著作权侵权人"黑名单"、侵权行为防范指南等，有针对性地向知识产权特定行业领域披露，利用行业自律规范，从实质意义上限制、剥夺著作权侵权人进入知识产权特定行业的资格，并督促行业内部就披露的侵权行为模式加大自查、审查力度，降低著作权利遭受侵害的风险。另一方面，及时梳理总结著作权侵权犯罪的侵权行为表现形式，在检察院门户网站予以公开披露、实时更新、重点剖析的同时，整合宣传资源，借助新媒体平台的扩散效应，最大限度地扩大信息披露受众面，提高公众识别著作权侵权行为的能力，增强著作权犯罪社会一般预防的可期待性。

3. 构建民行刑信息共享机制，打造全方位动态化著作权保护网

著作权侵权行为的评价问题在民事止争、行政监管和刑事制裁三个阶段具有环环紧扣、层层递进关系，在线索搜集、证据固定、事实认定等方面存在共通性和互补性，建立完备的民事处理、行政执法、刑事司法著作权侵权查处信息共享机制，有利于严密著作权侵权防控网络、健全著作权保护体系。一是借助知识产权专门管辖制度，主动对接版权管理部门，建立常态化信息沟通共享联系，针对相关著作权侵权线索，形成初步筛选、分流工作机制，发挥民事、行政手段"早发现、早处理"及时救济优势，尤其是行政监管的主动性优势，避免侵权损害结果进一步扩大。二是强化检察引导侦查作用，正视刑事案件证据的高标准化，引导行政、公安机关在核查线索时注意证据固定的完整性和时效性，防止由于侵权行为人毁灭证据或时效过期而导致关键证据灭失影响后续案件办理。三是积极促进公检法司形成侵犯著作权违法犯罪前科信息定期互相披露工作模式，加大对有前科劣迹的侵权行为人的监管力度，有效压缩其再犯空间，遏制反复侵权现象。

（二）监管、执法层面

1. 加强行政与司法沟通协作，发挥著作权双轨制保护作用

在中国著作权行政保护和司法保护的"双轨制"模式下，行政监管作为刑法规制的前置措施，具有确权和调解、裁决、查处知识产权违法行为等职权。为此，一方面，应当加强行政监管力度，通过日常巡查、实地访查等举措，将著作权侵权行为扑灭在形成犯罪之前，有效避免造成更深程度的权利人损失和社会秩序危害。另一方面，在推进知识产权两法衔接平台建设、畅通行政和刑事司法保护沟通衔接的基础上，进一步挖掘平台价值，在信息沟通联络、数据分析研判、专家咨询库方面强化沟通衔接，在刑事案件办理过程中引入专业力量，并适时在个案中采用公开听证方式，听取专业人士意见，提高案件办理专业化程度。

2. 顺应强化著作权刑事保护要求，推进量刑规范化工作

《刑法修正案（十一）》对"侵犯著作权罪""销售侵权复制品罪"的法定刑均予以升格规定，旨在加强著作权犯罪的刑罚处罚力度，顺应强化著作权刑事保护的趋势。然而，司法实践中著作权犯罪的犯罪数额往往受制于证据取得、固定困难等因素而过多局限于满足入罪标准，据此得出的判决结果也呈现轻缓化特点。相较著作权侵权犯罪造成的权利人损失及知识产权发展压抑等危害后果，当前著作权犯罪量刑轻缓的现状显然已无法适应中国知识产权刑事保护强化的要求，故而亟须在刑法条文法定刑升格的立法基础上，科学合理考量量刑因素，推进量刑规范化工作。一方面，在量刑时，除犯罪数额作为量刑的重要依据，也要综合考虑行为人的恶意程度、侵权时间、侵权客体、社会危害性等，实现罚当其罪。另一方面，在考量退赃退赔、取得权利人谅解等酌定情节的同时，对于酌定情节是否从宽、相应从宽幅度的确定以及是否可以适用缓刑还必须结合行为人的主观恶性程度、案件社会危害影响等因素，同时将国家强化知识产权保护的政策要求加以综合考量，审慎规范量刑。

3. 加强第三方监管，敦促第三方主体发挥监管职能主动性

一是加强服务器租赁管理行业监管。服务器的随意租赁降低了犯罪分子的犯罪成本和门槛，助推了著作权侵权行为的实施。对于服务器提供商主观上明知他人实施著作权犯罪，提供服务器托管、网络存储空间等服务的，以侵犯著作权的共犯论处在立法、司法层面已然达成共识。但对于服务器提供商虽不明知他人实施著作权犯罪，但未尽相应审慎注意义务的情况，如审核租赁用途等，从而放任侵犯著作权犯罪实施的，除行为人构成其他犯罪的，刑事行政立法中并未实质加以规制。因而在刑事行政立法缺位的情况下，对于该类服务器提供商应当从行业规范角度加强服务器租赁管理行业的内部管理，促使行业内部重视对相应审慎注意义务的履行；对于其中造成严重后果的可以施以行政处罚，在一定程度上促进行业发展规范化并有效预防相应侵犯著作权犯罪发生。

二是加强广告联盟行业监管。广告联盟虽然促进了正规互联网推广服务及部分小微企业的发展，但也为众多盗版网站提供了持续的获利来源和生存空间，客观上助长了盗版资源泛滥的势头。有鉴于此，广告联盟行业应当有效推动行业自律，积极行使行业自纠自查职权，对投放广告的网络经营者加强资质审查，建立健全平台著作权保护内部监控管理制度和举报投诉机制，特别是对发行热点网络游戏、影视、小说等作品的网站进行重点检查，净化网络广告营商环境，从源头阻断盗版网站的获利途径，遏制著作权网络侵权。

（三）预防、教育层面

1. 严格著作权刑法规制界限，保障著作权作品合理使用空间

出于保障著作权公共利益考虑，"合理使用"原则作为对著作权人权利的制约，对个人欣赏、学术研究等特有目的的无许可、无偿使用他人著作权作品的行为作合法性认定。随着数字网络著作权技术的日渐成熟，其传播载体便捷开放、成本低廉、影响面广，合理使用原则对于著作权人权利的制约和侵犯程度骤增，在强化知识产权保护的时代环境下，著作权作品合理使用

空间面临被压缩的困境。著作权的生命力在于创新，保障著作权作品合理使用原则，对于实现著作权领域的可持续发展意义重大。对此，在当前知识产权领域竞争日趋白热化的关键时期，既要加强对侵犯著作权违法犯罪行为的打击力度，又要区分侵权的主观恶意情况，坚守刑法谦抑原则，积极发挥民事、行政救济的前置效应，逐步构建著作权民事保护为基础、行政监管为助力、刑事打击为底线的衔接机制。

2. 敦促权利人完善自身著作权保护措施，提高自我保护意识

著作权人自我保护作为著作权保护最基本且最有效的方式，对于著作权保护具有根源性的意义，因而行政、司法机关应当积极引导著作权人提高自我保护意识，完善保护措施，从源头减少著作权遭受侵权的可能性。一方面，对存储著作权作品的设备、载体等做好物理防护措施，尽可能限缩著作权作品的接触范围；对著作权电子作品主动使用加密设置、计算机代码等技术性防护措施，减少不必要的著作权作品外泄风险。另一方面，著作权单位权利人应当加强对内部员工的著作权保护教育，对确有工作需要得以接触著作权作品的员工设置严格审查制度，加大侵犯著作权行为的实施难度，降低内部员工侵权的主观意愿和客观便利。另外，著作权人应当树立及时将著作权登记注册的意识，重视著作权形式层面的保护，在面对著作权纠纷、侵权等情况时，能够提供有效的确权证明，确保受侵害著作权得到及时有效救济。

3. 加强著作权保护教育，引导公众树立正确的著作权消费观

为保障著作权作品消费市场的有序发展，相关管理机构、司法机关应当积极发挥宣传教育职能，加强著作权保护教育力度。一方面，选取典型著作权犯罪案例，以案释法，深刻揭露著作权犯罪行为的严重法律后果，突出司法机关打击著作权犯罪的力度和决心，扩大刑罚的一般预防作用。另一方面，积极宣传著作权保护对于促进著作权作品创新、保障著作权领域发展活力的重要性，引导公众树立正确的著作权消费观念和合理使用认识，提高公众保护著作权的主观意识，在全社会营造自觉抵制著作权侵权行为的良好氛围。

B.11
黄河流域高质量发展的
司法保障路径研究

黄河流域高质量发展司法保障路径研究课题组 *

摘　要：　黄河流域生态保护和高质量发展，对于促进沿黄地区经济社会发展和生态安全具有重大现实意义和深远历史影响。人民法院应始终坚持做到贯彻"三大理念"、抓好"三个统筹"、发挥"四类功能"，为黄河流域生态保护和高质量发展提供公正高效的司法服务与保障。鉴于此，课题组在研究黄河流域高质量发展内涵和司法保障需求的基础上，梳理沿黄九省区人民法院服务保障黄河流域高质量发展的现状及存在问题和困难，提出了创新黄河流域知识产权司法保障机制、完善环境民事公益诉讼特别程序等建设性意见，以助力黄河流域生态保护和高质量发展。

关键词：　黄河流域　高质量发展　生态环境　司法保障

---

* 课题组负责人：徐哲，河南省濮阳市中级人民法院党组书记、院长。课题组成员：王令宝，河南省濮阳市中级人民法院党组成员、副院长；刘兵，河南省濮阳市中级人民法院示范区综合法庭庭长；崔欣欣，河南省濮阳市中级人民法院审监庭庭长；焦奎阳，河南省濮阳市中级人民法院示范区综合法庭副庭长；何亚婷，河南省濮阳市中级人民法院民一庭法官助理；张成文，河南省濮阳市中级人民法院研究室法官助理。执笔人：崔欣欣、焦奎阳、何亚婷、张成文。

一 黄河流域高质量发展概述

（一）黄河流域概述

黄河发端于中国的青藏高原，古称"九曲黄河"，沿途滋润了青、川、甘、宁、蒙、晋、陕、豫、鲁九省区，最终在山东省东营市垦利区黄河口镇汇入渤海，全长约5464千米。按照黄河委员会最新公布的数据，整个黄河流域覆盖国土共计79.5万平方千米，其中，黄河下游流域的黄淮海平原仅占5%，上中游占据了高达95%的面积。一般而言，学界将内蒙古所辖的托克托县河口镇确定为黄河上、中游分界点，将河南所辖的荥阳市桃花峪确定为黄河中、下游分界点。黄河上游跨越了青藏高原和内蒙古高原两大高原地区，黄河中游地区绝大部分属黄土高原。因历史上的泥沙淤积，在下游地区黄河成为典型的"地上河"，其中新乡市河段高于地面20米，亦称"悬河"，是淮河流域与海河流域的分界线。

（二）黄河流域高质量发展概述

结合习近平总书记在黄河流域生态保护和高质量发展座谈会上的讲话精神及相关政策文件要求，黄河流域的高质量发展应当包括但不限于以下方面。

1. 黄河流域高质量发展首先要秉承绿色发展理念

习近平总书记多次明确指示，黄河流域的高质量发展，应当立足长远，从实现民族复兴的角度统筹，紧紧围绕并坚持新发展理念，牢固树立"绿水青山就是金山银山"理念，在建设绿水青山的伟大世纪工程中实现生态、经济、社会等全方位发展，延续黄河母亲河的勃勃生机。"生态优先、绿色发展"的发展思路，是黄河流域高质量发展的总引领、总框架。

2. 创新发展、供给侧结构性改革是高质量发展的题中应有之义

在新时代推动黄河流域高质量发展，创新必将作为重要突破口，以创新

发展驱动高质量发展。在推动黄河流域创新发展过程中，肯定并维护市场主体的自我创新，推动企业将新技术、新模式等融入发展过程。同时，沿黄九省区加快创新互补与人才高效、自由流动，以供给侧结构性改革为抓手，共同构筑高科技、创新驱动的开放共享平台，并积极探索金融、知识产权、人才流动等配套性基础政策的构建与完善，将黄河流域打造成为引领转型发展的创新驱动带。

（三）黄河流域高质量发展的司法需求

中央高度重视、高瞻远瞩，将黄河流域生态保护和高质量发展纳入国家战略。目前，黄河流域生态环境压力日趋增大，经济增速逐步放缓、内部驱动不足等问题，与生态法治和高质量发展仍有较大差距，亟须系统完备的法治理念和司法手段予以保障。

1. 生态系统亟须司法整体保护

黄河流域的高质量发展，是绿色发展。受历史、经济、地理等多种因素制约，黄河上、中、下游地区的生态系统保护需求存在差异，司法保护应当从流域整体出发，并针对各区域差异，充分发挥刑事、民事、行政司法职能作用，妥善处理经济发展与环境保护之间的关系，推进黄河流域整体的生态文明建设，促进人与自然的和谐共生。刑事审判要严惩破坏黄河流域生态环境和高质量发展的犯罪行为；行政审判应发挥对行政权的监督和保障作用，促进黄河流域生态环境保护和高质量发展的依法行政；民事审判应突出生态环境损害责任落实，推动生态环境民事公益诉讼和生态环境损害赔偿制度落地生根。

2. 经济结构转型升级需要司法护航

黄河流域经济结构转型升级是实现高质量发展的必由之路，同样离不开司法护航。首先，经济结构转型升级离不开优良的营商环境，而营商环境的优化更离不开司法保护，充分发挥司法审判职能作用，营造统一、开放、竞争、有序的市场体系和知识产权保护体系，让各类市场主体有序竞争，实现全新发展；其次，全面对外开放是经济结构转型升级的重要手段，黄河流域实现高质量发展迫切需要更高水平的对外开放格局，其中涉外民商事审判是对外开放的重要支撑，有利于全面打造"一带一路"与黄河流域共融的大格局。

二 黄河流域高质量发展的司法保障现状

人民法院作为司法护航黄河流域高质量发展的关键一环，在推动全流域生态环境保护、营商环境优化、创新驱动发展、历史文化传承等方面，具有不可替代的地位和作用。

（一）人民法院审判理念日趋科学

1. 立法由协调发展向环境优先转变

2014 年 4 月《环境保护法》完成 25 年来的首次修订，被称之为"史上最严"，其中最大亮点即是将保护环境上升为基本国策，并改变了经济社会发展和环境保护的顺序，由以往环境保护在与经济社会发展关系中的次要地位，到与经济社会协调发展，再到明确生态文明建设的基础性作用。2018 年 3 月《宪法修正案》与时俱进作出重大调整，在序言中增加生态文明相关规定。至此"五位一体"总体布局实现从政治概念到法律概念的转化，同时修正案在国务院职责部分新增生态文明相关内容，强调国家在生态文明建设中应发挥的重要作用。

2. 恢复性司法理念逐步应用

随着立法理念的转变，司法理念也向"保护优先，生态恢复为主"转变。在最高人民法院发布的黄河流域生态环境司法保护典型案例——被告人甲某盗伐林木刑事附带民事公益诉讼案中，判决甲某承担刑事责任的同时承担补植复绿的生态环境修复责任，构建惩处和复绿并举的责任追究机制，体现了人民法院在审理环境公益诉讼案件中坚持的恢复性司法理念。同时，各地法院纷纷出台专门意见，在适用补种复绿、增殖放流、护林护鸟、劳务代偿、技改抵扣、分期履行等责任承担方式的基础上，积极探索形式多样的生态修复方式。在河南濮阳中院审理的河南省环保联合会与某化工公司环境污染公益诉讼纠纷案中，经法院组织调解，企业不仅承担环境修复费用等法律责任，其法定代表人自愿向社会开放其拥有的"一种回收氟化氢的装置"实用新型专利，取得了良好的法律和社会效果，被最高人民法院评为黄河流域生态环境保护十大典型案例。

（二）人民法院审判职能有效发挥

1. 依法惩处破坏环境犯罪行为，筑牢黄河流域生态屏障

2017～2019年，沿黄九省区人民法院持续加强环境资源保护刑事案件审判，依法审结污染环境等一审刑事案件2682件、3444件、4434件，逐步加大对破坏黄河流域生态环境违法犯罪行为的打击力度，筑牢绿色发展司法保护屏障。

2. 营造法治化营商环境，加强民营企业合法权益保护

为服务保障经济高质量发展，沿黄九省区人民法院围绕各省区中心工作，将优化营商环境作为提升法院整体工作的重要突破口。2017～2019年审结各类合同纠纷，与公司、证券、保险、票据有关的纠纷等一审商事案件203.83万件、226.82万件、270.56万件，年平均增长率达15.21%。

3. 加强知识产权司法保护力度，服务保障创新驱动发展

沿黄九省区人民法院坚持司法与普法相结合，逐步加大知识产权司法保护力度。2017～2019年依法审结一审知识产权、不正当竞争纠纷案件20568件、30528件、44435件，依法审结假冒注册商标、假冒专利、销售侵权复制品、侵犯商业秘密等一审刑事案件551件、658件、827件，惩治各类侵犯知识产权犯罪，保护流域创新发展。

4. 加强行政案件审判，监督行政机关依法行政

加强对行政机关不履行环境违法违规等行为查处职责案件的审理，督促行政机关尽责履职。2017～2019年，沿黄九省区人民法院审结资源行政管理类、环境保护行政管理类一审案件逐年增长，平均增速达19.85%，依法督促行政机关尽职履责。

（三）人民法院司法机制改革初见成效

1. 构建和完善环境资源审判专门体系

截至 2019 年底，全国共有环境资源审判庭、合议庭、人民法庭等环境资源专门审判机构 1353 个，同比增长 6.45%。沿黄九省区法院同步推进环境资源"三合一"审判体系建设。例如，甘肃高院全面推进环境资源专门化审判体系构建，在全省 14 家基层法院设立环境资源审判合议庭，后又正式揭牌祁连山林区法院，形成点、线、面全覆盖的环境资源审判体系。2019 年甘肃设立兰州环境资源法庭，成为全国仅有的两家跨区划集中管辖环境资源案件的审判法庭之一。

2. 探索和推进环境资源审判集中管辖机制

根据最高人民法院 2014 年 6 月 23 日发布的《关于全面加强环境资源审判工作 为推进生态文明建设提供有力司法保障的意见》，流域各省区法院积极探索建立与行政区划适当分离的环境资源案件管辖制度，设立跨行政区划环境资源审判机构，打破传统以行政区划设立环境法庭的模式，以流域等生态系统或生态功能区为单位，有效解决地方法院审判可能面临的困难。

3. 推进多部门协调联动机制建设

在坚持裁判中立的前提下，积极推进与检察机关、公安机关、行政执法部门的外部协调联动机制建设。例如，陕西高院于 2020 年 9 月 15 日联合陕西省检察院、公安厅、生态环境厅、自然资源厅、水利厅、林业局发布《关于加强协作 推动陕西省黄河流域生态环境保护的意见》，旨在推动建立"行政执法＋检察监督＋司法审判"综合治理模式，以全面深化司法服务保障黄河流域生态环境。又如，河南高院于 2020 年 8 月 11 日与河南省检察院、省公安厅联合印发《关于实行省内黄河流域环境资源刑事案件集中管辖的规定》，确立省内黄河流域环境资源刑事案件的集中管辖以"属地侦查、集中审查、对口审判"为原则，并进一步强化信息化建设和沟通协调工作。

4. 审判队伍朝专业化方向发展

沿黄九省区法院聚焦司法效率和司法公信力提升，不断加强环境资源审判队伍革命化、正规化、专业化、职业化建设，培养适应环境资源审判的高素质团队。有的与本地高校联合建立环境司法理论与实践基地，依托科研单位，为环境资源审判奠定理论和实务基础。有的聘请环境资源法学研究领域、生态环境技术领域、环境资源保护与开发领域的省内外高等院校专家教授、科研机构及部分企事业单位相关研究人员、高级工程师等专家，组建环境资源审判咨询专家库，建立生态环境司法专家参与机制。

三　人民法院服务保障黄河流域高质量发展存在的困境

（一）司法保障依据不足

1. 缺乏系统立法

中国环境立法采取要素式保护模式，主要分为污染防治（如《水污染防治法》）、资源保护（如《森林法》）和生态保护（如《野生动物保护法》）等子系统。虽具有一定的科学性和合理性，但各子系统、各要素之间缺乏系统性，不可避免造成立法空白与重叠并存以及法律价值融通性的缺失。对于黄河流域亦是如此，如2006年7月国务院公布的《黄河水量调度条例》，仅就加强黄河水量统一调度作出规定。这种强调生态资源要素、忽略生态环境保护共性的模式，不利于对黄河流域的整体系统性保护，更不用说对后代人享有良好而不被损害的环境权利的保护。

2. 缺乏强制性规范

在法信平台输入关键词"黄河"后，涉及黄河流域现行有效的中央层面立法有56件，其中司法解释1件、行政法规11件、部门规章44件。现行有效的地方性法规8件、地方政府规章13件，但地方规范性文件高达475件，而这种规范性文件没有法律强制力保证实施。可见，涉及黄河流域的地方层面立法大多法律效力较低。

（二）司法保障理念有待进一步更新

1. 系统保护理念尚未真正确立

黄河流域生态环境保护司法实践中，还存在对环境秩序、环境正义、生态文明等观念缺乏理性认识的情况，全要素系统保护理念尚未完全树立，未将自然生态视为一个具有整体性、系统性，各要素彼此相互作用、相互影响的有机系统，亟须进行整体保护、系统修复、综合治理。

2. 协作治理理念尚未完全落实

省内司法协作已经在多个省区落地。比如，2018 年 10 月山东高院出台《关于加强生态环境司法保护　服务保障"四减四增"工作的意见》，2020 年 1 月甘肃高院发布《关于为黄河流域（甘肃段）生态保护提供高质量司法服务和保障的意见》，2020 年 8 月河南高院印发《河南省高级人民法院服务保障省内黄河流域生态保护和高质量发展工作指引》，均从不同角度对沿黄地区产业结构转型升级、生态环境保护工作作出指引。但是跨省司法协作机制仅在部分地市法院探索，未能完全建立跨省司法协作机制，不利于流域生态环境司法统一性的构建。

（三）环境公益诉讼和生态环境损害赔偿制度作用发挥不充分

环境公益诉讼与生态环境损害赔偿诉讼共同构成生态环境损害司法救济制度的有机整体。《中国环境资源审判》白皮书显示，全国法院受理环境公益诉讼和生态环境损害赔偿诉讼案件逐年递增。2019 年全国法院审结社会组织提起的环境民事公益诉讼案件 58 件，审结检察机关提起的环境公益诉讼 1895 件，审结生态环境损害赔偿案件 36 件。但是沿黄九省区法院审结的相关案件数量占比较低，如在 36 件生态环境损害赔偿案件中，仅有 1 件系由内蒙古法院审结。由于环境公益诉讼和生态环境损害赔偿制度相关规则较为笼统、涉黄河环境资源类案件取证难、公众参与环境治理意识不强等，环境诉讼相关制度功能沿黄九省区发挥不充分。

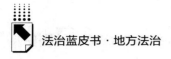

（四）服务优化营商环境工作存在薄弱环节

多元解纷机制成效不明显。沿黄九省区人民法院诉讼案件多集中在劳动争议、借款合同等传统民事案件，法院与工会、商会、人民银行、银保监会、行业协会联动对接仍然不到位，社会解纷机制作用发挥不够。知识产权司法保护水平有待提高，对新型、疑难复杂案件的研究不够，法律适用和裁判尺度不统一，侵权损害赔偿力度不够，还有法院未能充分认识与行政执法部门沟通协作、就知识产权保护问题进行磋商的重要性，无法形成保护知识产权的合力。信息化建设较为滞后，沿黄九省区法院在案件管辖、跨域立案、财产保全、调查取证、联合调解、委托鉴定、文书送达、解决涉诉信访案件等工作上的协调力度及办案资源集约化程度较低，"智慧法院"信息资源无法共享，跨域诉讼服务、电子送达、执行协作、社会信用体系建设、产权交易等没有足够充分的数据支撑。部分省区法院与政府部门、司法系统各单位的数据共享、互联互通不到位，无法建立统一信息发布和披露制度，营商环境"一网通办"的目标还没有实现。

四 人民法院服务保障黄河流域高质量
发展机制创新研究

（一）树立科学理念

1. 系统性保护理念

习近平总书记指出：推动黄河流域高质量发展，沿黄河各地区要从实际出发，宜水则水、宜山则山，宜粮则粮、宜农则农，宜工则工、宜商则商。黄河在经济建设、生态建设和文化建设中具有多重价值属性，司法要在黄河流域的多种价值中实现平衡，体现保护黄河流域系统、协调高质量发展的司法导向。为实现黄河流域高质量发展，司法保障必不可少，要全面贯彻新发展司法理念，对新类型案件既要创新审理方式，又要遵循司法规律，依法妥善审理。对黄河流域相关文学艺术、非物质文化遗产，更要从保护黄河文化的历史传承和创新的高度加大司法保护力度。同时更要服务国家大政方针，助力沿黄地区美丽乡村建设，支持流域地区打赢脱贫攻坚战，保障乡村振兴战略顺利实施。

2. 整体性保护理念

整体性保护主要是要求树立流域一体化理念，根据黄河上中下游功能定位，区分司法保护的重点。上游要侧重发挥司法保护基地作用，提升水源涵养能力，打造良好的生态产品；中游要加强对区域能源资源合理开发利用的司法保障，严厉打击污染环境犯罪，抓好水土保持和污染治理，提高经济承载能力；下游的黄河三角洲往往是黄河水体污染损害结果集中地，也是中国暖温带最完整的湿地生态系统所在地，更是黄河流域经济较为发达的区域。在下游区域一是要加强对防洪、饮水安全的司法保障，二是法院要结合审判实践，紧密依靠党委，完善生态修复基金机制体制，创立并不断壮大生态环境修复基金，为全流域生态修复与补偿积累经验，提供可供复制的模板。

3. 协同性保护理念

黄河流域高质量发展是立体化、全方位的发展，决定了司法保护必须与行政管理紧密结合起来，实现功能互补。首先要理顺黄河行政管理体制，应当明确由国务院牵头，以黄河水利管理委员会为主，统筹协调相关机构，增强行动的一致性和协调性。其次，在理顺黄河生态环境行政管理体制后，主动融入党委领导、政府负责、社会协同、公众参与、法治保障、科技支撑的黄河流域社会治理体系。

（二）制定"黄河保护法"

黄河流域生态保护与高质量发展战略勾勒了新时代的美丽黄河愿景，制定"黄河保护法"将为实施黄河高质量发展国家战略提供立法依据。

1. 确立绿色发展立法宗旨

黄河流域高质量发展必然是绿色发展，必然是经济发展与生态文明建设的协调发展，是交易安全与生态安全并重的可持续发展。"黄河保护法"除

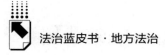
了要突出流域综合管理理念，牢固树立"一盘棋"思想，注重保护和治理的系统性、整体性、协同性以外，还要坚持以生态系统服务功能正常发挥且以可持续性为底线要求的高质量发展。

2. 推动黄河流域区域立法合作

黄河流域九省区上中下游经济社会发展差距较大，为统筹发挥流域地区优势，缩小区域内发展差距，提高区域发展质量，可以借鉴长三角以及京津冀经验，就区域性公共事务的治理和发展，制定区域内适用的地方规定。通过政府间的立法联合会议，或成立专门的起草机构，或者委托第三方（包括高校科研机构、律师协会、法学会等组织）起草示范法，在广泛征求各省区意见的基础上形成示范法，再交由各省区通过地方立法程序予以确认，以达到黄河流域区域立法统一的目的，解决黄河流域高质量发展的立法保障不足问题。

（三）创新黄河流域知识产权司法保障机制

人民法院做好沿黄地区产业结构转型升级服务，需要充分发挥司法职能作用，激励和保护创新，大力保护知识产权，为黄河流域高质量发展聚合力量。

1. 推进黄河流域知识产权审判集中管辖

深入推进知识产权审判"三审合一"机制，探索设立黄河流域知识产权法院或审判法庭，实现流域内知识产权案件集中管辖。充分发挥集中管辖的优势，在案件裁判尺度、知识产权技术判断、专业人才培养、专项审理规则等方面积极探索，总结经验。

2. 构建黄河流域知识产权保护一体化格局

知识产权保护具有系统性，黄河流域知识产权保护更具有立体性、综合性特点。随着科学技术的发展，知识产权范围包括传统的著作、专利、商标等类型，表现形式也越来越多样化。比如，一些多媒体形式、二维码等，这些知识产权的保护，既需要严格的司法保护作为保障，更需要各职能部门特别是一些专业机构共同协作。基于流域特点，流域内知识产权的保护，不仅需要同一区划内行政执法部门、公证机构、社会组织的协同互动，还需要跨区划相关部门之间的信息共享和协调配合。特别是知识产权专家鉴定人、技术调查官、专家鉴定咨询人等人才库，亟须统一管理、共享使用，为知识产权司法保障提供技术支撑。

3. 营造黄河流域知识产权保护的良好氛围

坚持典型案例战略，确立知识产权惩罚性裁判的司法保护原则，对重大敏感案件尤其是对产业行业或商业领域有重大影响的案件，邀请专家学者、社会群众、新闻媒体等旁听庭审。运用庭审直播、公开裁判文书等方式主动回应社会关切，建立知识产权司法保护导向，积极向社会传递知识产权保护声音，提高公众知识产权保护意识，营造全社会重视保护知识产权的良好氛围。

（四）完善环境公益诉讼制度

1. 完善环境行政公益诉讼内容

《行政诉讼法》规定，人民检察院仅有权对行政机关的具体行政行为提起环境行政公益诉讼，对负有环境保护法定职责的行政机关作出的所有涉及公众环境利益的抽象行政行为（如颁布规章和规范性文件）无权提起诉讼。而实际上，行政机关颁布规章、规范性文件以及环境评价、行政审批等行为对生态环境的影响，比具体环境损害行为更具破坏性。但现行立法对此缺乏明确规定，这需要最高人民法院和有关部门尽快出台相关解释和规定，就相关行政部门作出的环境许可审批以及一些不履行环境保护法定职责的行为，是否属于"污染环境、破坏生态，损害社会公共利益的行为"予以界定，明确行政机关的行政不作为情形，为充分发挥环境行政公益诉讼制度优势构建完整的法律根据。

2. 清晰界定环境公益诉讼主体

《民事诉讼法》第55条规定："对污染环境、侵害众多消费者合法权益等损害社会公共利益的行为，法律规定的机关和有关组织可以向人民法院提起诉讼。"但"法律规定的机关"是哪些机关，哪些机关有权向人民法院提起诉讼，界定不清晰。目前有权提起环境民事公益诉讼的机关只有人民检察院，但为充分发挥环境民事公益诉讼的作用，应赋予具有环境保护法定职责的行政机关以起诉资格，从而与《环境保护法》第58条关于提起环境民事公益诉讼的社会组织的条件形成联动效应。

3. 提升社会组织提起环境公益诉讼能力

破解环境问题的关键在于公众参与，而环境保护社会组织比一般公众的经济基础、专业技术等均具有较大优势，环保社会组织是促进生态文明建设的重要主体。应从以下方面提高环保社会组织的专业化能力和诉讼能力。一是通过社会舆论引导政府、企业、公众与环保社会组织互相尊重、加强信任，形成保护环境的良好氛围；二是加强环境法律专业知识和技能培训，鼓励高校以及专业性法律援助组织对环保社会组织进行环境法律实务和诉讼技能培训；三是通过财政和教育倾斜，对从事环境公益诉讼的社会组织给予相应的物质支持和奖励，鼓励高校对地方社会组织进行环境法律实务和诉讼技能培训，提高其法律专业能力。

（五）着力构建多元解纷机制

助力黄河流域高质量发展，应完善多元矛盾纠纷解决机制，满足人民群众日益增长的多元司法需求。

1. 规范纠纷解决机制的衔接

中国纠纷解决机制已经由传统的仲裁、行政调解、司法审判等手段逐渐形成多元化的纠纷解决体系。最高人民法院与相关部门联合，先后在保险、证券、劳动人事争议、涉侨纠纷、民营经济等领域进行了多种渠道的有机衔接，但各种程序仍存在独立运作、缺乏有效协调配合的状况。为充分发挥多元解纷机制的作用优势，本报告提出以下建议。

一是完善相关法律制度和规定，统一规范多元解纷机制，避免纠纷解决机制运行随意性大、层次不清问题。二是建立递进式矛盾纠纷分层过滤体系，非诉在先，诉讼在后，充分发挥调解、仲裁、行政裁决、行政复议等非诉解纷方式的优势，为多元解纷打下良好基础。三是促进诉调对接实质化，实现诉前引导、评估、调解、诉讼顺畅衔接，及时登记立案，缩短解纷时间。

2. 发挥律师调解机制作用

律师调解相较于人民调解具有专业性强、模式多样、形式灵活等优势，2017 年 10 月最高人民法院和司法部联合颁布《关于开展律师调解试点工作的意见》，使律师调解步入制度化构建的轨道。但是，律师调解机制尚未得到普遍认同，当事人对律师主持的调解存在疑问，律师参与调解态度模糊等，导致律师在多元解纷机制中的作用未能充分发挥。

一要加快律师调解理念更新。要加强宣传工作，引导群众根据纠纷选择合适的解决方式，不把诉讼当作唯一的救济途径，增强律师调解的公信力。同时法院应积极推动与律师的沟通协作，构建共同化解纠纷的协作平台，为提高律师调解公信力营造良好氛围。二要推动律师调解市场化运作。中国社会化调解向来以公益为主，导致律师参与调解积极性不高，推动市场化调解即有偿调解，借鉴浙江等地做法，由国家拨付专项经费用于支付调解费用，调动律师参与调解的主动性。

（六）建立黄河流域司法综合效能评价平台

如何评价人民法院在黄河流域高质量发展中发挥的作用，用什么标准来衡量司法效能？通过什么途径收集数据，用于司法效能评价，进而调整司法政策，更好地服务高质量发展？大数据时代黄河流域高质量发展司法效能评价平台应当具有司法治理信息获取"多元化"与司法治理效能"智慧化"的特征。

建议依托人民法院设立司法效能评价平台，让人工智能与大数据成为黄河流域高质量发展的核心要素，参考环境资源审判集中管辖制度，在黄河流域法院设立若干个信息中心。充分利用大数据统计、分析技术，将黄河流域地区的经济发展数据，综合管理情况，地方性法规、政府规章，司法机关的设置、审判数据等数据统一输入，构建黄河流域司法保护大数据库，推动云计算和区块链技术运用，实现流域内信息资源共享。通过大数据统计、分析，提高数据汇聚、管理和服务能力，为黄河流域立法、司法机关设置提供数据支撑，进而构建符合黄河流域特点的现代司法治理模式。同时，对阶段性的行政政策、司法政策及实施情况进行评价，根据评价结果及时动态调整，充分发挥司法大数据在社会治理中的重要作用，更好地发挥智慧管理优势。

五　结语

黄河流域生态保护和高质量发展上升为国家战略，是有效协调黄河流域生态保护和经济发展关系的科学抉择，必将对黄河流域长远发展产生历史性影响。人民法院作为国家的审判机关，要牢固树立"绿水青山就是金山银山"理念，保持历史耐心和战略定力，以"功成不必在我"的精神境界和"功成必定有我"的历史担当，不断增强历史使命感和责任担当意识，积极在黄河流域生态保护和高质量发展中贡献法院力量，在新时代"黄河大合唱"中注入司法保护最强音。

多元纠纷化解

Diversified Dispute Settlement

B.12

诉源治理模式及治理指标体系研究

——以福建法院诉源治理减量工程为样本

福建高院、漳州中院联合课题组*

摘　要： 诉源治理减量，为当事人提供多元替代性纠纷解决方案，是十九大提出打造共建共治共享社会治理格局的一项重要举措。福建法院坚持"两维治理、全程纳管、高质量发展"，持续推进诉源治理减量工程，形成独具福建特色的治理模式。本文以福建法院近三年诉源治理实践为分析样本，针对诉源治理评估指标体系存在的短板，围绕诉源治理"源头矛盾预防、诉前纠纷化解、诉中分流减压、判后息讼止争"四大环节，提出构建源头、诉讼、执行治理和创新治理"3+1"分级指数的优化建议，以及建设可视化

---

* 本文系最高人民法院司法统计重点课题"诉源案件结构分析与治理指标体系研究"的阶段性成果。课题组负责人：翁志刚。课题组成员：刘晓莹、叶衍盛、许丽琼、吴顺和、陈宁静、沈绪璐。执笔人：吴顺和，福建省漳州市中级人民法院研究室主任；陈宁静，福建省漳州市中级人民法院审管办副主任。

平台，完善治理格局、风险防范、评估预警机制的"1+3"融合治理提升进路。

关键词： 诉源治理　指标体系　治理进路

引　言

2019年1月，习近平总书记在中央政法工作会议上指出："要坚持把非诉讼纠纷解决机制挺在前面，从源头上减少诉讼增量。"诉源治理，为当事人提供更加多元的替代性纠纷解决方案，"有助于以柔性方式缓和、减少诉讼程序和法律裁判的刚性带来的冲击，在整个社会层面降低纠纷解决的成本和风险，实现为当事人和群众排忧解难、为社会增进和谐、为国家节约资源、为法官有效减负的多赢效果"①。近年来，福建法院高度重视诉源治理工作，省高院在每年人大工作报告中均强调加强诉源治理和纠纷多元化解，推动构建分层递进、衔接配套的纠纷解决体系②。2019年，省高院制定下发《关于深入推进诉源治理减量工程的实施方案》；2020年，又下发《关于进一步深化诉源治理减量工程的实施意见》（以下简称《实施意见》），推动形成主动融入党委领导的共建共治共享社会治理格局，用法治思维、联动思维、系统思维开展诉源治理，形成"理念、系统、联动"的福建诉源治理模式。福建高院尝试构建一套诉源治理指标体系，用于评估、监测福建高院诉源治理成效，推动形成更具福建法院特色的诉源治理平台。本文结合近三年来福建法院诉源治理的实践探索，求精求新求进，力求在现有模式框架下构建更为科学合理的诉源治理指标体系。

---

① 四川省成都市中级人民法院编著《诉源治理　新时代"枫桥经验"的成都实践》，人民法院出版社，2019，第5页。
② 2019年1月16日福建省第十三届人民代表大会第二次会议上高院工作报告。

一　治理模式：福建法院"理念、系统、联动"的诉源治理实践

（一）治理理念："两维治理"、"全程纳管"、高质量发展

1. "两维治理"

从党的十八届四中全会提出"健全社会矛盾纠纷化解机制，完善多元化纠纷解决机制"，到党的十九大报告提出打造共建共治共享的社会治理格局；从解纷的路径选择到社会治理体系和治理能力现代化，是社会治理创新发展，也是党执政能力不断走向现代化的最好诠释。诉源治理是社会治理体系的重要组成部分，是党委领导、政府支持、全社会共同参与的一项系统工程，仅凭法院一家之力难以有力有效推进。福建法院推进"两维治理"，着眼于内外共治，标本兼治，既要采取多项措施妥善处理案件，又要从源头防范诉讼产生，大力推进"诉源治理"，将纠纷化解在萌芽状态，解决在基层①；要求各级人民法院深度融入党委领导、政府负责、民主协商、社会协同、公众参与、法治保障、科技支撑的社会治理体系，更加主动融入党委领导的共建共治共享社会治理格局，充分发挥人民法院在社会治理中的参与、推动、规范和保障作用，积极推动本地矛盾纠纷多元调处中心建设并做好对接衔接工作，大力推动构建基层社会治理新格局，实现"小事不出村、大事不出镇、矛盾不上交"。

2. "全程纳管"

2021年2月19日，中央全面深化改革委员会第十八次会议通过《关于加强诉源治理　推动矛盾纠纷源头化解的意见》，强调法治建设既要抓末端、治已病，更要抓前端、治未病；要坚持和发展新时代"枫桥经验"，把

---

① 成都市中级人民法院课题组：《内外共治：成都法院推进诉源治理的新路径》，《法律适用》2019年第19期，第15页。

非诉讼纠纷解决机制挺在前面，加强矛盾纠纷源头预防、前端化解、关口把控，完善预防性法律制度，从源头上减少诉讼增量[1]。福建法院着眼"两维治理"，将诉源治理划分为四大环节，分别为：源头矛盾预防（源头）、诉前纠纷化解（前端）、诉中分流减压（中端）、判后息讼止争（后端）。源头矛盾预防与诉前纠纷化解旨在促进一审案件立审执全流程减量，实现纠纷初始数量减少；诉中分流减压旨在进一步化解矛盾，促进高效解纷；判后息诉止争旨在促进实质性矛盾化解，既为二审、再审减量，也有利于社会和谐稳定。前两个阶段主要作用于一审案件合理化减量，后两个阶段主要作用于二审、再审案件科学性减量。

3. 坚持依法高质量发展

法治是国家治理体系和治理能力现代化的集中体现。进入新发展阶段，贯彻新发展理念，构建新发展格局，需要解决的问题会越来越多样、越来越复杂，法治将承载越来越多的使命。诉源治理是社会治理的重要一环，要立足新发展阶段的新形势新挑战，坚持和发展新时代"枫桥经验"，创新群众工作方法，运用法治思维和法治方式妥善解决涉及群众切身利益的矛盾和问题，引导社会各方在法治轨道上解决纠纷。同时，要坚持以人民为中心的发展思想，着眼于高质量发展要求，强化问题导向、目标导向、结果导向，补短板、强弱项、填漏洞，"变管控、联合动"，把工作的着眼点更多放在前置防线、前瞻治理、前端预防、前期处置上，鼓励多元调解、多方联动、多维疏导，不单纯以案件数量多少看业绩，更要注重从作用大小论贡献，坚决杜绝"人为"增案。

（二）系统治理：构建三大治理工程

根据《实施意见》，福建法院着力推进诉源治理"无讼夯基工程、化讼解纷工程、息讼止争工程"三大系统治理工程建设。2020年，全省开展诉源治理减量工程十二项行动，诉前成功化解纠纷19.78万件，同比增加

---

① 陈东升：《诉源治理的浙江实践》，《浙江人大》2021年第4期，第72页。

3.06 倍，新收案件数下降 7.15%，万人成讼率下降 9.6%。

一是无讼夯基工程：以两个一站式为平台，做实密织网格、释明引领、平台对接、诉非联动。福建法院坚持发展新时代"枫桥经验"①，把非诉讼纠纷解决机制挺在前面，深化"两个一站式"建设，推进"诉调对接网格行动"②，出台多元解纷和诉讼服务标准，完善"五位一体"③ 诉讼服务平台，"福建法院诉讼服务"入驻"闽政通"，致力于"一门进一网通一码清一次办一地解"。实现诉非联动中心三级法院全覆盖，福建三级法院聘请特邀调解员 4297 名，建立特邀调解组织 1956 个，完善调解前置程序，设立人大代表、政协委员调解工作室 111 个。坚持重心下移、力量下沉、保障下倾，福建高院 76.5% 的人员充实配置在基层，86.7% 的案件服判息诉在基层。优化全省 208 个人民法庭功能，完善法官工作室、巡回审判点布局，推广"法官说法、乡贤说理、百姓说事"，促进完善共建共治共享的基层社会治理格局。优化提升跨域诉讼服务3.0 版，让人民群众的司法获得感幸福感安全感更加充实、更有保障、更可持续。

二是化讼解纷工程：以一审为关键，做优分调裁审、保立审执破、有机衔接、救济及时。福建法院持续深化诉讼制度和审判机制改革。深化以审判为中心的刑事诉讼制度改革，建立涉外刑事案件集中管辖机制，加强认罪认罚从宽改革试点成果运用，推动刑事案件律师辩护全覆盖。稳妥推进厦门、莆田和平潭法院人身损害赔偿标准城乡统一试点。在福州、厦门两级法院及平潭法院开展民事诉讼程序繁简分流改革试点，简易程序适用率 67.17%，

---

① 2018 年 12 月，福建高院下发《关于坚持和发展新时代"枫桥经验" 综合施策破解"案多人少"矛盾的意见》，以改革的思维和方法，大力加强诉源治理和纠纷多元化解，推动审判流程再造、推进目标管理、过程治理和智慧监理。

② 2019 年 8 月，福建高院下发《关于深入推进诉源治理减量工程的实施方案》《关于深入推进"诉调对接网格行动"的实施方案》，在总结推广福建晋江等地法院开展"网格化 + 调解"的经验基础上，推动构建分层递进、衔接配套的纠纷解决体系。

③ 指福建法院全力打造诉讼服务中心、诉讼服务网、12368 热线、移动手机应用、自助服务终端"五位一体"的诉讼服务平台。

平均审理期限 52 天。推进保全集约化改革，提高保全效率。着力破解"送达难"，与省邮政集团联合建成覆盖全省的集约送达服务中心，送达成功率达 93.26%，送达周期平均缩短近 4 天。

三是息讼止争工程：以公正为核心，做强适法统一、释法析理、善意文明、阳光透明。福建法院完善案例指导、类案指引制度，统一司法尺度。2020 年，福建法院法定审限内结案率达 99.99%，一审、二审后当事人服判息诉的占 98.24%。全省 8339 名人民陪审员参审案件 7.62 万件，一审普通程序案件陪审率达 74.17%。完善"六位一体"新型审判管理体系，强化院庭长监督管理职责，健全"四类案件"识别监管机制。发布行政审判白皮书和典型案例，完善司法建议和落实反馈机制。推广行政争议多元调处中心建设，建立健全管辖地法院与行为地法院联动化解机制，推动行政争议有效化解。强化公开透明"阳光司法"行动，深化文书、庭审、流程和执行公开工作，推送案件审判执行流程信息 903 万条，裁判文书上网 76.83 万篇，庭审直播 11.51 万场，充分运用司法融媒体平台，让更多案件审判执行成为法治公开课。坚决贯彻习近平总书记关于统筹疫情防控和经济社会发展重要论述，着力在法治轨道上惩治涉疫犯罪、化解涉疫纠纷、推进疫后治理，及时出台保障疫情防控 30 项举措、服务"六稳""六保"27 项举措，发布司法工作指引 9 批 248 条。

（三）联动治理：坚持党委领导推动形成治理工作大格局

推动诉源治理功能整合、资源聚合、力量统合，不能单靠法院一家唱"独角戏"。福建法院主动融入共建共治共享社会治理格局，坚持搭平台、建机制、定规则，先后与 26 个部门和行业建立诉非联动机制，出台 20 多个多元解纷文件，设立 159 个诉调对接中心，建立完善律师调解①、商会

---

① 2017 年 7 月，福建高院下发《关于做好律师参与化解和代理涉诉信访案件有关衔接工作的意见（试行）》，在全省诉讼服务中心开设律师值班室，建立律师轮值参与化解矛盾纠纷机制。

调解①、行业调解机制等，建立健全道路交通损害纠纷一体化处理，劳动人事争议仲裁与诉讼衔接、金融纠纷多元调处等335个专业化调解平台②。福建高院以平安建设（综治工作）考评项目——"诉调对接""涉诉信访工作""执行工作"三个考评细则为抓手，建立健全党委政法委牵头的相关部门、行业参加的联席会议制度，持续深化"诉调""诉仲""访调"对接，将执行工作纳入营商环境考评体系，建立健全执行工作基层协助执行网络，汇聚各方资源参与源头治理，实现多元解纷力量全方位互联、多种解纷方式全流程互动联动，综治平台与法院执行办公平台互联互通。漳州中院推动市政府搭建多元解纷平台，对接36个部门和行业，推动诉源治理、诉调对接。龙海法院在总结提升角美法庭联片调解工作经验的基础上，推动龙海市委市政府联合发文，构建全域联片调解体系融入基层社会治理；诏安县委县政府成立诉源治理中心，首批入驻法院、信访局、住建局、人社局等25家单位，各乡镇设立诉源治理工作室，创新"源头联动防讼、诉前联治减讼、诉中联调化讼、诉后联合息讼"的诉源治理模式。

二 治理指数：诉源治理"3 +1" 指数指标体系构建

设置科学合理的指标体系，是落实诉源治理减量工程的重要配套措施，借助运用可视化技术，指标系统可以直观、动态评价诉源治理总体成效，更好地为决策提供参考。

（一）诉源治理指标体系构建的总体思路

以诉源减量、工作减负为目标，坚持目标导向、问题导向、需求导向和效果导向，着眼外部的社会治理和内部的过程治理"两个维度"，贯通保立

---

① 2019年4月，福建高院与省工商联联合下发《关于发挥商会调解优势，推进民营经济领域纠纷多元化解机制建设的实施意见》。
② 何晓慧：《诉源治理新模式多元解纷新路径——福建法院一站式多元解纷和诉讼服务建设纪实》，《人民法院报》2020年9月1日。

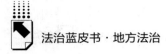

审执破各个阶段，统筹诉前和判后"两延伸"，充分考虑数据提取的可行性、数据监管的便捷性、数据评价的科学性，实现简便易行、客观精准、平衡牵制、全程纳管、正向引导。

诉源治理指标体系应当是多元、立体的，既要关注诉讼内纠纷的实质化解，通过指标设计促进保立审执破各环节、各审级定分止争功能的实现，也要考虑向诉讼外纠纷化解延伸，关注更深层次的社会治理问题。

（二）福建法院诉源治理指标体系的创新探索

2019 年提出诉源治理减量工程以来，福建高院同时着手研究制订诉源治理指标体系并于 2020 年初形成福建法院诉源治理指标体系初稿（以下简称 1.0 版）（见表 1）。

表 1　福建法院诉源治理指标体系 1.0 版

目的性指标	1. 诉源治理目标指数
	2. 诉源案件收案增长率
	3. 执行案件收案增长率
	4. 万人成讼率
措施性指标	5. 调解平台应用率
	6. 调解化讼率
	7. 调解化讼减量指数
	8. 撤诉案件恢复立案率
	9. 保全率
	10. 分调裁审案件占比
效果性指标	11. 委派、委托调解成功率
	12. 调解协议司法确认率
	13. 审理/管理案件比
	14. 一审服判息诉率
	15. 生效案件服判息诉率
	16. 调解案件自动履行率
	17. 民商事裁判自动履行率
	18. 司法确认案件自动履行率
	19. 执行案件恢复率
	20. 案件风险发生率

经向全省法院征求意见后，在综合各地意见建议的基础上，福建高院对1.0 版指标作了优化，形成福建法院诉源治理指标体系修订稿（以下简称2.0 版）（见表 2）。

表 2　福建法院诉源治理指标体系 2.0 版

目的性指标	1. 混合指标
	2. 诉源案件收案增长率
	3. 万人成讼率
措施性指标	4. 调解平台应用率
	5. 撤诉案件恢复立案率
效果性指标	6. 平台调解成功率
	7. 调解协议司法确认率
	8. 一审服判息诉率
	9. 生效案件服判息诉率
	10. 调解案件自动履行率
	11. 民商事裁判自动履行率
	12. 司法确认案件自动履行率
	13. 案件风险发生率

2.0 版指标体系围绕"两维治理"和"全程纳管"，按照前述"源头矛盾预防、诉前纠纷化解、诉中分流减压、判后息讼止争"四大环节，将诉源治理工作内容条分缕析为"13 项 +"治理要素，并与 20 项指标综合分类对应，最大限度涵盖各项诉源治理工作；对于工作内容难以量化评估的，采用无量纲化评估方式（多指标综合评估法）。整个指标体系分三个层次：一级指标 3 个，分别为目的性指标、措施性指标和效果性指标；二级指标 13 个，并对若干二级指标进一步细分子指标和对应指标。

目的性指标，旨在监测、直观反映诉源减量目标的实现情况，由诉源治理目标指数（混合指标）、诉源案件收案增长率、万人成讼率 3 个指标组成；措施性指标，旨在监测反映诉源治理措施的运用情况，防控人为的"增案""减案"和"虚治理""假治理"，由调解平台应用率、撤诉案件恢复立案率 2 个指标组成；效果性指标，旨在衡量诉源治理措施的成效大小，防止出现虚治理、空治理、假治理，由平台调解成功率、调解协议司法确认率、一审服判息诉率、生效案件服判息诉率、调解案件自动履行率、民商事裁判自动履行率、司法确认案件自动履行率和案件风险发生率等8个指标组成。这套指标体系目前总体定位为评估分析性指标而非考核性指标，不用于考评、考核，不作单项或综合赋分。

《关于加强诉源治理推动矛盾纠纷多元化解的意见》明确指出，法治建设既要抓末端、治已病，更要抓前端、治未病。要坚持和发展新时代"枫桥经验"，把非诉讼纠纷解决机制挺在前面，推动更多法治力量向引导和疏导端用力，加强矛盾纠纷源头预防、前端化解、关口把控，完善预防性法律制度，从源头上减少诉讼增量。课题组调研也发现，2.0版指标在提升合理性、便利度的同时，仍然存在一些短板不足。

第一，诉源治理重点在于"源头矛盾预防、诉前纠纷化解、诉中分流减压、判后息讼止争"四大环节，重点在于源头"减存量"，诉前"控增量"，诉中"抑变量"，诉后"去化量"。1.0版、2.0版指标虽然在具体细化指标上有针对性的设置，但从"目的、措施、效果"三个层面的一级指标看，治理环节的指向性不够突出；目的性指标较为单一，且其中包含的混合性指标与其他两个具体指标的层级关系不够明确；措施性指标与效果性指标也不够平衡，不够系统全面。

第二，从指标的整体构成看，仍侧重于矛盾纠纷的实质化解，虽然这也是诉源治理的重中之重，但在诉中衍生案件治理方面比重尚有不足、执源案件治理不够突出。

第三，现有的指标只关注量化分析，包括措施性指标指向的其实也是量化的效果，整个指标体系中缺乏定性指标，不能全面反映各地诉源治理工作的创新举措。

第四，2.0版指标中调解案件自动履行率、司法确认案件自动履行率、撤诉案件恢复立案率等指标的数据来源还有待各平台信息的及时完整录入，还无法从现有办案办公平台自动获取或生成，这会影响评估时效。

（三）诉源治理指标体系的结构优化方向

1. 将目的性指标整合为诉源治理综合指数

福建诉源治理模式紧紧围绕四个环节开展链条式全程治理，推动矛盾纠纷多元化解、实质化解、高效化解，降低社会维权成本，提高人民群众的获得感、幸福感和满意度。综合指数由源头治理、诉讼治理、执行治理和创新治理指数和万人成讼率、社会满意度两个具体指标组成。

诉源治理四个环节中，源头矛盾预防和诉前纠纷化解随着各级人民法院诉非联动机制不断健全完善，一体化平台建设的不断推进，融合度、嵌入度更加紧密，故在指标体系中，可以将诉前纠纷化解纳入源头治理环节整体加以评估；诉中分流减压环节，重点考察进入诉讼的矛盾纠纷实质化解和衍生案件的治理，防止程序性的诉讼增量，故建议设置诉讼治理指数；而诉后息诉止争，重点考察当事人对生效判决的认可度、对生效法律文书确定的义务的自觉履行，维护生效裁判的稳定性，核心在于综合施策推动执源案件治理，故建议设置执行治理指数，完善从源头到诉讼，再到执行，各有侧重且全链条闭环式诉源治理评价体系。

增加创新治理指数主要考察各地为加强诉源治理作出的创新性举措，按国家级、省级和市级批示肯定、表彰推广、宣传报道等进行分级评价，目的在于鼓励基层首创探索，总结提炼一批可推广可复制的诉源治理经验做法，让精致"盆景"形成精彩"风景"。

增加治理满意度指标，目的在于提高诉源治理社会公众、案件当事人的参与度、认可度，推动诉源治理从理念到实践的深度应用。满意度指标暂时设为年度指标，由解纷满意度、群众满意度组成。

2. 优化源头、诉讼、执行治理分级指数量化指标构成

源头治理指数，旨在评估区域源头诉源治理的举措、成效，和人民法院通过诉调对接、诉非联动强化诉源治理，控制诉源案件增量。建议设置多元化解率（多元化解矛盾纠纷案件数/当年度"一审诉讼案件＋首执案件"数）、调解平台应用率、调解平台调解成功率（平台调解成功的案件数/平

台受理案件数)、调解协议司法确认率、诉源案件下降比、诉讼服务质效等6个量化指标。

诉讼治理指数,旨在评估人民法院在诉讼环节提高程序质量,切实抑制衍生案件,实质高效化讼止争的能力,同时杜绝虚假治理。建议设置民商事案件调解撤诉率、简易程序适用率(简易案件数/民商事案件受理数)、发回重审率(二审发回重审案件数/同期民商事、行政二审案件受理数)、撤诉案件恢复立案率、一审服判息诉率、再审率、有效公开率等7个量化指标。

执行治理指数,旨在评估当事人对生效裁判的认可度,去化存量纠纷案件,促进自动履行,减少执源案件。建议设置司法确认案件自动履行率、民商事裁判自动履行率、调解案件自动履行率、终本合规率(终结本次执行案件数/同期执行结案数)、执行异议成立率、执行异议之诉比等6个量化指标。

3. 增设措施性指标,实施定量与定性相结合评估

为突出诉源治理各环节的重点工作,依据省高院诉源治理工作部署或相关文件要求,结合近年来福建诉源治理推进情况,建议在"源头、诉讼、执行"三个分级治理指数中增加相应的措施性指标,并根据实践需要予以加权赋值。指标来源于各地诉源治理创新成果。三个分级指数中,质效量化指标与定性指标比重建议为6:4,假定每个分级指标得分为100分,质效量化指标占60分,定性指标占40分。

综上,福建法院诉源治理质效指标体系3.0版见表3。

表3　福建法院诉源治理质效指标体系3.0版（建议稿）

	质效量化指标	措施指标
综合指数	1. 万人成讼率 2. 社会满意度	源头治理指数 诉讼治理指数 执行治理指数 创新治理指数
源头治理 指数	3. 多元化解率 4. 调解平台应用率(在线平台) 5. 调解平台调解成功率(在线平台) 6. 调解协议司法确认率	建立党委牵头的多元解纷平台 落实经费保障并以案定补 建立诉调对接诉非联动机制 建立完善在线调解平台

续表

	质效量化指标	措施指标
源头治理 指数	7. 诉源案件下降比 8. 诉讼服务质效	
诉讼治理 指数	9. 民商事案件调解撤诉率 10. 简易程序适用率 11. 发回重审率 12. 撤诉案件恢复立案率 13. 一审服判息诉率 14. 再审率 15. 有效公开率	深化"分调裁审"机制改革 优化保立审执破有机衔接 建立统一法律适用机制 　（开展群体性纠纷示范性诉讼） 　（完善类案检索、类案指导） 深化精品工程建设 建立重点诉源案件要素式审判模式
执行治理 指数	16. 司法确认案件自动履行率 17. 民商事裁判自动履行率 18. 调解案件自动履行率 19. 终本合规率 20. 执行异议成立率 21. 执行异议之诉比	建立判后答疑 　（以庭代训以案释法） 规范执行案件流程管理 完善执破衔接机制 加强司法救助和执行救助 完善联合信用惩戒和信用激励机制
创新治理 指数		诉源治理创新性举措 　（国家级、省级、市级）

三　治理提升：诉源案件平台与机制"1+3"融合治理进路

诉源治理提升是一项系统性工程，需要在平台建设与完善机制两个层面同步发力，融合推进，全面推进诉源治理能力与治理体系现代化。

（一）一个平台：建设诉源治理可视化平台

在智慧法院时代，以大数据为支撑的可视化技术场景运用日趋成熟。可视化的管理，有助于准确定位问题、及时发现问题和问题的根源，推动形成长效机制等①。将诉源治理指标体系可视化运用，可以让指标体系中静态的数据，更好地为动态治理过程提供及时有效的辅助支撑②。

通过可视化体系化指标管理评估，促进统筹社会治理齐抓共管和内部治理全程纳管"两个维度"，推动形成案件数量往下走和办案质效向上升"两个拐点"的良好局面。指标体系围绕"不单纯以案件数量多少看业绩，更要注重从作用大小论贡献"，体系化考量诉源治理各项工作，坚持尊崇司法规律、遵循统计规则、尊重数据真实，发挥指标对诉源治理工作的监测、评估、引导、规范等功能，客观反映、监测福建高院诉源治理工作状况，及时发现、改进诉源治理工作存在问题，推动实现"规范化、精细化、信息化和监管可视化"的诉源治理工作目标。同时，通过定期评估各项指标，推进全省法院形成互学习互借鉴、累进发展趋势。

关于可视化平台的具体运行，首先，建议依托诉讼服务中心质效评估平台，根据指标体系构成要素，开发诉源治理评估模块；并依托福建法院大数据平台，实现数据共建共享；其次，合理配置调节指标权重系数和措施性指标的构成。三个分级指数中的量化指标应根据源头、诉讼和执行三环节对诉源治理总体成效的影响程度，并结合全省法院工作情况和规划，合理配置一、二（三）级指标的权重，并参照世界银行营商环境评估前沿距离的方法综合计算各指标得分，最后按权重折算各法院诉源治理指数得分。措施性指标，可根据省法院每年对诉源治理工作的具体部署和要求，结合各地上一年度工作完成情况，适当调整优化，并根据各法院的完成情况，结合佐证材料和随机抽查情况予以审定，区分"已完成、阶段性完成和未落实"分别赋值，并按权重计算指标得分。

---

① 邹碧华：《法院的可视化管理》，法律出版社，2017，第14~22页，邹碧华认为，可视化管理让问题浮出水面，有助于发现问题的根源、形成长效机制、打破陈规陋习、优化知识资源、提升工作绩效；可视化的优点，一是可以让"干多、干少、干好、干坏"一目了然，二是可以让人产生责任感，三是可以激发人的自尊心与竞争心，四是可以激发人的紧迫感或效率感。

② 蒋勇主编《诉讼可视化》，法律出版社，2017，第301页。

（二）三项机制：持续深化诉源治理减量工程

1. 持续强化党委领导诉源治理工作大格局

党委在诉源治理工作大局中起到总揽全局、协调各方的核心领导作用；加强诉源治理，完善矛盾纠纷多元预防化解工作机制也纳入了法治福建、法治政府建设规划①。从福建高院实际情况看，各地工作开展并不平衡。地方党委重视到位，人财物配备齐全，部门协调一致，诉源治理多元解纷的效果就非常明显。以漳州台商投资区为例，台商投资区党委、政府将诉源治理工作纳入社会治理公治大格局，区委多次召开专题会议进行部署研究，成立党委领导为组长的工作领导小组，下拨专项经费，从原村（居、场）退职两委成员中，择优聘任 11 个经验丰富、擅长做群众思想工作的维稳调解员，并于 2020 年 5 月起进驻台商投资区法庭，制定调解员管理办法和绩效管理办法②，健全完善调解奖惩激励机制，提高了矛盾纠纷调处的积极性。一年多来，源头、诉前化解各类纠纷近 1500 件，诉前纠纷化解数已超过法庭日常案件受理数，诉源治理成效突出。

台商投资区诉源治理公治大格局是一个实践性的范本。一是理念上必须"真转变"。诉源治理事关社会安全稳定，是社会治理体系的重要组成。要真正推动诉源治理变革，建成党委领导、政府负责、民主协商、社会协同、公众参与、法治保障、科技支撑的社会治理体系，还需要由内而外广泛深入动员，宣传引导，才能在治理体系中建立起良性内外循环，让顶层设计融入基层实践。二是行动上必须"真重视"。诉源治理、诉非联动不是看出台了多少文件，关键在于抓落实，重点要看资金保障是否到位、调解人员是否配备、衔接配合机制是否发挥作用、平台运行是否顺畅等。三是机制上必须

---

① 2021 年 2 月，福建省人民政府印发的《关于深入贯彻落实习近平法治思想 推进依法行政 建设法治政府的若干措施》第 25 条提出，要完善矛盾纠纷多元预防化解工作机制。

② 2020 年 12 月，台商投资区角美镇人民政府调整制定下发《角美镇维稳调解员绩效管理办法（暂行）》，明确将诉源治理纳入社会治理公治大格局，并对维稳调解员的工作职责和工资待遇、绩效管理办法作了进一步规范，提高工资标准和调处纠纷的绩效奖励。

"真联动"。要持续在互联互动共驻共建上做深做细，引领各级各类组织共同参与社会治理，充分发挥基层政权组织、自治组织、群团组织、经济组织和社会组织在矛盾化解中的作用，推动治理服务"一站式"办理和"最多跑一趟"。

2. 建立完善诉源治理失范异化风险防范机制

随着诉源治理实践探索的深入，如何防止出现司法改革初衷美好而实践背离的怪圈，有学者分析认为，一些地方法院推进诉源治理中有失范的趋势，存在"异化"风险，如实践中存在有损法官"中立"角色、超出能动司法界限的伦理风险、架空立案登记制、模糊诉中调解与和解的界限、冲击国家机关职能分工的法治风险，以及诱发纠纷非实质性化解、人案矛盾非有效缓解的技术风险①。从福建法院实际情况看，前述失范异化的风险或多或少或深或浅不同程度存在。尽管福建高院在制定出台诉源治理工作方案时已经未雨绸缪，明确提出依法坚持高质量发展的治理理念和原则，在制定诉源治理指标体系时，1.0 版、2.0 版中的措施性指标重在防止"虚空假"治理；但是，为美化指标，策略性"诉源治理"行为没有完全根除，福建高院新收案件中还存在一些时空分布人为明显干扰的问题，各地法院在线调解平台录入案件信息还存在水分等。

从近三年福建法院诉源案件的结构分析看，因 2020 年突发新冠肺炎疫情对经济社会生活方面面影响较大，司法运行受到影响，但大趋势大方向没有改变，福建法院诉源减量取得了一定成效，除执行案件外，民商事诉源案件增长趋势放缓。但是，法院案多人少的矛盾仍然突出，法官年人均办案数仍在 200 件以上，很难有效负担起参与、指导多元化解纷的角色功能。

现阶段，还是要把工作着眼点更多放在前置防线、前瞻治理、前端预防、前期处置上，鼓励多元调解、多方联动、多维疏导，不单纯以案件数量多少看业绩，更要注重从作用大小论贡献，坚决杜绝"人为"增案。一是

---

① 周苏湘：《法院诉源治理的异化风险与预防——基于功能主义的研究视域》，《华中科技大学学报》2020 年第 1 期，第 30～31 页。

坚持以人民为中心，坚持在法治轨道上推进诉源治理工作。政府层面，要加大公共法律服务的有效供给，赋予人民群众更多的程序选择权，提高救济便利度，扩大直接参与度；司法层面，要充分保障当事人的知情权、参与权、救济权，完善人民群众满意度评估评价机制。二是要充分尊重审判执行规律，尊重审判执行权运行规律，防止唯指标论、唯分数论，应在大分数分析的基础上，回归理性，在指标体系分析中，以合理区间代替绝对分值，避免过分追求指标得分排名而反作用于矛盾纠纷实质化解。三是树立正确的司法政绩观①，避免唯数量论，更应重视解纷的质量。诉源治理追求的是纠纷实质性化解，而不是久调不解后当事人自愿放弃的形式化解。因此，纳入考核的"绩效"必须是已实质性化解的纠纷，这就需要矛盾双方当事人自主及时反馈，表明纠纷真正实质性化解。

3. 建立完善诉源治理大数据评估预警化解工作机制

诉源治理与数助治理融合发展是打造科技支撑智能化社会治理体系的题中应有之义。本课题研究依托最高人民法院大数据研究院开展诉源治理结构分析也是有益的尝试。诉源治理评估指标体系的实质化运行，离不开司法大数据的支撑，更需要全面汇聚社情、案情、舆情等各类社会治理大数据。要不断提升审判管理信息化和智能化水平，以诉源治理为点，由点及面，及时感知市域社会稳定态势，及时发现经济社会发展中存在的问题和社会治理存在的漏洞，以便为党委、政府和人民法院科学决策提供数据支撑。例如，诉源治理中心可以通过定期发布基于司法大数据的辖区经济社会运行情况评估报告或其他专题分析报告，在风险指标异常时及时向风险指标涉及的相关单位和职能部门发出风险提示函。

要强化诉源治理评估预警，重点推进以下工作。一是掌握诉源治理高风险指标所涉领域的基本情况，如重点诉源案件异常变动背后可能潜藏的风险隐患、治理短板等；二是推动相关单位和职能部门对高风险领域存在问题进

---

① 钟明亮：《树立正确司法政绩观　破解诉源治理深层问题》，《人民法院报》2021年4月16日，第2版。

行再分析、再评估;三是梳理风险问题化解措施,推动党委政府对跨部门、跨行业、跨领域工作进行统筹协调;四是对相关决策实施后的影响作出预判。因此,必须常态化建立健全党委统一领导,以政府绩效考评或社会治理创新考核为抓手的大数据风险预警、分析研判、联席协商、督办落实、结果反馈、考核通报等机制,推动建立更加完备的社会治理风险评估预警化解工作机制,维护社会平安和谐。

B.13
杭州一码解纠纷推进数字化
社会治理的创新实践

中国 ODR 联合创新课题组 *

摘　要：　新一轮科技革命和人工智能、大数据等信息技术的发展，
为社会治理转型升级带来了空前机遇，数字化社会治理成
为新的治理命题。一码解纠纷按照基层治理法治化的要
求，立足需求导向，在高效满足群众解纷需求、解纷资源
配置优化、缓解法院"案多人少"压力、提升解纷质效等方
面取得了突出成效，为数字化社会治理创新提供了一个全
新样本。同时，数字化社会治理创新也在标准化流程设
置、规范化配套机制、跨区域调解资源联动、智能化技术
运用、数据化信息保护等方面存在不足之处。未来应当从
聚焦线上机制重塑、加强配套机制集成、强化大数据支撑
应用等方面，不断提升数字化社会治理的社会化、法治
化、智能化、专业化水平。

关键词：　数字化社会治理　一码解纠纷　诉源治理

党的十九届四中全会对加强和创新社会治理作出了明确部署，对推进国

---

* 课题组成员：郎长华，浙江省杭州市中级人民法院副院长；张玮，浙江省杭州市滨江区委副
书记，政法委书记；陈辽敏，浙江省杭州市中级人民法院立案一庭庭长；郭文利，北明软件
有限公司助理总裁，法学博士。

家治理体系和治理能力现代化具有重要意义。随着互联网尤其是移动互联网的发展，信息技术以其特有的方式不断拓展社会治理路径，在线社会治理作为一种崭新的社会治理理念和路径出现，适应了社会新形势变化。在此背景下，浙江省杭州市创造性地构建了浙江 ODR 调解码———一码解纠纷①，于2020 年 6 月在杭州高新区（滨江）试点推行，并于 7 月 23 日在杭州全市推广应用。截至 2020 年 12 月 1 日，一码解纠纷已上线逾 2800 名调解员，调解案件数量已突破 7 万件，成效显著。本报告以一码解纠纷为样本，分析了以在线社会治理创新为内核的平台建设成效、面临的问题及未来发展路径。

一 数字化社会治理创新背景

（一）响应国家重大战略部署

党的十八届三中全会在《中共中央关于全面深化改革若干重大问题的决定》中首次提出"创新社会治理体制"，并将其置于国家发展战略的高度。自此"社会治理"取代"社会管理"，成为中国社会建设的关键词。

从党的十九大报告提出打造共建共治共享的社会治理格局，提高社会治理社会化、法治化、智能化、专业化水平，到党的十九届四中全会提出完善党委领导、政府负责、民主协商、社会协同、公众参与、法治保障、科技支撑的社会治理体系，建设人人有责、人人尽责、人人享有的社会治理共同

---

① 自2020 年 6 月在浙江省杭州市滨江区试点上线以来，一码解纠纷获得《人民日报》、《人民法院报》、"学习强国"全国平台、浙江卫视等40 余家媒体的广泛报道；8 月，一码解纠纷创新模式被写入省级文件，予以总结提升推广；9 月，由中央政法委联合中央网信办组织的"大国小鲜@基层之治"网络主题宣传活动专题采访一码解纠纷；11 月，一码解纠纷登上央视新闻联播，向全国展现了数字赋能基层社会治理的"全新风采"；2021 年 4 月，一码解纠纷获评"法治浙江建设十五周年十大最佳实践成果"。

体，为新时代加强和创新社会治理指明了方向①。国家积极推进社会治理创新发展，在线社会治理正是在此背景下探索的社会治理创新路径。

（二）契合互联网发展新趋势

互联网与信息技术的创新发展极大改变了信息传播路径，深刻转变人们的生产生活方式。在技术革命与产业变革突破之际，互联网普及率的提升为"互联网＋"应用的加速拓展提供了基础，网络购物、直播电商、掌上银行、移动医院、在线教育等技术的兴起实现了虚拟世界与现实社会的高度交互，从而产生了新形态的社会行为、社会关系与社会矛盾，对社会治理提出新的问题与挑战。传统社会治理方式已难以回应这些新问题、新挑战，基于此，浙江省杭州市积极探索在线社会治理新模式，以适应新时期各种需求变迁。

（三）满足社会治理实践需求

在国内主要矛盾变化及国际局势错综复杂的双重压力下，加之科技进步带来的社会治理新难题与新挑战，社会关系愈加纷繁复杂，形成了纠纷网络化、主体多元化、诉求复杂化、类型多样化以及调处疑难化的局面。长期以来形成的以司法审判为民事救济主要渠道的大众心理，使得法院"案多人少"现象有增无减。根据浙江省高级人民法院工作报告，2019 年全年，全省法院新收各类案件 168.6 万件，办结 172.3 万件，法官人均结案 336 件②。

---

① 2020 年 10 月 29 日中共第十九届五中全会审议通过《中共中央关于制定国民经济和社会发展第十四个五年规划和二〇三五年远景目标的建议》，提出"坚持和发展新时代'枫桥经验'，构建源头防控、排查梳理、纠纷化解、应急处置的社会矛盾综合治理机制"。2020 年 11 月 19 日，中共浙江省委制定《中共浙江省委关于制定浙江省国民经济和社会发展第十四个五年规划和二〇三五年远景目标的建议》，强调要"坚持和发展新时代'枫桥经验'，建设社会治理共同体。高水平推进市域社会治理现代化。推进'最多跑一地'改革，加强县级社会矛盾纠纷调处化解中心规范化建设"。相关文件的相继出台为在线社会治理发展指明了方向。

② 《2019 年浙江省高级人民法院工作报告》，浙江法院网，http：//www. zjsfgkw. cn/art/2020/7/8/art_ 420_ 712. html，最后访问日期：2021 年 12 月 10 日。

此外，涉诉成本高、耗时长、执行难等问题仍旧存在，长此以往不利于社会健康发展。为此，浙江省杭州市以外化分流的形式，对法院积压案件"去库存"，将司法资源进行合理均衡配置，更好地发挥各治理主体的功能和优势。

二 一码解纠纷主要做法与运行成效

（一）一码解纠纷主要做法

1. 流程再造

一码解纠纷以群众需求为导向、价值链管理为引领，实现解纷流程组织架构、受理环节、处理环节、输出环节的再造与创新，构建了纠纷化解的完整闭环链。一是便捷化登录应用。一码解纠纷以"二维码"为纠纷入口新载体，打造掌上服务场景，通过将"二维码"发送至社区、村镇、社会矛盾纠纷调处化解中心（以下简称"矛调中心"）、法院诉讼中心等，实现受众的随时可得、随时可看、随时可扫。二是多路径受理渠道。以五色码为媒介，打通了与矛调中心、法院诉服中心之间的渠道，提供了双路径申请入口，公众既可以通过扫码实现纠纷调解申请，也可以通过法院诉讼服务中心申请网上立案，实现纠纷化解"双入口""双核心""双轨道"并行。三是动态化一案一码。一码解纠纷创新案件专属调解码，以黄、橙、蓝、红、绿五色"调解码"融入纠纷化解过程，以颜色转换展现化解动态，记录纠纷化解全部信息。四是智能化自动分流。以"分层式过滤、递进式导流"理念，以矛调中心为基点，根据纠纷特点，构建完整的纠纷分流过滤体系，实现解纷资源与解纷需求的精准匹配与动态平衡。五是能动性司法保障。纠纷调解成功在线司法确认和调解失败一键诉讼立案并举，实现全周期的司法保障；一码解纠纷正是以解纷流程再造的完整纠纷化解链构建了高效纠纷调解体系，实现纠纷解决领域的精准发力，快速解决。

2. 资源激活

一码解纠纷通过整合人民调解组织、行业调解组织、特邀调解组织等各类调解主体入驻，凝聚各方调解力量，形成专业高效的调解治理格局，将各类矛盾纠纷化解在早、化解在小。一码解纠纷一方面整合社区、街道的人民调解员以及劳动、消费、物业、家事、道交等行业调解员入驻，另一方面聘任人大代表、政协委员、公检法司退休干部等特邀解纷力量入驻，壮大调解队伍，增强调解合力。同时，一码解纠纷也积极引进市场化力量，引入律师调解员，积极引导线上律师进行纠纷"抢单"，实现"纠纷码上抢"，以市场化运作模式高效满足商事主体的商事解纷需求，为市场主体提供高质量、高标准的商事解纷服务。

通过解纷力量的凝聚整合，一码解纠纷实现解纷主体的多元化、解纷方式的社会化、解纷人员的职业化，做到社区、街道调解人员全覆盖，形成"诉调、专调、访调、律调"等为一体的专业治理格局和治理体系。

3. 技术融合

一码解纠纷充分发挥数字化变革力量，将人工智能技术与纠纷解决深度融合，以数字化手段赋能纠纷化解。一是智能化在线咨询，分为法律咨询和心理咨询。在法律咨询服务中，智能机器人为社会公众提供 7×24 小时全天候法律咨询服务；在心理咨询服务中，通过心理机器人一对一聊天、解压游戏或者专业心理咨询师的线上实时聊天，帮助当事人舒缓情绪、平复心情。通过法律和心理咨询，在纠纷化解前端已经为纠纷处理做好了充分的纠纷调解辅助，筑牢纠纷化解基础。二是便捷式操作辅助。一码解纠纷设置 OCR 智能识别功能，扫描身份证即可实现身份信息的智能识别、自动回填，避免当事人的烦琐操作，还可以借助语音识别、语义分析技术，实现纠纷描述的自动填充、纠纷类型的智能识别以及调解机构的自动匹配。三是线上调解"黑科技"。一码解纠纷打造线上调解室以及辅助视频调解的视频录制、语音识别、指定发言、文字私聊等"黑科技"，提升线上调解效能。四是领导驾驶舱一"舱"全管控。一码解纠纷在领导驾驶舱实时、动态、直观展示矛盾纠纷的化解情况与诉源治理工作情况，以仪表盘的形式和各项数据实时展示调解成功率、五色码流转数据、不同地区不同街道的案件走势情况以及纠纷发生数量最多的十大类纠纷案由等，助力决策者及时掌握矛盾纠纷化解态势，预判纠纷高风险地区和人群，精准指导纠纷防范重点。

4. 机制创新

一码解纠纷在平台建设中创新考核管理模式，开展数字智能化调解监管体系，全方位提升调解效能。一是设置调解员"积分制"考核。一码解纠纷根据调解员开展调解工作的情况，设置"调解员积分"，实现调解员积分的自动累计、排名，筛选得出金牌调解员、银牌调解员、铜牌调解员，并制定《调解员工作规程》《调解员考核办法》《调解员积分管理制度》等科学考核指标规则，以数字化方式实现对调解员的监督管理，通过考核倒逼，督促各调解组织真正发挥实效。二是构建司法信用体系。一码解纠纷从纠纷解决习惯、调解参与度、当事人诚信度、积极度等维度，为当事人生成司法信用画像，以正向守信激励和动态信用评价机制，提高当事人的诚信意识，提升当事人参与调解的积极性。三是履行情况跟踪录入。一码解纠纷为最大程度确保当事人权益得到切实保护，实现对当事人履行情况的跟踪录入，调解员实时统计当事人的履行情况，包括履行方式、履行金额及是否自动履行，做到纠纷化解情况的"底数清""掌控够"，避免二次纠纷和衍生纠纷发生。

（二）一码解纠纷运行成效

一码解纠纷作为市域社会治理在基层社会矛盾纠纷化解的全新探索，以全解纷流程再造破解了传统基层社会矛盾纠纷线上调处机制的局限，释放出在线基层社会治理制度创新的全新效能。截至2020年12月1日，一码解纠纷共受理各类纠纷71635件，调解成功32545件，调解成功率达45.43%，实现纠纷的源头化解、诉前化解。

1. 解纷渠道增加，满足群众需求

在新时代，"以人民为中心"成为社会治理创新的根本和出发点，线上纠纷化解也必然以回应人民群众的现实需求为指引。一码解纠纷通过拓展调解入口，降低当事人纠纷化解门槛，以二维码作为公众参与渠道，通过微信小程序，实现指尖即可完成纠纷调解全过程，让"随手调、随时调、随地调"成为纠纷化解常态；通过二维码颜色的流转变换知晓纠纷调解实时状态，破解当事人纠纷化解信息滞后难题，以手机作为打通服务群众的"最后一公里"，真正以满足人民群众关心的问题作为平台建设出发点。另外，一码解纠纷也为纠纷化解主体提供技术路径，扩展了虚拟空间的对话平台，调解员、管理员等纠纷化解主体通过小程序可以直接登录工作人员端化解纠纷，使得纠纷治理主体有能力、有渠道参与纠纷化解。

一码解纠纷这种场景式、便捷式的登录方式，为社会公众提供了便捷便利的纠纷化解渠道，满足了人民群众日益增长的多样化解纷需求，实现纠纷化解从"最多跑一趟"到"一趟不用跑"，免去老百姓来回奔波之苦，真正增进数字时代的民生福祉。

2. 解纷力量激活，资源配置优化

一码解纠纷通过人民调解突出全民参与，行业调解突出专业属性，律师调解突出市场合力，实现由简单的资源集聚整合迈向解纷资源激活，形成了功能互补、良性互动、彼此支持的多元调解"最强阵"，达成解纷资源与解纷需求的精准匹配、动态平衡，解决了以往调解资源属地以及粗放难以精准适配的难题。截至 2020 年 12 月 1 日，一码解纠纷共上线人民调解、行业调解、特邀调解、律师调解等调解组织 982 个、调解员 2805 名。具体而言，一码解纠纷首先通过人民调解委员会的全面建立、基层法治工作者和党务工作者队伍的紧密结合，激活人民调解所具有的全民性，实现人民调解组织全覆盖、人民调解服务全时空，解决了调解资源属地和分散匮乏的难题。其次，通过引入"劳动、消费、物业、家事、道交、知识产权"等行业调解组织的专职调解员，激活行业调解的专业性，实现以专业力量解决行业性纠纷，解决纠纷矛盾的专业性和解纷能力供给不适配难题。最后，通过引入市场化运作模式，激活律师调解的市场属性，充分发挥律师调解的专业性和工作优势，解决商事需求难以满足难题。一码解纠纷正是通过调解力量的有效创新，充分激活、释放各类调解组织的专业力量，做强调解资源，推动多元主体发挥作用，充分发挥调解效能，减少调解资源配置不匀、分配不均现象，不断提升纠纷调解成功率。

3. 源头纠纷化解，缓解法院压力

一码解纠纷秉持诉源治理理念，立足于矛盾纠纷的源头化解，构建了逐层递进、科学分流的纠纷化解有效闭环，最大限度地将矛盾纠纷化解在诉前、化解在源头，有效缓解法院"案多人少"压力。前端，一码解纠纷将法院的诉前调解案件自动导入平台，并分流至相应的调解组织进行纠纷诉前调解，推动多数纠纷以非诉方式解决、少量纠纷以诉讼程序化解。截至2020年12月1日，一码解纠纷法院诉前引调案件量为50803件，极大减少了法院的诉讼案件负担。中端，一码解纠纷通过梳理细化25类调解案由，并设置对应关键词，确定智能分类规则，纳入合同纠纷、知识产权、劳动争议、物业服务、婚姻家事等纠纷重点引导、重点化解，不断提升纠纷化解质效，确保案件源头化解，减少进入法院的纠纷案件量。后端，在线司法确认与在线诉讼立案并举，强化调解的能动性司法保障。

一码解纠纷正是以纠纷分层递进化解、减少案件存量、缓解案件增量为指引，畅通纠纷分流渠道，延伸服务触角，下沉力量资源，建立矛盾纠纷源头预防化解的全链条，实现调解"终端"与诉讼"前端"无缝对接，让大量纠纷止于未发、化于萌芽，解决目前非诉纠纷解决方式供给不足、司法压力过大的问题。

4. 线上科技赋能，调解质效提升

随着以需求为导向的数字技术不断发展，矛盾纠纷化解也从线下传统流程搬迁至线上，但一码解纠纷所实现的绝不仅仅是线下流程单纯的线上搬迁，而是以"治理理念创新＋数字技术创新深度融合"，以数字化、可视化为路径，通过数字化方式探索构建纠纷化解的新效能，为纠纷化解提供更多动能。

一码解纠纷充分运用人工智能技术，创新聚合数字智能化法律咨询服务和社会心理咨询服务等便捷功能，为纠纷化解奠定辅助基础。通过打造线上调解室、在线视频、语音识别、调解笔录的自动记录、调解协议的自动生成等功能，将调解员从烦琐的记录工作中解放出来，有效提升解纷工作效率。同时，一码解纠纷以数据驾驶舱实现纠纷数据的多维度实时汇总展示，促进解纷数据的多维融通与多元共享，满足了社会治理实践对信息及时有效传递和交互的要求，真正实现"用数据说话"，为决策管理提供强大数据支撑。

三 数字化社会治理创新亟须关注的问题

（一）标准化流程设置尚待优化

智能化分案要求平台预设案由划分标准，并以此为基础进行案件数据信息的采集与分析，从而形成可视化数据图表，辅助研判技术在案件智能分流中的匹配度与精确度，为纠纷线上化解提供经验指导。然而，法院、司法局以及政法委等各部门并未就民事案件分类形成行之有效的一致办法，纠纷案件划分标准各成体系。一码解纠纷根据杭州市滨江区人民法院指示，以婚姻家庭、涉房纠纷、相邻关系等25项案由划定分类标准，未充分考虑政法委、司法局等党政机关的分类标准，导致相关部门数据分析结果存在失真风险。

实践中，在线纠纷化解模式仍存在传统线下解纷模式生搬硬套至线上的问题，部分平台功能定位局限于当事人的远程视频交流工具，而未对线上纠纷化解的功能特殊性予以考量，导致相应的流程设置不尽如人意。在线解纷本意为弥补线下传统解纷方式的不足，以提高纠纷化解效率，若不立足于现实需要进行流程优化配置，则会违背在线纠纷化解的初衷。

（二）规范化配套机制仍需完善

首先，程序性先行调解机制不完善。《民事诉讼法》第122条首次以正式立法方式规定了先行调解制度，即除当事人拒绝外，当事人起诉到人民法院的民事纠纷，适宜调解的，先行调解。该法条旨在整合社会力量，以非诉方式调处民间纠纷，分流法院案件。但先行调解适用的前提之一是"当事人不拒绝调解"，若当事人明确表示拒绝时，法院应当及时立案，实际排除调解成为强制性先行程序的可能性。程序性先行调解的适用范围、流程构造及规则制定的不清晰、不完善，无益于缓解法院收案压力，更在一定程度上阻碍了矛盾纠纷的快速高效化解。

其次，商事纠纷市场化收费机制供给不足。在线解纷模式中，调解员补助仍适用《人民调解法》规定的补贴方案，由各地财政按当地经济社会发展水平和财政状况作出安排，经费保障总体水平偏低。对于专业度较高、诉求更复杂、争议金额较大的商事纠纷，市场化力量引入不足，尚未形成完善统一的市场化收费机制，尤其对律师调解员而言，补贴相对于律师费来说缺乏吸引力，律师队伍的职业、专业及经验优势难以凸显，被动参与成为常态，积极性难以激发，解纷效果大打折扣。从一码解纠纷调解员抢单功能的使用率也能够窥见，律师调解员抢单积极性并不高。

最后，在线解纷平台管理机制缺位。这体现在：未形成全面有效的规范平台调解员行为、未实行市场化监督与考核的运行管理办法；调解员退出机制不够完善，较难实现优胜劣汰，导致解纷队伍鱼龙混杂；个体专业能力与职业素养提升不主动、不积极。此外，以传统线下解纷经验见长的调解员可能无法完全适应线上解纷模式，直接复制以往经验无法完全实现将纠纷化解于线上，需要对其在线解纷技能开展规范培训。

（三）跨区域调解资源联动乏力

实践中，在线社会治理工作仍以区为单位开展，受限于地方财政压力，跨区域资源调配机制缺失。例如，发生在滨江区的纠纷只能流转至滨江区相应的调解机构处理，一方面，无法完全照顾当事人自愿调解心理；另一方面，也未能有效盘活市域调解资源，实现纠纷案件的繁简分流，优化资源配置。此外，各地区尚未畅通信息互通渠道以形成系统相互衔接、数据实时共享的解纷资源库，缺乏实现解纷资源合理配置的能动工具。正如一码解纠纷在滨江试点工作开展过程中，仅实现了对医疗案件解纷资源的全市调配，而其他类型纠纷的化解工作尚未形成全市联动。

（四）智能化治理技术应用尚浅

智能解纷技术缺位。伴随社会经济与计算科技的高速发展，大众生活方式的剧变引发各类纠纷以高频态势涌现，人民群众日益增长的解纷需求与有限的解纷人力资源供给之间存在矛盾，亟待开发智能化解纷技术应对多样解纷需求。在线解纷平台的智能化功能仍局限于便利当事人角度，运用 OCR 识别、IVR 互动语音回答等技术简化解纷过程中的事务性要求，未能真正体现"平台＋信息技术"的第四方优势，智能诊断、机器人调解等智能技术仍处于探索阶段。例如，可运用算法技术智能排查出焦点明确、事实无争议的类型化案件，引流至智能调解机器人，直接为当事人推送相关协议或结论，以促进纠纷高效化解。

未能应用智能技术深度挖掘数据潜能以进行纠纷自动预防。数据是技术运用效果的直观体现，一码解纠纷汇总矛调中心全流程解纷数据，以可视化形式展示辖区内纠纷数量、纠纷类型、分布状况、解纷资源、解纷数量、解纷时长、解纷成效、投诉率、当事人满意度等数据，还原纠纷治理全貌，实现多维度监管。但在风险预警方面，仍以传统人工方式，对异常数据进行监控、排查并采取措施，防范纠纷发生风险的能力弱、效率低、成本高，紧急情况难以及时应对。因此，亟须借助大数据分析工具，构建风险防控模型，实现对纠纷发生风险的防范及管控。

（五）数据化信息保护亟须加强

在信息数字化时代，人工智能被广泛应用于在线解纷平台，数据使用场景随之增加。为最大化发挥 ODR 平台的解纷价值，增强纠纷化解的高效性与多元联动性，需要强化平台的数据采集及共享功能。然而，伴随智能技术及应用的快速铺开，信息被窃取、滥用、身份造假等现象频繁发生，公众对个人信息安全的关切程度与现实信息保护力度之间的矛盾日益加剧，数据信

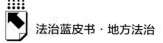
息保护亟待加强。

从平台层面看，部分平台数据安全意识薄弱，对数据的采集、利用与保护未形成有效执行标准。首先，数据采集范围不加限制，"一刀切"方式往往导致数据被过度采集，加剧公众的不安全感与不信任感。其次，数据利用方式单一有限，平台掌握大量数据却未能深度挖掘其潜能，造成资源浪费；同时，大部分平台未制定健全的数据保护标准，且相关保护技术仍有进步空间。从国家立法角度看，数据安全及个人信息保护方面的法律法规仍需要完善。《民法典》虽将个人信息纳入民事利益范围予以保护，但并未对普通个人信息和敏感个人信息加以分类保护。

四　数字化社会治理创新未来发展路径

在互联网时代，随着新一轮科技革命和大数据等信息技术的发展，社会治理面临变革转型的重大契机，以数字化方式进行社会治理成为数字化场景下治理主体的必然选择。数字化社会治理未来发展路径的研究和探索，应以社会治理如何通过数字智能推动自身革新为切入点，不断以社会治理数字化、现代化满足人民日益提升的解纷需求。

（一）聚焦流程思维，线上机制重塑

以数字化、信息化为特征的新一代信息技术正在推动社会治理迈入快速转型车道，要求对线上解纷体系进行全方位重塑与再造。线上解纷体系的建构不应只是线下流程的线上搬迁，应当通过系统性、关联性、协同性谋划，实现标准规则体系、解纷业务流程、具体解纷功能的重构，并注重治理服务的精准性、高效性、安全性。

1. 夯实标准规则体系

在线纠纷解决作为科技与司法深度融合的产物，需要线上解纷逻辑制度和机制作为运行支撑，但目前线上运转机制仍以传统民事诉讼规则为主，缺乏线上解纷标准规则。传统民事诉讼规则是以当事人线下解决为基础所确立的诉讼制度和程序规则，"并非是民事诉讼制度与规则本身出现问题，而是现行民事诉讼制度与规则并不适应线上解纷的需求"[1]，因此，进行在线社会治理的首要前提便是通过确立标准规则，探索适宜的规则治理体系。具体而言，可在纠纷疏导程序、案件分类流转标准、处断权配置等方面加强统一规划，进一步明确区块链电子证据的技术标准和存证规则等，打通线下规则的固有边界，实现线上纠纷化解要素的互融互通，制定符合线上的纠纷化解逻辑和纠纷化解标准。

2. 线上解纷流程再造

现代科学技术使得生活和工作方式更为便捷、更为高效，线上纠纷化解这个全新场域也提升了民众需求，个性化、精准化、高效化成为新的需求点。如何准确回应和有效满足公众的解纷需求？通过线上解纷流程再造、解纷运行模式优化，提升整体解纷效能、满足群众的多元需求不失为一种可行的选择。通过非必要流程环节的省略、优化、合并、重组，优化整体解纷流程，提升整体解纷服务效率，从而为公众提供更为便捷、智能的纠纷化解渠道。

因此，线上解纷流程再造优化应当始终将提升公民个体使用的便捷度和获得感放在首位，精准识别不同群体的不同需求，充分依托先进信息化手段，给当事人提供便捷的参与渠道和场域，进一步打开司法的"阳光之门"，从"接近正义"迈向"可视正义"[2]。解纷流程的再造需实现各组织内部的资源互补和协同互动，以系统集成思维，降低系统的冗余复杂程度，对解纷的关键要素和全部环节重新打散、梳理、简化、整合、改造，实现解纷流程衔接通畅、功能流转便捷高效。

3. 线上资源跨域联动

实现在线社会治理效能最大化，需要发挥解纷资源联动效应，不仅是本地资源的集聚整合，而应当以线上所具有的超时空、超地域特性实现所有优

① 张春和：《司法区块链的网络诉源治理逻辑、困惑与进路》，《中国应用法学》2019 年第 5 期。

② 马长山：《司法人工智能的重塑效应及其限度》，《法学研究》2020 年第 4 期。

质解纷资源的跨域联动和集成调配，为群众提供最优质、最专业的解纷服务，满足日益复杂化和多元化的解纷需求。

线上解纷资源跨域联动需要加强顶层设计和相关体制机制建设。首先，需要建立健全专业调解人员库，整合实现人民调解、行政调解、行业调解、专业调解、商会调解等解纷资源分类集聚，为调解资源的跨域联动奠定基础；其次，需要加强各调解平台的程序对接，实现平台互通融合，打通调配路径，为调解资源的跨域联动提供路径；最后，健全财政保障机制，为调解资源的跨域联动提供动力。

（二）聚焦多元供给，集成配套机制

1. 强化解纷主体供给培育

一个新型的专业化、正规化、高水平的职业解纷队伍是高效化解纠纷的基础，应当加强对解纷主体的教育培训，不断完善解纷机制建设、提升解纷行业自律水平。第一，加强调解员准入以及交流长效机制建设，不断提升调解员准入门槛，保证调解员的专业化、高水平。第二，健全调解员资格认证和职业培训机制，强化调解员职业道德标准和职业行为准则，细化调解员行为规范。第三，加大对调解员的业务培训，特别是线上调解工具的应用培训，提高互联网科技平台应用能力。第四，健全调解员奖惩机制，用活用好积分制，对积分排名持续靠前的调解组织，给予相应的奖励；对于排名持续靠后的调解员和调解组织，及时予以清退。第五，加强理论研究与队伍培训相结合，为纠纷解决提供必要的人力支持。在高等院校学科设置上，开设相应纠纷化解课程，聘请专业调解员开展教学实践合作，进行基础人才培养。

2. 促进市场化调解机制健全

律师调解的市场化，是以市场化的运作模式，通过市场和价格的自动调整机制，实现解纷资源的精准匹配，从而提高纠纷解决效率，达到供需平衡。但目前律师调解市场的调解激励动力不足，导致律师调解的能动性尚未充分发挥，从而影响律师调解的效率。市场化调解的动力来源应归于市场化需求，最终的市场化程度取决于律师调解的服务质量。因此，提升律师调解的社会化和市场化运作水平，需要从律师调解员的准入机制、收费机制、管理运行等方面进行建构。

在市场准入机制上，入驻线上平台的律师调解员应当具备一定的执业年限，能够提供高效的商事解纷服务，满足商事主体的解纷需求；在收费机制上，应当规范相应的收费机制，依据不同的调解形式设定不同的收费标准，发挥市场这个"看不见的手"的调节作用；对于律师调解员的管理和运行模式，应当坚持系统考核管理和律师自我管理相结合，并注意进行模式调整，加强对平台律师调解员的规范与监督，使案件收费迈向公开透明。

3. 加强司法信用体系建设

社会信用体系是社会治理体系的重要组成部分，在信息技术革命对社会方方面面产生深刻影响的背景下，司法信用体系也可以通过大数据、云计算等技术的建构，实现高度的数字化、智慧化，最终达到以现代司法信用体系增进社会信任、强化社会理性、促进纠纷化解、提升社会治理的总体效果。

线上纠纷多元化解的信用体系建设，应当以深化信用信息共享共建为目标，以信用服务深度应用为支撑，依据法律、法规和契约，通过纠纷当事人的纠纷化解信息记录以及各个司法平台信用信息对接，为当事人生成一个专属于当事人的"司法信用画像"，并设置相应守信激励和失信约束的奖惩机制，不断引导当事人加强自我约束，强化规则意识，尊重契约精神，提高纠纷当事人参与纠纷化解的积极性，推动社会真诚互信、和谐共治，最终实现矛盾纠纷综合治理、源头治理。

（三）聚焦数字支撑，提升治理效能

1. 强化数据深度应用

在大数据时代，"互联网＋"要求推进公共数据的整合，而数据整合的前提是业务逻辑调整下的信息结构化提取，最终产生"大数据跨界"[1]。数

---

[1] 段云峰、秦晓飞：《大数据的互联网思维》，电子工业出版社，2015，第211页。

据正在以流通、共享、开放、跨界的姿态创造数据的资源价值，但更为重要的是，数据应当运用于改变社会治理的前置节点，通过健全数据规范制度以及数据收集、分析和挖掘体系、数据预防体系，最终构建"用数据说话、用数据决策、用数据管理、用数据创新"的数据应用体系，实现以大数据支撑科学决策、预防纠纷发生，前移社会治理关卡。

一是更新治理数据的采集技术，移动互联等信息技术创造性地实现了对解纷需求、利益表达、心理情绪等数字化的定量分析，但能够分析的前提是完善数据的采集体系，必须进一步与人工智能、区块链等技术紧密结合，不断更新大数据采集技术手段，实现对数据的深度有效采集。

二是强化治理数据的共享技术，各部门、各地域、各系统的大量"信息孤岛"与"信息鸿沟"现象仍然是阻碍社会治理能力提升的主要瓶颈，应当进一步打通平台对接渠道，实现跨部门、跨地域、跨层级、跨系统、跨领域的信息流通与联通共享，打破横纵信息垄断格局，实现解纷数据的及时响应、及时对接，并建立统一数据库，进一步提升信息分析处理效能。

三是深化治理数据的预防应用，数据时代应当是预防时代，在线社会治理模式应当利用大数据从源头解决社会矛盾，从纠纷萌芽状态着手，才能在根本上减少诉讼增量。通过对纠纷运行态势和用户需求等数据的采集、分析、挖掘，对矛盾纠纷的整体情况和发展趋势进行预测分析，从而及时发现社会矛盾风险，从源头上预防纠纷发生。

四是健全治理数据的安全保护机制，治理数据的安全保护一方面是对数据本身的安全保护，在各种新技术不断迭代和汇集的背景下，数据安全保障不可忽视，应建立数据安全规范体系，加强数据产生、流转、存储、运用等全过程中的数据安全防护，建立多层次的数据安全保障体系。另一方面是对数据主体信息的安全保护，通过制定大数据统一的技术标准以及运营规范，避免出现大数据滥用。同时，严格监管涉及国家安全与个人隐私的敏感数据，规避大数据开放产生的风险，不断强化当事人的个人信息保护。

2. 智能化解纷升级

在当今信息时代，法律人工智能技术对解纷效能的提升愈发明显，技术工具所具有的成本低廉、海量处理等计算和预测特性，将有效提高整个解纷过程的科学性、便捷性。过去需要花费大量人力、物力才能完成的任务，在人工智能技术的介入下可在较短时间内完成，因此，将人工智能技术不断融入纠纷解决机制、不断加强智能化解纷技术的升级应用是数字时代在线纠纷化解的必然趋势。

人工智能技术仍然处于弱人工智能状态，推进人工智能技术深度融合应用于纠纷解决机制，需要提升人工智能技术水平，进一步完善算法技术的精准信息识别和严密逻辑推理能力，打造更多算法技术应用场景。需要完善算法建模和运算所依赖的基础信息数据库，进一步扩充、补足司法大数据信息，为算法建模提供充足的数据资源前提。同时，加强算法、法律等复合型人才培养，打造复合型人才库，以专业性、系统性思维拓展法律与算法互动的深度，为在线社会治理开辟智能新路。

结　语

社会治理如何回应"互联网＋"、人工智能、大数据等技术变革，这是时代命题，一码解纠纷为数字化社会治理创新发展提供了一个样本，其成效凸显，功能和应用得到了广泛关注，为进一步推动数字化社会治理的创新探索提供了经验和数据支持。

应充分认识到推进数字化社会治理创新中遇到的问题和挑战，抓住信息技术广泛渗透经济与社会生活各个领域的历史契机，发挥新兴技术对加强和创新社会治理的积极作用，不断实现治理主体的多元化、治理方式的精细化、治理要素的细致化，同时进一步通过数字化社会治理的开展打造国家竞争优势，努力为完善全球治理贡献中国智慧和中国经验。

B.14
齐齐哈尔市法院一站式诉源治理调研报告

杨兴义　周巍巍*

摘　要： 随着社会经济的快速发展，人民群众法治意识不断增强，大量社会矛盾涌入法院。加强非诉讼纠纷解决机制建设，促进矛盾纠纷快速、多元化解，成为维护社会和谐稳定、降低"万人成讼率"的重要途径。齐齐哈尔法院围绕一站式多元解纷机制和诉讼服务体系建设，以"二三一二"工作思路创新"五加法"工作模式，统筹各方力量共同参与矛盾纠纷源头化解，深化分调裁审机制改革、提高审判质效，引入公证参与司法辅助事务、提升服务效能，深度参与社会治理、打造地方多元化解特色品牌，依托科技信息化手段升级诉讼服务模式，不断满足人民群众日益多元的司法需求，在实际工作中取得了显著成效。

关键词： 多元解纷　诉源治理　非诉讼纠纷解决机制　诉讼服务模式

化解矛盾、定分止争、权利救济历来是人民法院的重要司法职能。加快立案诉讼服务改革、实现有效的诉源治理是当前人民法院司法体制改革的重要内容。2019年以来，最高人民法院提出建设一站式多元解纷机制、一站式诉讼服务中心，要求全国法院在法治轨道上统筹各方面资源力量参与社会

---

* 杨兴义，齐齐哈尔市中级人民法院党组成员、副院长；周巍巍，齐齐哈尔市中级人民法院立案一庭副庭长。

治理活动，切实增强人民法院解决纠纷和服务群众的能力水平。齐齐哈尔市两级法院聚焦诉前调解、司法确认、速裁审判等司法职能，以实现将非诉讼纠纷解决机制挺在诉前为目标，通过认真分析、研判法院面临的形势和工作任务，市中院党组最终确定了紧紧抓住党委、政府领导下的多元化解纠纷解决机制建设和法院诉讼服务集约化建设两条主线，做好积极开拓大调解工作格局、大胆构建共同参与矛盾纠纷化解的社会力量体系、深化推动法院诉讼服务改革三项工作，推动完成好 12 项具体工作任务的"二三一二"工作思路。

全市两级法院积极搭建多元解纷平台，主动融入党委、政府领导下的诉源治理体系，坚持并发展新时代"枫桥经验"，共同构建党委领导、政府主导、法院主办、多方参与的社会大调解格局，围绕"二三一二"工作思路创新"五加法"工作模式，助推全市法院多元解纷新格局进一步形成，全面提升诉讼服务质效，努力打造"线下一站全办，线上一网通办、跨域服务能办"的智能服务体系，让老百姓打官司"只进一个门、最多跑一次、可以不用跑"，高效解纷能力和诉讼服务水平实现"双提升"。全市两级法院在一站式建设工作中形成的经验做法，受到多家期刊、媒体的关注，得到最高人民法院、黑龙江省高级人民法院主要领导的肯定。

一 通过"走出去＋请进来"构建多元解纷机制

全市两级法院主动融入党委和政府领导下的诉源治理机制建设，调动各方力量共同参与社会治理，切实发挥司法解纷的能动作用，以"走出去＋请进来"的方式，坚决把非诉讼纠纷解决机制挺在诉讼前面。2019 年，市中院积极推动市委政法委出台了《关于建立大调解工作机制的意见》和《大调解工作各有关部门责任清单》，明确了各单位在大调解工作中的具体职责，为法官走出法院参与社会调解和邀请人民调解员进入法院提供了制度保障。2021 年上半年，市中院制定了《关于建立调解平台进乡村、进社区、进网格"三进"工作的实施意见》《关于建立人民法庭与基层组织对接工作机制的实施意见》，进一步推动人民法院调解平台与乡村、社区、网格对接，汇聚基层自治组织、网格员、调解员、志愿者等多方社会治理力量，共同参与社会矛盾"前端"化解，推动矛盾纠纷就地发现、就地调处。为加强诉讼与调解、仲裁、公证、行政复议的程序衔接，市中院与市司法局、卫健委、市场监督局、人民调解中心、仲裁委、公证处、工商联、人民银行齐齐哈尔中心支行、银保监会齐齐哈尔监管分局等十多家单位签订了诉调对接合作协议，各基层法院也积极与当地社区街道、村委会、仲裁委、信访办、工商联等相关单位的调解组织开展诉调对接工作，通过法官、法官助理定期或不定期深入综治中心、矛盾纠纷多元化解中心及社区网格，让法官走下审判台，走出法院，在保证司法中立性的基础上，为人民调解员提供具体法律指导，对达成的调解协议依法予以审查，确保协议内容合法有效，并引导当事人及时到人民法院申请司法确认，巩固调解成果。由于将一审民商事案件大量引入人民调解、行业调解等诉前调解程序，随着调解成功率的逐步提升，两级法院诉讼案件收案数量也得到了有效控制，实现了事半功倍的效果。

全市法院依托社会大调解体系，与人民调解、司法调解、行政调解、行业调解等各类调解组织建立合作机制，邀请调解组织、调解员入驻人民法院调解平台。同时，各基层人民法院将人民调解员、行业调解员、退休法官、法律工作者等经验丰富的人员请进法院，入驻法院（庭）成立法律诊室、法官说和室和以人民调解员命名的工作室，开展民商事、行政案件的诉前调解，并积极参与案件的诉中调解工作。碾子山区人民法院针对涉及老弱病残及特殊情况的案件，开展调解员"上门调解"工作。在受理九里村村民郭某诉邻居冯某相邻关系纠纷一案时，考虑到必须到现场调查才能更好地查清案情，便由该院诉前调解法官与驻院人民调解员会同九里村人民调解员一同到村里双方当事人承包地了解情况。经过询问得知，双方因琐事产生误会引发矛盾，冯某私自在自己地头安装了铁大门挡住了路，影响了邻居郭某种地通行。调解员在询问过程中以二人是从小到大的玩伴为突破口，耐心做双方的思想工作，并找来村里的知情人作证，消除了误会，化解了积怨，使二人当场握手言和，重修旧好。梅里斯达斡尔族区人民法院在受理刘某诉 32 户村民薪炭林买卖合同纠纷时，考虑到涉案群体的特殊性，决定先由驻院人民调解员开展诉前调解。经认真研究合同约定条款后，调解员与当地干部连夜深入村屯，以法律法规为准绳，以全村长远利益为切入点，挨家挨户做群众工作，通过沟通说和、陈明利害，最终使矛盾纠纷顺利化解，成功避免了一起群体性上访事件的发生。"上门调解"这一做法充分展现了人民调解员在化解矛盾纠纷、维护社会和谐稳定中的先导性作用，实现了矛盾不出村、不上交。为助推调解队伍正规化、专业化，市中院制定了两级法院调解员培训办法，深入开展人民调解员培训活动。通过邀请资深调解员及调解经验丰富的法官进行分类指导，面对面向各类调解组织的调解员讲授调解工作实务、传授针对不同类型矛盾纠纷的调解技巧，不定期召开经验交流研讨会，不断更新调解员的法律知识，夯实调解员队伍的整体业务能力，提升调解工作的规范化水平。全市法院已邀请 83 家调解组织、129 名调解员入驻人民法院调解平台，并拥有驻院调解员 33 人。自 2020 年至 2021 年 9 月，全市法院通过线上、线下开展调解员业务培训 20 余次，参加培训人数 400 余人次。

二　通过"多元调解 + 速裁"打通高效解纷渠道

全市法院持续深化分调裁审机制建设，大力推进案件繁简分流、快慢分道，将调解与速裁有机结合，能动解纷能力和效率显著提升。

充分发挥多元调解优势，将诉前委派调解与司法确认程序相结合。各基层人民法院充分发挥司法确认在保障调解成果中的作用，优化司法确认程序，畅通联络对接渠道，探索建立司法确认联络员机制，实现人民调解与司法确认的无缝衔接，激发非诉讼方式解决纠纷活力。泰来县人民法院在受理多户居民诉自来水公司财产损害赔偿纠纷案时，主动向当事人介绍诉前调解的优势，征得双方当事人同意后，将案件移送驻院调解组织"法律诊室"进行调解。经过调解员耐心的释法说理，双方很快达成了调解协议，随后向立案庭递交了司法确认申请书，经立案法官审查后当场出具了裁定书。"诉前调解＋司法确认"不仅为双方节省了诉讼费、财产评估鉴定费、律师费等大笔费用，也极大缩短了矛盾纠纷化解处置时间，得到了当事人的广泛认可。2020 年至 2021 年 6 月，全市法院共委派、委托调解案件 26216 件，其中委派调解 25385 件，调解成功 22663 件，委托调解 831 件，调解成功 783 件，共受理司法确认 1323 件。调解协议达成后，双方当事人未到法院申请司法确认，也未重新进入诉讼程序的案件 17633 件，较好地实现了案结事了的目的。市中院还成立了以劳动仲裁、妇联、交警、律师、公证员等多部门、多行业人员组成的多元化解联合工作组，为当事人提供全方位、多维度、各领域解纷服务。2021 年 7 月，市中院与市司法局联合制定了《关于加强市非诉讼纠纷解决中心与市中级人民法院诉讼服务中心协调联动工作的规定（试行）》，明确规定了法院与非诉讼纠纷解决中心的联动职责及对接程序，并将该文件下发至辖区各基层人民法院和司法局（所）参照执行。此外，市中院在开展诉前委派调解工作的基础上，积极与市人民调解中心沟通协调，总结经验，创新思路，提出将执行工作与人民调解相结合的构想，经多次调研和实践，最终与市人民调解中心联合制定出台了《关于联合开展执行案件多元化解的实施办法（试行）》，对委托执行案件的范围、方式、流程节点等具体内容进行了明确规定。此举在黑龙江省法院执行系统尚属首次，该实施办法的出台，不仅创新了执行方式，节约了审判执行资源，还为矛盾纠纷多元化解从诉前向执行程序延伸提供了有益尝试。

组建速裁快审专业团队，简化诉讼程序、提高办案效率。为缓解"案多人少"矛盾，各基层人民法院自 2017 年就开始探索案件繁简分流机制，制定案件繁简分流标准，尝试采取"法官＋助理＋书记员"或"法官＋调解员＋书记员"等模式，抽调业务能力较强的法官组建速裁团队，针对涉家事、物业合同、人身损害、民间借贷等标的额较小、事实比较清楚的一般民事案件及轻微刑事案件，简化诉讼程序，灵活安排开庭时间，对同类型案件推行集中要素式审理模式，简化裁判文书的制作，缩短办案期限，综合运用督促程序、司法确认程序、小额诉讼程序、简易程序和普通程序，从简从快审理案件，真正实现快立、快审、快结、快执目的。全市法院共有速裁团队 74 个，优化了法官配置，在提高办案效率的同时也减轻了当事人的奔波之苦。2020 年，全市法院一审新收民商事、行政案件 36531 件，分调裁审案件 28077 件，占 76.86%，各速裁团队共审结案件 12614 件，平均审理期限 26.3 天；2021 年上半年，全市法院一审新收民商事、行政案件 21908 件，分调裁审案件 12821 件，占 58.52%，各速裁团队审结案件 5574 件，平均审理期限 25.25 天。

三　通过"集约 + 公证辅助"提升诉讼服务效能

全市两级法院通过诉讼服务大厅、诉讼服务网、移动微法院小程序、12368 诉讼服务热线、巡回办理等多种渠道，努力打造"厅网线巡"一体化、立体化诉讼服务中心，现已基本实现诉讼指导、立案录入、材料移转、诉讼费缴纳、速裁调解、司法救助、案件查询、繁简分流、自助服务、委托鉴定、诉前保全等十余项功能的集约化管理，方便当事人一站办理、一次办理各类事项，并在诉讼服务中心成立送达团队、保全团队，切实提高送达、保全效率，助力法官从繁杂的事务性工作中抽身。梅里斯达斡尔族区人民法院为方便达斡尔族群众诉讼，专门设置双语导诉窗口，安排专门导诉人员对来院当事人进行分流引导，介绍办事流程，提供立案咨询，有效解决少数民族群众的语言交流障碍，消除其因语言沟通不畅而对打官司产生的畏难心理。市中院及辖区部分基层法院还在诉讼服务中心设置法律援助窗口，设立律师工作室，建立律师值班制度，由专业律师为当事人提供免费法律咨询，并为低保户、老弱病残等确有困难的当事人提供法律援助服务。同时，强化12368 诉讼服务热线功能，在诉讼服务中心设立专门窗口为当事人提供材料复印、联系法官等业务，以线上 + 线下两种方式为当事人提供服务。2021年上半年，全市两级法院共受理在线申请诉前保全案件 180 件，受理在线委托鉴定案件 602 件，12368 诉讼服务热线共接听电话 6579 次，绿色窗口为当事人提供材料复印等服务 330 余人次。

市中院为贯彻落实最高人民法院和司法部关于开展公证参与人民法院司法辅助事务试点工作的相关要求，在总结龙沙区法院引入公证参与司法辅助事务试点经验基础上，与鹤城公证处本着"减少诉累、降低成本、方便群众"的工作理念，围绕推进司法辅助事务集约化与信息化管理、建立诉讼与公证协同服务机制的目标，于 2020 年 6 月在市中院诉讼服务中心设立了公证参与司法辅助事务中心，引入 6 名公证人员组建送达团队，借助公证处的先进管理模式和其研发的集约送达平台，开展民商事、行政、执行案件相关法律文书的集约送达工作。同时，利用公证处的政务数据共享交换大数据平台实现人口户籍、工商登记、不动产登记、社保、婚姻登记、车辆登记等 44 项信息查询及证据调取工作。此外，司法辅助事务中心还在审判和执行工作中拓展相关的证据保全、法律行为公证、法律事实公证等公证业务，为诉讼当事人提供公证法律服务，引导家事纠纷中涉及的遗产继承、财产分割、遗产保管等非讼事务进入公证程序，发挥公证机构在明确无纠纷或无诉讼相对人的继承等类型案件的主导作用。司法辅助事务中心自成立以来，充分发挥"集约送达、调查取证"两大功能优势，积极探索"参与调解、参与保全、见证执行"等其他辅助功能，截至 2021 年上半年共接收案件 398件，成功送达 363 件，送达成功率 91.2%，参与调查取证 41 件次。2020 年以来，建华区、铁锋区、富拉尔基区、讷河市等多家法院也陆续引入公证参与司法辅助事务，将诉讼服务、审判、执行工作中的司法辅助事务从核心办案业务中剥离出来，进行社会化、集约化的外包管理改革，推动"公证 +诉讼"融合发展，助力法官集中精力办案，一定程度上缓解了法院"案多人少"的矛盾。

四 通过"地域性 + 品牌化"深度参与社会治理

全市法院积极探索矛盾纠纷多元化解模式，在一站式建设中突出地域优势，努力形成自己的品牌，打造"一院一品"。

以"枫桥经验"为基础,创新矛盾纠纷就地化解模式。甘南县法院积极加强与当地综治部门的沟通协调,通过设立驻村工作室,选派法官助理进行示范调解业务培训,开展"无讼"村屯、"无讼"社区建设,最大限度实现"小事不出村,大事不出镇,矛盾不成讼"。2020 年该院实现一审民商事、行政案件受案数量同比下降 31.29%,2021 年上半年受案数量同比略有下降。克山县法院与当地党委政府密切协作,积极落实人民调解、司法调解、行政调解"三级联调"工作机制,发挥人民调解员"第一道防线"作用,经过村级调解、乡镇调解、县级调解的三级联调,均未调解成功的案件才能"调转诉",将案件转至法院审理,真正实现把非诉机制挺在诉前。

以驻院人民调解员工作室为依托,搭建多元解纷新平台。建华区法院用"请进来"的方式,邀请经验丰富的人民调解员入驻法院参与诉前调解,同时与交警、卫健委、教育等部门开展交通事故、医疗事故等行业调解,年均调解案件 300 余件,调解成功率达 70% 以上,调解员朱洪升的事迹于 2021 年 8 月被《人民法院报》微信公众号宣传报道。泰来县法院邀请审判经验丰富的退休法官和法律工作者入驻诉讼服务中心成立"法律诊室",对民商事案件进行诉前、诉中调解,并对调解成功需要司法确认或出具法律文书的,及时转交调解速裁团队办理,自 2020 年以来已完成诉前调解案件 778 件,调解工作收效良好,得到了当事人的一致认可。梅里斯区法院通过与区信访局、司法局、林草局、工商联、侨联、发改委、律师事务所、物业公司等多家单位建立诉调对接机制,推动工作向纠纷源头防控延伸,同时邀请两名人民调解员入驻法院参与案件调解,并以"全国坚持发展'枫桥经验'实现矛盾不上交试点工作表现突出个人""全省十佳人民调解员"范无际命名成立"老范调解室",2020 年诉前调解案件 260 余件,成功率达 95%,节省了大量的诉讼资源,快速兑现了当事人合法权益,取得了较好的社会效果。

以内外协同联动为抓手,增强调解新合力。碾子山区法院与区司法局共同成立集人民调解、行政调解、行业调解、诉前调解诸多职能的"山城法治集中调处中心",将矛盾纠纷化解窗口前移,开展"上门调解 + 上门回访"人性化综合调解，采取先调后审、边审边调的方式，将调解工作贯穿诉前、诉中和诉后全过程。2020 年初，该辖区农村集中开展"三资"清理工作，在村委会向法院移交需调处农户 241 户后，调处中心迅速派出调解团队对涉案农民进行入户走访、宣讲政策、说服劝导，最终促使农户与村委会达成调解协议，除 2 户村民死亡外，其余 239 户农民主动履行义务，上缴拖欠款项 60 余万元，该批案件的顺利化解，起到了办结一案、教育一片、稳定一方的良好社会效果。同时，该院 2020 年实现新收民商事案件比 2019 年同期大幅下降的目标，降幅高达 68.95%。龙江县法院探索建立"法院 + 网格"多元解纷机制，由网格法官团队与当地中心社区对接，建立网格工作群，引导当事人通过非诉讼纠纷解决方式化解矛盾，并利用群内网格长接触面广、熟悉当地民情的优势，担当起人民法院的"信息员"职责，为人民法院审判执行查人找物提供线索，协助法院顺利开展各项审判活动。

尝试"公证 + 诉讼"，为审判工作注入新活力。龙沙区法院于 2019 年率先引进公证参与司法辅助事务，建立健全集约送达机制，实现户籍、不动产等多项信息的查询及调取。截至 2021 年 6 月，该院通过公证部门成功送达案件 3836 件，通过政务数据共享交换平台调查取证 2703 次，大幅减轻了法官的事务性工作压力。2021 年上半年，该院还引导公证参与案件调解 2 件，参与执行案件 6 件。

同时，各法院鼓励辖区人民法庭积极发挥前沿阵地作用，以灵活、便民、低成本的方式，努力将矛盾纠纷化解在基层，开展"枫桥式法庭"创建工作，争创"一庭一品"。全市法院共设派出法庭 35 个，虽然各法庭办公面积较小，工作人员较少，但均设置立案窗口及调解室，配备相应诉讼服务设施，以多元解纷工作为重点，积极发挥人民法庭的委托委派职能。2021 年上半年，全市各派出法庭共委托委派案件 1093 件，调解成功 796 件，对达成调解协议的案件及时启动司法确认程序，较好地保障了各方当事人的利益。同时，围绕家庭矛盾、土地承包合同、相邻关系、继承、宅基地等易发纠纷，各人民法庭积极调动当地村书记、村长、屯长、会计、治保主任、妇女主任的积极性，使其成为人民法院的"信息员""调解员""送达员"

"宣传员"。采用"人民法庭＋乡镇司法所＋村级调委会＋法律明白人"模式，将调解工作的触角延伸至村屯。此外，人民法庭还对困难群众进行上门立案、巡回审理、入户调解，并利用各自地理位置优势，深入乡村广泛开展法治宣传、讲解国家政策、提供法律咨询，带动更多的群众主动学法、守法、用法，共同建设"无讼"村屯、"无讼"社区、"无讼"乡镇。

五　通过"信息化＋智能化"更新诉讼服务模式

全市法院坚持以人民为中心的发展理念，以创建五星级诉讼服务中心为目标，不断完善诉讼服务基础设施建设，通过新建办公楼、改建或扩建诉讼服务中心、改善办公环境，升级诉讼服务软硬件设施，优化窗口人员工作作风、优化立案审批流程，提升服务质量。同时，更加注重诉讼服务中心信息化智能化建设，持续推进"一站通办""一网通办""一号通办"，让"信息多跑路，让群众少跑腿"。

大力宣传推广网上立案、跨域立案服务。各院在诉讼服务中心设立专门的网上立案、跨域立案窗口，设置自助立案服务一体机，并安排专人为当事人提供技术服务，同时在法院官网及微信公众号设置诉讼服务板块，向当事人提供打官司不求人电子手册、诉讼费计算器、网上立案操作手册等诉讼指南，让当事人无论何时何地都可以一键了解诉讼各流程，努力实现"立案不求人"。2020 年初新冠肺炎疫情发生后，各院诉讼服务大厅紧急关闭，人民法院线下诉讼服务事项几乎全部暂停，全市两级法院在战"疫"中依托中国移动微法院等平台，利用法院微信公众号、12368 诉讼服务热线、立案咨询热线电话等向社会公众宣传网上立案、跨域立案，引导当事人进行网上调解、网上立案、网上缴费、网上保全，有效回应了人民群众在疫情期间的司法服务需求。2020 年至 2021 年 6 月，全市法院共收到网上立案申请 17575 件，已立案 9117 件，完成跨域立案 710 件，对于经审核未予通过的案件，均由立案庭工作人员通过网上平台或电话方式，给予当事人必要的诉讼指导。

充分发挥矛盾纠纷调解平台作用。通过人民法院调解平台将各方调解力量汇聚线上，实现在线咨询、在线调解、司法确认、诉调对接。拜泉县人民法院在受理原告焦某诉被告黄某借款纠纷一案时，调解员在查阅原告提交的相关材料后，发现被告的身份信息只有一个电话号码，经过多次拨打电话，终于与被告取得了联系。因被告黄某一直在外省打工，双方无法同时来到法院进行调解，调解员便利用法院调解室内的音视频设备，在线开展调解工作。经过调解员充分的释法明理，晓以利弊，双方最终达成调解协议，并进行了司法确认。至此，一起持续多年的纠纷在一个小时内得以圆满解决，原被告双方隔空握手言和，共同感谢法院解纷的便捷高效。2020年至2021年上半年，全市法院委托委派调解案件中，超过30.7%的案件是以线上方式调解，缩短了调解员与当事人之间的距离，解决了双方当事人无法共同到场的困难。2019年，市中院与市人民调解中心实现调解平台对接，将市人民调解中心调解员录入法院调解平台，并在该中心开通了立案端口，由调解人员在线调解，并指导当事人在调解中心进行网上立案，至今已立案32件。

依托云视讯、云审判等信息系统开展诉中"云调解"。龙沙区人民法院在2020年初受理一起追索劳动报酬纠纷案件，被告胡某于2016年11月雇用原告孟某为其承接的某装饰装修工程进行施工，工程结束后胡某未按约定支付孟某劳务费3200元，经过三年多的催要，胡某仍未支付其拖欠的劳务费，孟某无奈起诉至法院。承办法官在接到案件后，考虑到原告已追讨劳务费长达三年，为尽量减轻当事人诉累，同时减少疫情防控期间人员流动聚集，通过积极与双方当事人电话沟通，取得双方当事人同意，利用远程视频在线开庭审理了该案，经过半个小时的视频庭审，双方当事人达成了一致调解意见，至此双方各坐家中未曾碰面便将三年来的"干戈"化为"玉帛"。"云调解"不仅节约了当事人的诉讼成本，而且在特殊时期实现了疫情防控与诉讼服务的双同步，深受当事人和诉讼代理人的欢迎。

畅通线上、线下申诉信访渠道。全市两级法院除了在人民法院信访服务大厅设置信访工作窗口外，还建立了信访电子信箱，在法院官网及微信公众号设置了"网上信访平台",方便人民群众提出涉诉信访问题,确保矛盾不积累。各院还实现远程视频接访系统与最高人民法院、省市法院远程接访视频的同步对接,来访群众通过预约,即可在本地法院接谈室与上级法院接谈人员进行视频通话,面对面交流。同时,用线下"巡回接访直通车"形式,深入基层,倾听民声,聚焦群众反映较为集中的立案、审理、执行各环节突出问题,当面为群众答疑解惑,通过线上与线下、驻地与巡回、常规与重点、属事与属地等"十结合"方式,耐心接访、真心走访、热心回访,打通司法服务"最后一公里",最大限度减轻人民群众"访累",促使矛盾化解提速增效。

建立双重诉讼服务评价机制。借助现代科技手段,对诉讼服务进行全方位监督。线上利用"当事人评价法院案件质效系统",在黑龙江移动微法院和诉讼服务平台接受案件当事人、律师及诉讼代理人对包含立案、审理、执行和法院整体工作四方面内容的司法工作满意度评价,线下在为来院当事人办理完诉讼服务事项后,邀请当事人使用窗口服务质量评价器进行服务档次评价,倒逼诉讼服务人员提高服务质量、提升服务效率。

全市两级法院紧紧围绕一站式建设,一体推进、集成深化政治铸魂、公正立身、为民树信、改革克难、自强固本"五大系统工程",不断增强多元解纷能力,提高诉讼服务水平。市中院积极推动党委政府将"万人成讼率"指标纳入地方平安建设考评范畴,并制定相关考评细则,着力提升基层社会治理水平。2021年初,中央政法委开展全国政法队伍教育整顿活动,市中院党组以此为契机,制订并下发"双优""双解"活动实施方案,在全市法院常态化开展优化诉讼服务、优化立案流程的"双优"提升行动和"解法结、解心结"的信访"双解"攻坚行动,秉持以人民为中心、为群众办实事的理念,用"跳出法院看法院"的群众视角,挖掘诉讼服务中存在的问题,从群众希望的地方做起,从群众不满意的地方改起,大力推动矛盾纠纷就地化解、实质化解,以群众满意度作为衡量诉讼服务和多元解纷机制建设的标尺,进一步创新司法为民模式,实施精准化定位,提供精细化服务。为践行"打官司不求人"的庄严承诺,努力让群众打官司有底气,投资者创业有信心，市中院制定了涵盖诉讼服务、审判执行、优化营商环境等多方面的"打官司不求人"20条措施和"我为群众办实事"服务措施20条。针对近两年突发的新冠肺炎疫情，市中院诉讼服务中心还制定下发了《诉讼服务大厅恢复工作预案》《关于进一步加强疫情防控期间申诉信访接待工作的公告》等多项制度文件，统筹推进疫情防控和司法审判工作"两不误"。

全市两级法院在一站式建设工作中已取得一定成效，但与最高人民法院关于全面建成集约高效、多元解纷、便民利民、智慧精准、开放互动、交融共享的现代化诉讼服务体系目标仍有很大差距，与人民群众对司法工作的新要求新期待也还有一定差距，同时也面临一些亟待解决的问题。一是行政机关、行业组织对多元解纷机制建设的认识和重视程度不一，部分机关、组织认为化解社会矛盾是法院一家的职能，共同参与社会基层治理的积极性不高，协同推进社会矛盾多元化解的力度不大。二是基层调解组织不健全，人民法庭在委托委派调解案件时，可选择性单一，通常只有乡镇司法所一家，而且人员配备不足，很多案件委托委派不出去，即便成功委托委派出去，由于调解员的工作能力跟不上社会形势发展，调解成功的比率也不高。三是人民调解、行业调解和行政调解工作缺乏统一规范，调解工作在现实中仍主要依靠法院来推动，需要加强调解机制的顶层设计，对各类调解组织统筹管理和推动。四是员额法官需处理的事务性工作较为繁杂，通过引入公证参与司法辅助事务的试点运行，将大量事务性工作剥离，助力法官集中精力办案，有必要在购买社会服务工作上加大财力支持。另外，目前调解员薪酬实行的是以案定补方式，缺少相应的制度规范，且不能完全按此兑现，一定程度上影响调解员的工作积极性，应在顶层设计上为调解员建立阶梯式薪酬制度并加强经费保障。五是非诉讼纠纷解决方式的社会认知度不够高，舆论宣传不够到位，当事人主动选择非诉讼方式解决矛盾纠纷的比例较低。

全市两级法院将在下一步工作中，向着司法公信力和人民满意度显著提升聚焦发力，持续推进一站式建设，切实落实中央、省委、市委关于加强诉源治理、推动矛盾纠纷源头化解的部署，提高矛盾纠纷源头治理及多元解能力水平，克服工作中的各种困难，把群众满意度作为衡量多元解纷机制和诉讼服务建设的标尺，把维护社会稳定，促进地方经济发展作为法院工作的立足点和出发点，以高效解纷能力和诉讼服务水平"双提升"推动全市法院整体工作再上新台阶。

B.15
基层社会治理视角下多元解纷的
理念调适与格局重塑

——基于海曙法院的实证分析

周寅寅　董延鹏*

摘　要： 建立健全多元化纠纷解决机制是应对社会矛盾纠纷多元化发展趋势的重要举措。由法院主导的一站式、多元化纠纷化解平台并未有效缓解法院案件持续高位增长的困境，本报告以海曙法院为例，通过分析多元解纷机制的运行现状以及存在问题，从理想、实证、运行掣肘以及重构四个方面探讨并厘清现阶段基层法院多元化纠纷解决机制的本质理念与完善路径，以期实现基层社会治理视角下多元解纷的理念调适与格局重塑。

关键词： 多元化纠纷解决机制　基层社会治理　矛调中心

引　言

中国正处于社会矛盾纠纷多发易发期，大量纠纷涌入法院，尤其是基层法院案多人少的矛盾愈演愈烈，传统以诉讼机制为主，以人民调解、仲裁为

---

* 周寅寅，宁波市海曙区人民法院民二庭法官助理；董延鹏，宁波市海曙区人民法院审管办（研究室）法官助理。

辅的纠纷解决体系已经远远不能满足纠纷化解的需要。因此，近年来人民法院致力于优化整合社会资源，构建起矛盾纠纷多元化解路径，以期破解案多人少难题。在多元化纠纷解决机制"遍地开花"的背景下，如何在令人眼花缭乱的解纷模式中厘清并调适多元解纷的本质理念，将不同种类的案件与各具特色的解纷模式相匹配，寻找纠纷化解流程简、耗时少、效果好的最优解成为人民法院的新课题。

一　理想：多元化纠纷解决机制的价值突破

多元化纠纷解决机制是指在社会中，诉讼与非诉讼纠纷解决方式各以其特定的功能和特点，结成一种互补的、满足社会主体多样需求的程序体系和动态调整系统①。该机制具备优质、高效、节约的优势，利用多元化纠纷解决机制解决矛盾纠纷成为各级人民法院的共识。

（一）法院视角：缓解纠纷化解压力

在诉源治理工作的大力推进下，部分地区人民法院收案逐年上扬态势有所遏制，收案总数有所回落，但整体案件基数仍然较大。以宁波市海曙区人民法院（以下简称"海曙法院"）为例，该院近年来收结案数量大幅上升，2017 年收案同比上涨 92.7%，案件量几乎翻倍，2018 年收案量升至峰值，有 2.8 万余件，2019 年、2020 年该院收案猛增之势有所遏制，但整体数量仍处于高位运行。同时结案压力也居高不下，2020 年海曙法院结案 25938 件，一线法官人均结案 448 件，平均一个工作日需要结案 1.8 件。在人员配置方面，员额法官、法官助理、书记员的配比尚存在结构性矛盾，法官助理人数较少，实践中远远达不到 1：1：1 的配备比例，人案矛盾依然存在。多元化纠纷解决机制构筑起多条并行的解纷通道，能够有效分流相当一部分矛盾纠纷，有利于缓解基层法院一线法官的办案压力。

---

①　滕鹏楚：《人民法院在多元解纷机制中的角色定位》，《人民司法》2020 年第 16 期。

（二）群众视角：提供新型选择路径

人民群众集中选择诉讼途径化解纠纷势必导致"诉讼拥堵"，人民法院解纷效率下降。多元化纠纷解决机制中的调解渠道效率优势明显，人民群众在诉前或诉中阶段均可向人民法院申请将纠纷委派或委托至各类调解组织处理，即使调解不成功，也能通过线上平台直接移送至人民法院立案登记或开庭审理，不会耗费太多时间。另外，人民法院亦在类型化纠纷化解中探索适用多元化纠纷解决机制，通过人民法院与相关行政机关、行业协会协作发力模式，有效缓解人民调解因公信力不足而较少参与类案纠纷化解的窘境，畅通的诉调对接通道也赋予了多元化纠纷解决机制中各类非诉化解模式一定的强制力和终局性，部分法院已在物业纠纷、机动车交通事故责任纠纷、金融纠纷、知识产权纠纷等领域取得较好成效。

（三）社会视角：促进资源优化整合

在矛盾纠纷多发时期，仅凭借精准裁判和严格执法未必能达到最佳的基层社会治理效果，多元化纠纷解决机制能够整合散落的社会资源，强化人民法院与行政机关、社会组织的配合，发挥各自的优势与特长，避免仅靠法院唱"独角戏"①。同时多元化纠纷解决机制更是对各种纠纷化解模式的功能优化，能够实现"1+1＞2"的社会效果，助力人民法院融入共建共治共享的社会治理大格局。多元化纠纷解决机制将矛盾纠纷化解的着眼点提至前端防线，贯彻"社会调解优先，法院诉讼断后"理念，促使简案、类案能够得到前瞻治理，人民法院能够凝聚审判资源集中办理诉讼案件，特别是难案繁案，实现案件数量下降、办案质量上升的良性循环。

---

① 姜树政：《以〈山东省多元化解纠纷促进条例〉助推诉调有效衔接 更好地满足群众多元解纷需求》，《山东审判》2016 年第 4 期。

二 实证：多元化纠纷解决机制的运行检视

人民调解、行政调解、司法调解、律师调解等均能在不同领域、不同阶段发挥一定效用，但不同纠纷化解模式的参与主体、针对的案件类型、运作方式等各有差异，解纷效果参差不齐①。近年来，海曙法院以审判体系和审判能力现代化为着力点，积极探索和完善多元化纠纷解决机制，逐渐形成了独具特色的多元解纷经验做法，以司法的公正与效率切实提升人民群众的获得感。

（一）多元主体参与

1. 司法调解

司法调解即在法院内法官主持进行的调解，对当事人而言更具司法权威性。通过科学设定繁简分流标准、程序和方式方法，把繁简分流与诉前化解紧密结合，通过诉前接触当事人，征询当事人意见后，由简案庭调解团队实现前端诉前化解。

2. 特邀调解

为进一步深化多元化纠纷解决机制改革，合理配置纠纷解决的社会资源，保护当事人合法权益，2016 年以来，海曙法院按照最高人民法院《关于人民法院特邀调解的规定》，逐步建立起特邀调解机制，吸纳符合条件的人民调解、行政调解、商事调解、行业调解等调解组织或者个人成为特邀调解组织或者特邀调解员，接受法院立案前委派或者立案后委托依法进行调解，促使当事人在平等协商基础上达成调解协议、解决纠纷②。特邀调解可以通过 ODR 线上矛盾纠纷多元化解平台开展，平台全面整合融入多元矛盾

---

① 龙飞：《论多元化纠纷解决机制的衔接问题》，《中国应用法学》2019 年第 6 期。
② 为进一步深化多元化纠纷解决机制改革、合理配置纠纷解决的社会资源、保护当事人合法权益，海曙法院于 2017 年 6 月 1 日印发《宁波市海曙区人民法院特邀调解工作规程（试行）》（甬海法发〔2017〕40 号），进一步规范特邀调解工作。

调解资源，按照谁主管谁负责的原则，发挥行业管理优势，统筹建立在线矛盾纠纷多元调解专家库，并根据在线平台专业设置，有计划、按需求组织相关调解专家及时参与在线矛盾调解或答疑解惑工作，打造"最好不用跑"在线纠纷解决新模式。

3. 行业调解

对于一些专业性较强的案件，法院委派给行业协会、行业组织等专业机构进行专业化调解。委托行业协会参与调解是"将正式与非正式的两种司法体制都包括到一种谈判协商的关系之中"的过程，有利于实现司法资源的集约化，兼顾双方的利益诉求，增强纠纷解决结果的公信力。海曙法院制定《关于建立金融纠纷诉讼与调解对接工作机制的实施意见》，设立金融纠纷诉调对接工作室，工作室与宁波市银行业协会确定的海曙法院辖区内各金融机构联系，确定诉调对接联络员，及时参与金融纠纷调解工作。首批选聘13名精通金融保险相关行业专业人士为调解员，凡涉案标的为1亿元以下的金融保险案件，在征得双方当事人同意后均可委派至工作室进行调解。

4. 律师调解

海曙法院邀请律师参与，探索律法联动常态化运作机制。设立律师调解工作室，制定《律师调解试点工作操作流程》。联合市律协和区司法局，成立60人的特邀调解律师团队，采用1名资深律师带领1名年轻律师模式轮值驻院直接参与现场调解。畅通律师团队与简案审理团队的诉调衔接，进一步深化律师调解工作成效。

5. 联合调解

海曙法院积极融入基层社会治理大格局，集中整合多元解纷力量，实现联合调解。一是主动对接镇（乡）政府，通过建立"小纠纷化解微信群"线上+线下模式，实现专人结对服务，实时答疑解惑，畅通诉前联动衔接，发挥诉前解纷实效。二是下沉一线，开展诉源治理，积极参与未诉至本院的各类调解，排摸基层矛盾、提供法律咨询、指导调解工作、及时化解基层矛盾，结合"三服务"活动，参与辖区综合治理，力争实现"小纠纷不出镇"的目标。

6. "社会矛盾纠纷调处化解中心"团队化解

海曙区于 2019 年 12 月建成并运行社会矛盾纠纷调处化解中心（以下简称"矛调中心"）。海曙法院派团队成建制入驻矛调中心，与矛调中心内的政法委、信访局、司法局、人社局、公安局、检察院等单位入驻成员协同办公。主要流程是：在矛调中心窗口设置引导人员，引导当事人进行登记，根据纠纷具体情况分流指派至各部门进行处理。法院派驻人员的主要职能是在调解过程中提供现场指导、调解成功后进行司法确认、调解不成直接立案、速裁，形成"社会调解在前，法院诉讼在后"的解纷流程①，把法院调解工作置于党委政府的大治理格局。

（二）特点及客观效果

1. 解纷格局

从多元解纷格局来看，法官承担了最主要的矛盾纠纷化解职能，矛盾纠纷调处数量占比超过 85%（见表 1），行业调解、律师调解、联合调解等均作为补充性解纷措施。绝大部分解纷模式已经形成较为稳定的工作机制，联合调解则视案情而定，参与人员和时间具有不确定性。

表 1　2020 年宁波市海曙区多元化解方式的特点、调解员数及调解成效对比

调解方式	特点	调解员人数	调解成效
司法调解	法官主持调解，司法权威性强	员额法官 + 法官助理	民商事结案数 13975 件，其中调解结案数 2923 件，调解结案率 20.92%
特邀调解	人民调解员具有群众基础，利于开展群众工作	10 个特邀调解组织、138 名人民调解员，其中注册 ODR 平台在线调解员 66 名	由人民调解、委派调解达成调解协议，并申请法院进行司法确认 736 件
行业调解	行业性、专业性强	13 名精通金融保险相关行业专业人士	自工作室 2020 年 5 月末成立以来，调解成功并进行司法确认 155 件，平均审理天数 2.44 天，结案总标的约 7.23 亿元，为当事人节省受理费约 455 万元

---

① 何鑑伟：《发挥司法职能作用推进基层社会治理 创新发展新时代"枫桥经验"》，《浙江工业大学学报》（社会科学版）2018 年第 3 期。

续表

调解方式	特点	调解员人数	调解成效
律师调解	法律知识和技能专业、沟通技巧强	60 人的特邀调解律师团队，建立老带新模式轮驻法院	律师共参与调解民商事案件 36 件，其中调解成功 16 件，调解成功率 44.44%
联合调解	集中整合多元解纷力量，诉前联动衔接	联合司法员、民警、人民调解员组团指导化解	联合司法员、民警、人民调解员组团指导化解家事、邻里以及一般合同类小纠纷 100 余件，个案指导化解类纠纷 80 余件
矛调中心团队化解	一窗受理、一揽子调处、一条龙服务，深化基层治理	以员额法官团队入驻方式入驻矛调中心，对接开展矛盾纠纷调处工作，入驻团队配置 1 名员额法官、1 名法官助理、1 名书记员、1 名窗口受理人员	入驻团队诉前化解纠纷 513 件，审查人民调解协议并司法确认 253 件，简案速裁 231 件

2. 初步成效

经过多元化纠纷解决机制的探索运行，海曙诉讼案件井喷趋势有所遏制，源头化解矛盾效果日益显现。三年来海曙法院民商事案件诉前调受理数量明显上升，2020 年的诉前调案件数量达到了 11665 件，比 2019 年翻了将近两番。一审民商事收案数量则呈现下降趋势，从 2018 年的 17240 件到 2020 年的 14128 件，连续两年下降。

三 探析：多元化纠纷解决机制运行的掣肘因素

2018 年初，浙江省高级人民法院党组经深入调查研究发现，由法院主导的一站式、多元化纠纷化解平台尚未有效缓解法院案件持续高位增长的困境。当前的诉前化解模式虽然取得了一定成效，但从收结案数量和调解成功率来看，仍有很大的提升空间。虽然诉前调解数近 4 年来呈现稳中上升态势，但调解成功率无法实现提升，呈现波动状态。尤其是在 2020 年进一步强调诉前化解的情况下，调解成功率仍呈现下降态势且降幅较大，有效调解的愿景无法实现（见表 2）。

表2   2017~2020 年海曙法院民商事诉前调解案件情况

年份	诉前调结案数(件)	调解成功数(件)	调解成功率(%)	比率升降
2017	2355	1577	66.96	——
2018	3925	1732	44.13	↓
2019	3293	1653	50.20	↑
2020	11030	4883	44.27	↓

究其根源，主要存在以下方面原因。

（一）角色定位有偏差

"诉源治理"的基本内涵是指社会个体及各种机构对纠纷的预防及化解所采取的各种措施、方式和方法，使潜在纠纷和已出现纠纷的当事人的相关利益和冲突得以调和，并且采取联合行动持续的过程①。随着经济社会的发展变化，矛盾纠纷的复杂性日益增强，处理的难度也不断加大。通过联合民政、社区、行业协会等专门机构，借助行政机构和社会力量，构建并完善多元纠纷解决机制成为必由之路。这项工作的价值不仅在于实现纠纷当地解决，更是实现社会治理现代化的有力之举，是全党、全社会共同面临的任务。但目前出现了一些矛盾纠纷化解工作的理念误区。司法本应是纠纷解决的最后一道防线，却成为当事人纠纷解决的首要选择。很多部门存在理念偏差，认为诉源治理理所应当是法院的"分内之事"，对矛盾纠纷多元化解工作参与度不高。矛盾纠纷多元化解，是政府部门、乡镇街道、村社及社会调解组织等多主体共同的职责，而非法院一家承担。

在法院收案超负荷的大背景下，在审判人力、物力资源有限的条件下，案件审理增效空间有限。目前情况下，将诉源治理的重任全部加诸法院，要求法官参与并主导诉前调解工作并不合理。要想真正缓解"案多人少"矛盾，疏通各种纠纷解决渠道，分流案件，进而建立科学有效的纠纷解决机制是关键。在目前司法资源不可能大量增加、社会矛盾纠纷不可能都通过法院

---

① 郭彦：《内外并举全面深入推进诉源治理》，《法制日报》2017 年 1 月 14 日。

解决的情况下，一方面要继续深化司法体制改革，提高案件审判效率；另一方面需要放大人民调解功效，充分发挥有关部门的纠纷化解功能，完善各类诉讼外纠纷解决机制。

（二）矛调中心运行效果不理想

矛调中心整体效果仍不够理想，主要表现在三个方面：一是功能开展虚置，目前矛调中心仅有信访部门整体入驻，其他部门仅为窗口入驻，多块人民调解委员会、行业调解组织的牌子已上墙，但基本未见驻点或轮班人民调解员，调解员未配备到位，调解员素质不高，考核办法及认识不科学等导致调解成效不足。二是入驻部门各自为政，未形成合力，协调沟通机制不完善。各部门对接经验较为匮乏，在沟通联络、资源共享、风险预测等方面的磨合仍需进一步强化。司法局的人民调解系统、法院的通达海系统、在线矛盾纠纷多元化解平台（ODR）之间仍存在壁垒，尚未实现数据共享，与"一窗受理"和"整体作战"还有一定差距，部门协调联动和化解矛盾纠纷的能力需要提升。三是矛盾纠纷调处化解三级联动模式尚待完善。目前全区17个镇（乡）街道正在实现村（社）矛盾纠纷调处化解工作全覆盖，但依托区矛调中心，推动矛盾纠纷实现区级＋镇（乡）街道＋村（社区）的"一站式受理、一条龙服务、一揽子解决"短期内有一定困难。

（三）调解队伍运转受限制

一是调解人手不足。人民调解员的管理部门系司法行政部门，法院可向人民调解员分流部分案件，但不能自行聘请调解员。例如，海曙区涉诉纠纷人民调解委员会，系海曙区司法局成立并入驻海曙法院的人民调解组织，可以调解直接诉至法院的各类诉前纠纷。但在实际运行中，驻院的人民调解员数量较少，无法消化基层法院大量的一审民商事案件，矛盾纠纷分流效果有限。实则原运行的人民陪审员兼职调解员工作，也因人民陪审员素质良莠不齐、年龄偏大、计算机水平较低、调解能力不足等问题被迫暂停。

二是解纷能力不强。一些基层社区的调解员自身文化程度参差不齐、年龄结构不合理、业务水平有所欠缺，兼职为主、专职为辅现象较为普遍，主要依靠亲缘地缘、社会经验参与调解工作，所调解的纠纷类型局限于案情相对简单的相邻关系、民间借贷、婚姻家庭案件，对复杂的案件类型表现乏力，无法有效发挥矛盾纠纷化解作用。尽管各级司法行政机关定期举办业务培训，但常常形式大于实质，能力提升效果并不理想。

三是参与积极性不高。良好的物质保障是人民调解工作顺利开展的重要一环，目前并未设立诉源治理相关专项经费，ODR平台信息录入没有任何报酬或补贴，这在一定程度上挫伤了调解员的工作积极性，导致用户自主申请司法确认数据极少，没有与法院形成合力，同时也难以吸纳懂法律、懂政策的较高素质人员充实到调解队伍，无法形成良性、自主循环，影响和制约了调解工作的开展。

（四）宣传推广不到位

多元化纠纷解决机制的宣传以人民法院、司法局等单位的微信公众号推文为主、公众开放日接待群众为辅的方式开展，宣传推广的力度不足、范围有限，许多当事人根本不知道何为诉前调解、何为司法确认，坚持要求法院开庭与宣判，不愿意接受诉前调解。调解组织或调解员在进行调解时，未有意识地引导、指导当事人到法院进行调解结果司法确认，以致乡镇街道、村社调解成功后当事人直接申请调解司法确认的情况很少，调解的司法确认率很低，以致产生二次纠纷，无法直接向法院申请强制执行。

（五）考核机制不完善

一方面，针对调解员的考核各自为政。司法行政机关的人民调解系统与ODR系统，数据不能互联互通，考核标准并不统一。浙江省政法委牵头推出的浙江省社会矛盾纠纷调处化解协同应用系统，虽2020年9月在全省20个区县试用，但未推广至全省，未形成应用效应。律师调解、部分行业调解考核设定流于形式，甚至没有设置考核方式。另一方面，针对法院的考核指标设定不合理。调解案件数、调撤率等考核仍然成为人民法院工作的重要考核指标，法官仍然将调撤率作为主要追求，致使诉前化解工作陷入困境。司法确认案件并不纳入民商事一审收结案的司法统计范围，这造成法官办理司法确认案件的工作量难以得到实际衡量测算，从而降低了法官的积极性。

四　重构：多元化纠纷解决机制的"蝶变"路径

任何工作都不可能一蹴而就，也不可能一劳永逸。制度总是需要不断完善，作为多元解纷工作的主要推进部门之一，法院针对多元解纷体系架构与实践中面临的困境，可以重点从以下方面着手解决。

（一）以统一思想认识为先导

明确诉源治理工作的牵头人为地方党委政府，以矛调中心作为发力点，法院、信访局、镇乡街道等作为配合部门，强调对所接收的诉前纠纷进行化解实效考核，以实现"调解为主，诉讼断后"目标，落实习近平总书记"把非诉讼纠纷解决机制挺在前面，从源头上减少诉讼增量"的重要指示精神。法院所承担的职责为对调解员、调解组织进行指导，以及对调解员、调解组织主持达成的人民调解协议进行司法确认，可有计划地组织培训。行业协会则作为特殊领域的重要解纷力量，参与金融、知识产权、物业、旅游等纠纷的化解。

（二）以推动诉讼服务中心与矛调中心高度融合为切入点

一是增强法院员额团队入驻区矛调中心力量。在 1 + 1 + 1 + 1 模式（员额法官、法官助理、书记员、窗口接待各一名）的基础上，视情配备信访接待力量，充实多元解纷队伍，构建完善纠纷化解非诉讼格局。

二是协同完善矛盾纠纷"一站式"处理模式。在纠纷由法院受理前先分流引导到信访、公安、人社、住建以及各调解组织等调解主体先行调解。如调解不成，再由法院登记受理、委派调解、司法确认、简案速裁，涉法信访处置力量视情介入，协力推进区矛调中心真正实现"最多跑一地"。

三是助力矛盾纠纷调处乡镇分中心建设。依托基层法院专业法庭处理金融、保险、道路交通、物业等案件的类案解纷优势，积极融入社会综合治理，指导、培训乡镇调解员、网格员提升矛盾化解能力，打造镇域纠纷解决新模式。

（三）以探索类型化纠纷特色解决模式为动能

一是搭建部门间协作桥梁。加强与公安、市场监督管理局、文广旅体局、工商联、工会、妇联、劳动监察等部门的协作，推进与医疗卫生、知识产权、金融保险、物业等行业调解组织的沟通，加快辖区律师调解平台搭建。这些组织相比人民调解更具专业性，调解组织者往往参与相关业务的管理和指导，具备丰富的实践经验，提出的调解方案更容易为当事人接受，可通过设置类案化解工作室，凝聚纠纷化解合力。例如，海曙法院在诉讼服务中心设立"增宏婚姻工作室"，对涉及婚姻家庭及妇女权益的案件，加强与区妇联、民政局的沟通对接，与区妇联下设调委会共同推进诉前化解。

二是加强类案指导工作。通过示范性判决明确法律规则，引导系列纠纷、同类纠纷调解解决和"一站式"司法确认。针对不同类型的矛盾纠纷，编写典型案例小册子，为各类调解组织开展工作打造样板，统一裁判思路和裁判尺度，提高诉前调解工作的成功率。

三是发挥法庭的治理效能。积极运用乡镇中心法庭、专业法庭、巡回法庭、巡回审判点等的纠纷化解与指导功能。以海曙法院为例，为推动类案处理的高效化，创建"一庭一品"特色品牌，将特殊案由在机关和法庭之间双向分流。将建设工程、破产、医疗及股权等疑难复杂案件集中至法院机关办理，将金融、物业、道路交通、保险等案件分别对应分流至四个法庭集中办理，探索行之有效的类案调处模式。

（四）以畅通诉调对接通道为保障

一是加强非诉和诉讼解纷机制的信息互通。在区县矛调中心的组织下，相关行政机关、社会团体等积极参加各类调解组织参与的联席会议、微信协调群等，建立成讼评估、预警制度，对可能成讼案件进行预警，协同推进调解工作。

二是强化诉前咨询分流机制建设。在法院诉讼服务中心导诉台及区矛调中心接待窗口配备专职引导员或志愿者引导员，积极引导当事人选择最适宜的方式解决纠纷，把好矛盾纠纷分流第一关。

三是健全委托调解、委派调解机制。对适宜调解且当事人愿意调解的案件，统一通过浙江省社会矛盾纠纷调处化解协同应用系统进行诉前登记，并导入 ODR 平台，进而委派给人民调解、行业调解或律师调解等组织进行调解。

四是加强诉前调解与保全程序的衔接，对于事实清楚、法律关系明确的案件，引导当事人视情可向法院提起诉前保全，以促进达成调解。

五是增强司法确认质效。对当事人申请确认人民调解协议效力的案件，当天完成司法确认审查，确保及时有效化解社会矛盾。

六是分析研判诉前化解衔接效果。定期对人民调解、行政调解与诉讼程序的衔接问题、实际效果、存在困难等进行分析研判，就运行情况作出反馈，以总结经验教训、完善对接举措。

（五）以强化调解人才队伍为助力

单纯组织专题性的讲解式培训对调解员解纷能力的提升力度有限，可在继续保留以往线上微课堂、线下集中培训的基础上，搭建线上实时可视的指导调解通道，调解员在纠纷化解过程中可联合法官共同释法明理，提升调解成功率的同时在调处实践中积累解纷经验。2021 年 4 月，海曙法院联合司法局，在高桥镇司法所安装调试完成诉前纠纷化解法院远程指导培训视频系统，运用该系统成功指导人民调解员促成双方当事人达成调解协议。该套系统依托移动微法院平台，可实现法院与乡镇基层矛调中心 24 小时实时连线对话，帮助各街道、镇乡、村社等人民调解工作更好地开展。此外，应积极争取党委和政府支持，申请诉源治理专项资金，形成稳定的财政投入。通过购买服务或以奖代补方式，对调解员设置合理的报酬或补贴，金额与调处案件的数量和类型挂钩，可在一定程度上缓解调解员的流失问题。

（六）以加大宣传引导为纽带

一是形式上注重"线上＋线下"并行。多元化纠纷解决机制的参与单位、社会团体应积极参与其中，在办事大厅设置专属宣传区域，并由矛调中心牵头，联合各入驻成员举办面向社会公众的多元化纠纷解决机制线下宣传活动。同时将多元化纠纷解决机制宣传引导视频图文资料内置于移动微法院及各单位门户网站，方便诉讼当事人选择其他渠道解决纠纷。

二是内容上注重"全面性＋针对性"兼顾。积极挖掘并编写典型案例，做到常见纠纷类型全覆盖，全面向社会公众介绍不同解纷模式的功能和优势。有针对性地宣传如"敬民调解工作室"等品牌人民调解工作室，加强司法确认宣传推广力度，加深社会公众对诉前调解与司法确认的高效、便捷、零成本认识，提升群众认可度，让多元化纠纷解决机制成为群众解决日常民事纠纷的习惯性首选。

（七）以优化考核机制为抓手

构建多元化纠纷解决机制评估考核指标体系，加大对矛调中心入驻部门、乡镇街道、村社的考核力度，将委派调解案件完成数、司法确认案件数、万人成讼率、诉前纠纷调撤率等纳入考核指标，针对人民调解、行业调解、律师调解的特点在指标设置中各有所侧重，结合考核结果对表现突出的调解组织或调解员给予物质或者荣誉奖励，对表现不合格的调解员及时予以辞退，促进多元化纠纷解决机制良性运转。优化法院内部考核指标，降低调解案件数、调撤率等指标的考核要求，增加对繁案办理质效的考核权重。定期对多元化纠纷解决机制运行情况进行分析研判。加强与相关行业主管部门、行业协会的对接，建立定期会商、双向通报制度，共同落实对特邀调解组织、特邀调解员的监管责任。

在新的时代背景下，需要不断优化多元化纠纷解决机制，有效融合司法力量的威严与社会力量的和缓，将基层社会的矛盾纠纷化解于萌芽，切实提高基层社会治理成效。

B.16
以矛盾多元化解推进"无讼平湖"
建设的实践与展望

"无讼平湖"建设研究课题组 *

摘　要： 随着经济社会的快速发展，各类矛盾纠纷不断增多，成为基层社会治理的重点难点。浙江省平湖市在概括提炼平湖先贤陆稼书"调和息讼，就地化解矛盾"的"无讼"工作试点经验基础上，率先提出了打造陆稼书"息事无讼"基层社会治理品牌，取得了良好效果。本文对平湖市的"息事无讼"提议调督评"五步工作法、四级化讼机制、创建地方标准、调解工作体系等工作实践经验进行了总结，探讨了认知不够充分、制度体系尚不完善、多元矛盾纠纷治理能力尚待加强、矛盾纠纷调解力量保障有限等问题，对下一步深化矛盾多元化解，建设"无讼平湖"提出了理念提升、体系构架、机制建设、平台支撑、队伍保障等观点。

关键词： 非诉讼纠纷解决机制　新"枫桥经验"　诉源治理　"无讼平湖"

近年来，平湖市认真贯彻习近平总书记"坚持把非诉讼矛盾纠纷解决

---

* 课题组负责人：蒋娟芬，平湖市委常委、政法委书记。课题组成员：徐立，平湖市司法局局长；董碧颖，平湖市司法局副局长；潘晓东，平湖市司法局人民参与和促进法治科科长；徐佳伟，平湖市司法局调研督查科科长。执笔人：潘晓东。

机制挺在前面"和"推进社会治理现代化"的指示要求,坚持和发展"枫桥经验",弘扬陆稼书"息事无讼"文化,紧扣"深化多元解纷、打造'无讼平湖'"目标方向,推进市域社会治理现代化进程。课题组通过调研总结平湖市矛盾多元化解基层实践,结合本地实际,研究提出深化新时代矛盾多元化解机制改革的新路径新举措,全力推动"无讼平湖"成为市域社会治理的实践样本。

一 现实基础

2017 年以来,平湖市基于对矛盾纠纷的现实研究、对"无讼"文化的理论思考、对基层实践的客观总结,在概括提炼平湖先贤陆稼书"调和息讼,就地化解矛盾"的"无讼"工作试点经验基础上,在全国率先提出了打造陆稼书"息事无讼"基层社会治理品牌,闯出了一条具有平湖地方特色、行之有效的基层社会治理新路。

1. "息事无讼"治理深入实践

平湖市创设的"提议调督评"五步工作法和四级化讼机制不断完善,2019 年联合浙江大学举办首届陆稼书"息事无讼"高峰论坛,发布《平湖市"无讼"村社区创建标准体系规范》和《平湖市"无讼"工作中心(室、站)建设规范》两个地方标准。2020 年编制全省首个《行政争议实质性化解工作指引》,实现"息事无讼"从民商事领域向行政争议领域拓展。"无讼"村社区创建成效显著,截至 2021 年 7 月,成功创建 74 个、占比 65.5%,村社区"无讼"工作站实现全覆盖。2021 年 3 月份开始,平湖市万人成讼率连续三个月在嘉兴五县两区排名第一。

2. 多元化解机制不断完善

平湖市相继出台《向社会力量购买公共法律服务的实施方案》《深入推进警源、诉源、访源"三源共治"工作的实施方案》《关于鼓励社会力量参与矛盾纠纷化解的若干意见》等调解政策类文件,建立健全矛盾纠纷排查预警、分析研判和网格化区域责任分解等机制。推广使用矛盾纠纷在线多元化解平台（ODR）、省人民调解大数据平台、"浙里调""禾解码"等线上平台，努力实现矛盾纠纷化解"最多跑一地"。

3. "三源"共治共调协同推进

平湖市坚持警源、访源、诉源治理与警调、访调、诉调对接相结合，着力推进源头预防、苗头化解、矛盾升级前处置。从 2018～2020 年"警、诉、访"数据看，交通事故类占比最高，三年平均达 44.9%，居警源和诉源案件之首，其次是治安警情类，平均 21.5%；访源案件中，城乡建设类占近一半，主要涉及征地拆迁类疑难案件情况复杂、化解难度较大。同时，生态环境类、劳动保障类信访矛盾居高不下（见表 1）。

表 1   矛盾纠纷"三源"数据情况分析

单位：件/%

	2018	2019	2020	2021（1～5 月）
诉源治理类（人民调解口径）				
交通事故	1062/33	2871/49	3001/52.6	426/19.6
保险合同	—	255/4.4	720/12.6	248/11.4
生产经营	169/5.2	422/7.2	564/9.9	203/9.4
婚姻家庭	734/22.8	303/5.2	278/4.9	189/8.7
物业纠纷	9/0.3	440/7.5	247/4.3	241/11.1
其他	1249/38.8	1565/26.7	898/15.7	864/39.8
公安警情类				
交通事故	39791/45.02	39742/43.17	37170/42.99	17526/47.16
治安警情	20297/22.96	20226/21.97	16812/19.44	5904/15.88
刑事警情	7512/8.49	6562/7.12	4272/4.94	1697/4.56
求助	11612/13.13	13133/14.26	14628/16.91	6730/18.11
火警	723/0.81	732/0.79	646/0.74	313/0.84
其他	8450/9.56	11646/12.65	12926/14.95	4988/13.42
信访反映类				
城乡建设	6704/37.59	10825/48.53	9990/46.08	3670/44.50
生态环境	1879/10.54	1976/8.86	1542/7.11	450/5.46
交通运输	1655/9.28	1547/6.94	1288/5.94	440/5.34
市场监管	1297/7.27	1269/5.69	1383/6.38	509/6.17
劳动保障	808/4.53	784/3.51	1188/5.48	611/7.41
其他	1726/9.68	2225/9.97	2926/13.50	1055/12.79

4. 人民调解作用更加突出

平湖市矛盾纠纷调解类型主要包括人民调解、行政调解、司法调解、仲裁调解四类。从近三年调解案件分布情况看，人民调解案件呈逐年增长态势，总量增幅达 78.7%，所占比重从 2018 年的 38.2% 上升至 2020 年的 56.3%。行政调解主要集中在公安和市场监管 2 个部门，主要涉及治安案件和消费纠纷调解；仲裁调解占比较小，主要为劳动争议仲裁；司法调解及司法判决随着诉源治理深化呈逐年下降态势（见表 2）。

表 2　本市各类调解及司法判决情况统计

单位：件

	人民调解	行政调解	仲裁调解 （劳动仲裁）	司法调解 （法院调解）	司法判决 （民商事）	调解总量
2018	3185	1246	188	3711	2761	8330
2019	5419	1175	237	3359	2191	10190
2020	5693	1242	238	2932	2076	10105
2021（1~5 月）	2218	787	124	1190	458	4319

5. 调解工作体系日益健全

平湖市持续推进基层调解组织建设，纵向形成了市镇矛调中心、"无讼"工作中心（室、站）和"1+8+113"三级人民调解组织架构，建成率100%；横向打造了由医患、劳资、交通等 13 家市级行业性专业调委会，18家调解工作室和入驻市矛调中心十大社会组织品牌工作室组成的调解网络，着力构建起以人民调解为引领，行政调解、仲裁调解等优势互补、有机衔接、协调联动的大调解工作格局。截至 2021 年 7 月，全市共建成各类人民调解组织 194 家、专兼职调解员 942 人（见表 3）。

表 3　本市各类专兼职调解力量分布统计

单位：人

	专职	兼职	总量	备注
人民调解	47	719	766	其中,市人民调委会 8 名,镇街道 76 名,村 314 名,社区 187 名,企业 103 名,专业性调委会 78 名

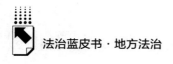
续表

	专职	兼职	总量	备注
司法调解	54（法官）	58（书记员）	112	调解主体以法官（员额法官）和法院辅助人员为主
行政调解	—	20	20	主要是市场监管、公安部门、在职在编人员兼任
仲裁调解	—	4	4	为劳动仲裁调解，在职在编人员兼任
访调对接	—	40（11＋29）	40	以市、镇信访干部兼职为主

6. 信访生态环境持续优化

平湖市探索创建信访工作"五诊"法，设立"信访事项专业调委会"，成立人民调解化解信访矛盾专家库，仅2020年通过"访调对接"化解涉访矛盾纠纷130多件，第三方力量有效疏导和推动化解疑难信访事项20余件。市本级信访登记量占国家、省、嘉兴、市本级四级信访总量比例一直在80%以上，信访层级结构合理性保持全省前列，连续2年获得全国信访工作"三无县（市、区）"、连续3年被评为省级无信访积案县（市、区）。

二 发展形势

随着经济社会的快速发展，多样化的社会需求、多元化主体的利益冲突势必产生大量纠纷，司法机关面临案多人少、执行难、"案结事不了"等现实问题。调解工作作为非诉讼纠纷解决方式的主要途径之一，是一项具有中国特色的化解矛盾、消除纷争的非诉讼纠纷解决方式，被国际社会誉为化解矛盾的"东方经验"。近年来，各地坚持和发展新时代"枫桥经验"，有不少探索实践。创新推进"无讼平湖"建设，需要着眼全局、客观审视，紧扣市域社会治理现代化目标和人民群众的新期待，积极推进矛盾纠纷多元化解。

从省内经验做法看，安吉县在法院各庭室和乡镇法庭派驻专职调解员负责诉前引调，从一定程度上缓解了市镇两级矛调中心化解诉前引调案件的压力，使得市镇两级矛调中心有更多的精力从事跨部门重大矛盾纠纷和信访积案调处。桐乡市在 11 个镇街道全覆盖，建立"法官驻镇联村、人民调解驻庭"双向派驻制度。在法院本部、派出法庭设立"驻庭人民调解工作室"6个，由镇街道选派人民调解员常驻，引导当事人以成本更低、更利于关系修复的非诉讼途径调处矛盾。同时在各镇街道设立"法官工作室"，为全市各村社区配备"社区法官""联村法官"，协助开展人民调解业务指导，各镇街道落实派驻法庭调解员及薪资保障。

三　存在问题

随着平湖市"息事无讼"治理的深入，推广实践中一些问题日益凸显。

（一）对"无讼"治理的认知还不够充分

一是概念不清晰。很多部门和群众对"无讼"的理解还停留在没有诉讼、不要诉讼的层次，要么认为"无讼"社会是一个理想社会无法实现，要么认为诉讼打官司是一件丢人的事情而不愿诉讼，没有选择充分调解或寻求其他非诉方式解决问题的正确认知。二是方式不全面。很多部门对非诉讼解决方式（ADR）认知还比较单一，仅局限在调解范畴，事实上非诉方式还包括和解、公证、仲裁、行政复议等，且调解还包括人民调解、司法调解、行政调解、仲裁调解等多种方式。三是标准不完备。虽然平湖市之前发布了无讼村社区、无讼中心（室、站）创建两个地方标准，但更多侧重于硬件创建等静态类标准，在利用大数据动态分析矛盾纠纷的存量处置、新增管控、同期对比等方面，还缺乏一个直观的绩效指数评价体系。

（二）"息事无讼"的制度体系尚不完善

一是"息事无讼"治理体系尚未完全形成。平湖市"提议调督评"和四级化讼机制是矛盾纠纷化解个案的工作总结和提炼，还没有上升为制度设计层面的框架体系，在宏观上还缺乏一套完备的理论和制度支撑来更好地指导实践。二是部门联动机制还不够健全。访调对接、部门联动等方面衔接还不够，如交通事故纠纷中还存在保险公司、交警大队、法院等多头调处的问题，在处置突发性事件时还易出现哪里管、哪级管、谁主管等争议。三是矛盾分流处置机制不够顺畅。诉前引调至镇街道的案件，因受理主体认为案件不适合调解、专业性不强等，会产生分流不畅、调处不及时等问题，信访类分流交办案件还存在"分不下、转不动、办不了"等情况。

（三）多元矛盾纠纷治理能力尚待加强

一是基层专业化调解能力不足。平湖市的法院引调案件中，存在大量事实较为复杂、法律专业性较强的借贷、金融等纠纷，分流至镇街道矛调中心（司法所），其调解员的法律知识难以适应此类案件的调解，而基层法庭专业的司法调解作用没有得到有效发挥。二是部分行业性纠纷化解不易。劳动争议、婚姻家庭、交通事故等纠纷因各自领域的特殊性、复杂性，影响纠纷化解的成效，有些家庭婚姻、劳动争议纠纷，事虽不大，但处置不当极易引发民转刑案件或群体性事件。三是部分非诉解决方式作用发挥不明显。公众对调解以外的其他非诉讼解决方式的功能、程序和优点等都不太了解，对行政调解、司法调解、仲裁调解等也不太熟悉，导致其他非诉纠纷解决方式的运用不足。同时，行政调解的作用也未充分发挥，虽然平湖市生态环境等7个部门都成立了行政调解委员会，但仅公安和市场监管两个部门的作用发挥较好。

（四）矛盾纠纷调解力量保障有限

一是专业素养欠缺。基层调解员普遍存在年龄偏大、学历偏低、专业知识偏弱等问题。平湖全市基层调委会45周岁以下、本科及以上学历、法律专业的调解员分别仅占47%、25%以及15%，2486名网格员中，55周岁以上的占83%，法律专业的10%以下。二是专职力量薄弱。市级行业性专业调委会、镇街道、村社区调委会虽然名义上都配备了专职调解员，但大部分人员具有抽调或兼职性质。全市766名入库调解员中，系统在册专职调解员149名、占19.5%，而真正做到专职专岗专用的仅47名、占6.1%。三是待遇保障偏低。目前平湖市还缺乏明确的调解员岗位薪酬标准，参照比退休返聘人员略高的标准执行，以市矛调中心专职调解员为例，均为退休返聘性质，待遇较低，很难吸引年轻人。四是社会力量参与不够。近年来，平湖市持续拓展婚姻危机干预、信访个案介入等政府购买服务项目，但用于购买矛盾调处服务资金仅占镇街道购买服务总额的 9%。平湖市登记备案社会组织 2961 家，但真正能够承接矛盾纠纷化解的不到 10 家。

四　路径选择

（一）总体要求

以党的十九届四中、五中全会精神和习近平法治思想为指导，坚持党建引领，坚持和发展新时代"枫桥经验"，坚持把非诉讼纠纷解决机制挺在前面，弘扬发展"息事无讼"，深化"三治融合"，更加注重警源、诉源、访源"三源治理"，完善社会矛盾纠纷多元预防调处化解综合机制，加快平湖新崛起，推进市域社会治理现代化的"平湖之治"，着力高质量发展，推动共同富裕示范区先行实践。

（二）发展目标

平湖市将坚持党建引领，围绕理念提升、体系构架、机制建设、平台支撑、队伍保障五大举措，做深做实做细"息事无讼"治理，推进非诉与诉讼解决方式无缝衔接、矛盾多元化解体系不断健全，着力建设社会治理基础全面夯实、人民群众获得感不断增强、社会和谐更加有序的"无讼平湖"。

到 2023 年，平湖市的"四级化讼"机制趋于成熟，大调解工作格局全面构建，公证、仲裁等非诉解决机制不断完善，无讼村社区创建率达 90%以上，实现民商事案件下降 10%、刑事发案下降 10%、行政诉讼案件下降 10%、信访总量下降、人民群众满意率上升的"四下降一上升"工作目标，信访积案化解或有效稳控率 90% 以上。到 2025 年，"息事无讼"治理取得显著成效。"非诉优先、诉讼断后"纠纷全过程解决机制日益完善，有效形成与市域治理现代化同步、与高质量共同富裕示范区建设相适应的平湖"息事无讼"治理新格局。

（三）发展路径

1. 凝聚形成"息事无讼"治理的思想共识

平湖市将紧扣市域治理现代化"平湖之治"的目标要求，推进"息事无讼"治理，建设"无讼平湖"，既是传承发扬平湖地域治理特色文化的有益尝试，也是推进基层社会治理现代化的创新探索，更是新时代坚持和发展"枫桥经验"、延伸拓展"三治融合"的深入实践。

一是明晰"息事无讼"的概念。倡导"息事无讼"治理，并不是指零诉讼、没有诉讼，也不是"压制诉讼"，而是调和息讼，让非诉纠纷解决机制挺在前面，即使在前期各类调解无效，案件到了法院还要进行调解，再不成的才进入审判流程，把政府社会治理职能与法院定分止争职能有机结合，综合运用多元解纷机制，实现"案结事了人和"。二是突出党建引领的作用。平湖市将优化基层村社区党组织功能，明确村社区书记担任调委会主任，统筹辖区人民调解工作。推进调解进先锋站，创新村（居）民议事会、理事会、恳谈会等协商形式，实施"一村社区一法律顾问"，推广"红色物业"纠纷调处、人民调解群众评议等制度，让"息事无讼"成为平湖基层治理的鲜明特色。三是强化多元力量的协同。平湖市将发挥市矛调联合会和镇街道矛调中心的综合协调作用，加大调解类社会组织和优秀调解员培育力度，整合全市各级调解类社会组织和品牌工作室资源，积极参与调解矛盾纠纷、承接政府购买调解服务项目。加强基础法律知识和调解方法培训，建立以基层干部、专兼职调解员、网格员、"老娘舅"等志愿者参与的多元调解集群，形成人人都是矛盾调解员的"息事无讼"工作新格局。

2. 创新建立"息事无讼"治理的体系架构

平湖市将坚持以人民为中心，创新矛盾纠纷化解方式方法，着力构建"一核三源四驱"的"息事无讼"治理体系，显著增强基层依法治理水平，不断提升人民群众的幸福感、满意度，全面促进社会和谐稳定，夯实平湖新崛起的法治根基。

"一核"：紧扣"多元化解、息事无讼"的核心理念，突出源头治理，推进矛盾纠纷的多元化解、分类协同，构建起非诉和诉讼矛盾纠纷梯级化解机制，疏调并举，繁简分流，着力提升矛盾纠纷多元化解质效。

"三源"：聚焦诉讼、信访、110报警三大矛盾纠纷源头，强化矛盾纠纷"警源、诉源、访源"的"三源共治"，着力从源头上预防化解，让矛盾纠纷化解在萌芽、解决在基层，实现"小事不出村社、大事不出镇街、矛盾不上交"。

"四驱"：围绕建立健全矛盾纠纷化解"一中心四平台一网格"的多元架构、"进网入格、梯级分流、繁案专调"的多元化解、"调解优先、诉讼断后、数字赋能"的多元协同、"群众诉求表达、利益协调、权益保障"的多元联动，有效形成基层社会治理协同合作、共建共享、多方共赢的"息事无讼"治理四驱并进的生动局面。

一是建立健全"一中心、四平台、一网格"的多元架构。平湖市将整合"息事无讼"工作资源力量，注重发挥"一中心、四平台、一网格"整体效能，规范推进市、镇街、村社三级矛调中心（室）建设，着力在完善机制、提升质效、优化服务上下功夫，全力推动矛盾纠纷排查化解，为全市经济社会发展和营商环境创造良好的氛围。

二是建立健全"进网入格、梯级分流、繁案专调"的多元化解机制。平湖市将进网入格"化"，对摸排的矛盾纠纷信息进行研判，简单纠纷快速介入，引导当事人主动申请调解，收案速调；复杂纠纷及时上报，引导当事人通过人民调解、行政调解、司法调解等方式多元化解。梯级分流"化"，对案情简单、争议不大的矛盾初次分流，就地调解；对初调成效不大、涉及范围较大的案件，由市矛调中心分流指派，指定镇街道或专门调解组织调解；对跨区域、涉及多部门的疑难矛盾或同类型多发纠纷，则集中优质调解资源联合调处。繁案专调"化"，围绕征地拆迁、劳动争议、教育医疗等重点领域及"急险难"矛盾纠纷，作为繁案落实专门调处。

三是建立健全"调解优先、诉讼断后、数字赋能"的多元协同机制。平湖市将大力加强矛盾纠纷多元化解机制建设,建立健全递进式的矛盾纠纷分层过滤体系,鼓励、引导各种社会力量参与纠纷化解,利用好"一村社区一法律顾问""三治融合"法律服务团等资源,借助数字化、智能化手段,搭建联防联调信息化平台,全力构建"前端社会力量做实做深、后端司法力量做优做强、全程数字赋能做精做细"的多元协同治理,推动多元化纠纷化解。

四是建立健全"群众诉求表达、利益协调、权益保障"的多元联动机制。平湖市将完善信访制度,健全人民调解、行政调解、司法调解联动工作体系,进一步密切联系群众,推进领导干部接访下访,通过群众来信、"网上信访""12345 政务热线""政务微博微信",推行"信访代办""民情直通车",畅通和拓宽群众诉求渠道。强化市镇矛调中心综合协调,实行"一站式服务、一条龙办理、一揽子解决",让矛盾纠纷化解"只进一扇门""就近跑一地"。

3. 完善推进"息事无讼"治理的机制建设

构建"三微 + 三单"源头防范机制。平湖市将聚焦警、诉、访三类矛盾纠纷,发挥"微网格""微嘉园""微治理"作用,深入开展"网格连心、组团服务",广泛收集纠纷信息,实行预警单、交办单、反馈单"三单"闭环处置,由市矛调中心汇总"三源"预警信息,交办相关镇街道和部门,处理结果限时反馈。

完善"纵向 + 横向"会商研判机制。平湖市将以市镇两级矛调中心为总枢纽,以村社区为矛盾化解的第一线,以镇街道为矛盾化解的主阵地,以市级为矛盾化解的终点站,整合综治中心、派出所、司法所、人民法庭等基层治理力量,加强社区警务站、无讼工作站、调解工作室等建设,通过舆情跟踪、排查走访、会商分析等,综合研判各种矛盾风险隐患,确保市域矛盾不上行。

健全"分层 + 分类"矛盾化解机制。平湖市将加快完善矛盾纠纷"息事无讼"分层分类化解综合机制。对家庭、感情、邻里、租房及两次以上重复报警等"双非"警情纠纷，经派出所调解仍未化解的，通过流转基层治理四平台处置跟进。更好地发挥仲裁的简便性、保密性、强制性等优点，让更多民商事、人事劳动、农村土地承包纠纷通过仲裁方式解决。创新完善行政调解、行政复议、行政裁决等机制，引导行政纠纷主要通过行政渠道解决。加大初信初访解决力度，完善领导干部、部门镇街道包案接访等制度。统筹做好法院调解和裁判，实现矛盾纠纷非诉和诉讼途径协同共进，努力让每一类纠纷都能通过最适合最匹配的方式得到解决。

4. 不断强化"息事无讼"治理的平台支撑

搭建部门联动综合平台。平湖市推进非诉调解平台建设，以市、镇矛调中心为主平台，依托无讼工作站（室）、"三官一师"工作室、调解工作室、信访接待室、心理服务室、党员先锋站等基层场所，完善"1 + 13 + 18 + 122"大调解体系，打造调解、疏导、宣教协调对接的基层社会治理平台。加快诉讼调解平台建设，提速新仓法庭建设，构建"1 + x"院庭分片联调模式，即市法院内设庭室联系三个街道，派出法庭各联系周边若干个镇开展司法调解。同时，依托天平行动，深化基层法庭和镇街道矛调中心联动，强化基层法官业务指导和培训，提高矛盾纠纷化解的法治化水平。

组建"息事无讼"在线平台。平湖市将依托"微嘉园"建立"无讼平湖"在线平台，建立线上调解组织和"调解员之家"，实现全市调解组织的在线展示及资源共享，加强全市调解员线上培训，开通人民调解员协会在线吸收会员、在线视频教学等功能，建立"无讼平湖"调解顾问专家库，为"无讼"村社区创建提供专业支持。深化省人民调解大数据平台、ODR 在线矛盾纠纷化解平台、移动微法院、禾解码、浙江解纷码等网上平台的融合互通，实现群众解决矛盾纠纷"线上调""掌上办""一地都不用跑"。

建设纠纷化解专业平台。平湖市将建立劳动人事争议"三位一体"处理机制，统筹镇街道劳动人事争议调解组织、劳动监察、劳动争议仲裁和派出庭力量，实行联动处理。探索成立房地产纠纷专业调委会、中国服装城等专业市场调委会等行业性专业调委会。加强公证、商事仲裁等纠纷化解平台建设，探索建立中立评估、第三方裁决等新型纠纷解决机制，强化调解以外

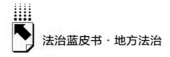

的其他非诉讼纠纷解决方式宣传，引导群众选择合适的非诉纠纷解决途径。

5. 着力打造"息事无讼"治理的队伍保障

加强专兼职调解员配备。平湖市将整合工作力量，支持鼓励聘任律师、公证员、教师、心理咨询师、社会工作师等专业人士以及"银色人才"队伍为专兼职调解员，构建法官、警员、信访代办员、调解员、心理社工、网格员"六员联动"机制，打造一支由人民调解、行政调解、司法调解以及社会调解力量组成的"3 + x"调解员队伍。加强专职人民调解员配备，明确一般镇街道配备 2 名，当湖、钟埭、新埭、独山等纠纷量大的镇街道配备 3~4 名，行业性专职调解员 3 名。充实治安行政调解员队伍，选调经验丰富、善做群众工作的警力组成专兼职调解员。合理选配老中青信访调解干部，逐步提升高学历、法律专业信访干部比例。

加强调解薪酬激励保障。一要优结构。优化各调委会专职调解员收入结构，及时研究出台调解员薪酬保障文件。二要增案补。增加法院诉前引调案件补贴。三要简流程。对于市矛调中心窗口直接引调成功的诉前纠纷，直接凭窗口引调编号和人民调解案卷编号申领诉前调解补贴，避免为增加补贴而再走立案程序的"无用功"。

加强诉前调解工作经费保障。平湖市将积极争取市财政支持，加大政府购买服务力度，落实社会力量参与纠纷化解资金支持。进一步深化和理顺市矛调中心与入驻各部门调解联动保障机制，适当增加一定数量的购买服务经费或编外用工名额，专职用于辅助诉前引调工作，推进案卷制作规范化和及时录入各大系统平台。探索招录一批踏实肯干、有一定法律知识基础的年轻调解员，优化专职调解员队伍结构。

社 会 治 理

Social Governance

B.17

地方广告立法与执法实证研究
（2015~2020）

吴小亮　王凌光　杨 霞*

摘　要：　2015~2020年，地方广告法律规范的制定和修改呈现如下
特点：一是内容聚焦，主要围绕户外广告设施和招牌设置
制修法；二是变动频繁，从制定相应法律规范到修订间隔
时间很短；三是省级地方性法规制定广告基本法，而户外
广告作为广告法中一项内容主要由设区的市制定地方性法
规和地方政府制定规章。在同时期的地方广告执法中，涉
及医疗服务及医疗器械的比例最高，食品（含保健食品
等）、药品紧随其后，这三者之和约占所有行政处罚文书
的70%。广告一审行政案件与一审民事案件的数量对比反

---

* 吴小亮，澄观治库主任、高级研究员；王凌光，广州大学粤港澳大湾区法制研究中心研
究员，澄观治库高级研究员；杨霞，中央司法警官学院法学院副教授，澄观治库高级研
究员。

映了行政监管是广告法实践中的重要领域。针对《反不正当竞争法》与《广告法》的冲突，建议国家市场监管总局制定相关规章或者通过发布规范性文件的方式明确商业广告和商业广告之外的其他商业宣传方式。针对绝对化用语禁止条款的合理性问题，建议删除《广告法》第9条第3项的规定或者增加限定条件。针对广告导向监管，可按照三个步骤进行广告的审查与监管。

关键词： 地方广告立法　广告基本法　广告执法　法律冲突　广告监管

一　地方广告立法

（一）总体情况

2015年1月1日~2020年12月31日，我国有33个地方制定或修改了广告相关地方性法规，50个地方制定或修改了相关地方政府规章。其中，25部地方性法规和全部50个地方政府规章均涉及户外广告的设置，占这段时间内全部地方立法活动的90%（见表1）。这些立法绝大多数对户外广告的规划、设置、管理维护、法律责任等进行了全面规定，仅少部分对部分户外广告（如机动车车身广告）进行了规范。此外，甘肃省于2018年11月29日发布了《甘肃省广告条例》，江苏省于2019年1月11日修改了2010年制定的《江苏省广告条例》（见表2）。这些地方性法规和地方政府规章，也都根据本地区实际情况对相关违法行为设定了罚则。

表1　2015年1月1日～2020年12月31日发布的地方广告规范——时间分布

单位：件

年度	检索总数	地方性法规（失效/修改）	政府规章（生效/修改）
2015	7	3（1/0）	4（1/0）
2016	7	6（1/0）	1（0/0）
2017	13	6（0/2）	7（0/3）
2018	23	（10/0）	13（1/2）
2019	19	5（0/0）	14（1/0）
2020	18	5（0/0）	13（0/0）

数据来源：根据北大法宝检索结果整理。

表2　2015年1月1日～2020年12月31日发布的地方广告规范——地域分布

广告（综合）		
区域	地方性法规	政府规章
湖南省	1.《湖南省实施〈中华人民共和国广告法〉办法》（2016年修改） 2.《湖南省实施〈中华人民共和国广告法〉办法》（2020年修正）	
湖北省	1.《湖北省实施〈中华人民共和国广告法〉办法》（2017年修正） 2.《湖北省实施〈中华人民共和国广告法〉办法》（2019年修正）	
浙江省	《浙江省广告管理条例》（2020年修订）	
甘肃省	《甘肃省广告条例》（2018年制定通过）	
江苏省	《江苏省广告条例》（2019年修订）	
户外广告		
区域	地方性法规	政府规章
四川省	1.《成都市户外广告和招牌设置条例》（2015年修改） 2.《成都市户外广告和招牌设置条例》（2018年修正）	1.《南充市城市户外广告规划设置管理办法》（2019年制定） 2.《绵阳市户外广告和招牌设置管理办法》（2020年制定） 3.《德阳市户外广告和招牌设置管理办法》（2020年制定） 4.《达州市户外广告和招牌设置管理办法》（2020年制定）

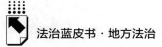

区域	地方性法规	政府规章
广东省	《珠海经济特区户外广告设施和招牌设置管理条例》（2015 年制定）	1.《广州市户外广告和招牌设置管理办法》（2015 年修改，2018 年修改，2020 年重新制定） 2.《茂名市户外广告设施和招牌设置管理规定》（2017 年制定） 3.《江门市户外广告设施和招牌设置管理条例》（2018 年制定） 4.《揭阳市户外广告和招牌设置管理办法》（2018 年制定） 5.《汕头经济特区户外广告设施和招牌设置管理规定》（2018 年制定） 6.《深圳市户外广告管理办法》（2018 年修订） 7.《汕头经济特区户外广告设施和招牌设置管理规定》（2019 年修正） 8.《中山市户外广告管理办法》（2019 年制定） 9.《惠州市户外广告和招牌设置管理办法》（2020 年制定） 10.《茂名市户外广告设施和招牌设置管理规定》（2020 年修正）
河北省		1.《河北省高速公路沿线广告设施管理规定》（2015 年制定） 2.《唐山市户外广告设置管理办法》（2015 年制定） 3.《廊坊市户外广告设置管理办法》（2018 年制定）
云南省	《昆明市户外广告管理条例》（2016 年修改）	
重庆市	《重庆市户外广告管理条例》（2016 年修改）	
山西省	《太原市户外广告设施设置管理办法》（2016 年修正）	

续表

区域	地方性法规	政府规章
福建省	《厦门经济特区户外广告设施设置管理办法》（2016年制定）	《福州市户外临时性广告设置管理办法》（2017年制定）
安徽省	《淮北市户外广告和牌匾标识管理条例》（2020年制定）	1.《淮南市户外广告设置管理办法》（2016年制定） 2.《芜湖市户外广告设置管理办法》（2018年制定） 3.《合肥市户外广告和招牌设置管理办法》（2019年修改） 4.《马鞍山市户外广告和招牌设置管理办法》（2019年制定）
江苏省	《宿迁市户外广告设施和店招标牌管理条例》（2017年制定）	1.《南通市市区户外广告设施和店招标牌设施管理办法》（2018年制定） 2.《泰州市户外广告设施管理办法》（2018年制定） 3.《徐州市户外广告和招牌设置管理办法》（2019年制定） 4.《泰州市户外广告设施管理办法》（2019年修正） 5.《无锡市户外广告和店招标牌设施设置管理办法》（2019年制定） 6.《常州市人民政府关于加强户外广告设施设置管理的决定》（2020年制定）
浙江省	1.《舟山市户外广告和招牌设置管理条例》（2018年制定） 2.《嘉兴市户外广告和招牌设置条例》（2018年制定） 3.《宁波市户外广告管理条例》（2018年废止） 4.《嘉兴市户外广告和招牌设置条例》（2020年修正）	1.《宁波市户外广告设施设置管理办法》（2017年修订） 2.《宁波市户外广告设施设置管理办法》（2018年修正） 3.《金华市户外广告设置管理办法》（2019年制定）
陕西省	1.《西安市户外广告设置管理条例》（2017年修正） 2.《汉中市户外广告设施和招牌设置管理条例》（2017年制定）	1.《西安市机动车车身广告设置管理办法》（2018年制定） 2.《西安市机动车车身广告设置管理办法》（2019年修正）

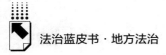

续表

区域	地方性法规	政府规章
甘肃省		1.《武威市城区户外广告设置管理规定》（2019 年制定） 2.《兰州市户外广告管理办法》（2020 年废止）
山东省	1.《泰安市户外广告设施和招牌设置管理条例》（2019 年制定） 2.《济南市户外广告和牌匾标识管理条例》（2019 年制定） 3.《淄博市户外广告设置和建筑物外立面保持整洁管理条例》（2020 年修正）	1.《滨州市户外广告设置管理办法》（2017 年制定） 2.《威海市户外广告设置管理办法》（2017 年制定） 3.《青岛市户外广告设置管理办法》（2017 年修订） 4.《滨州市户外广告设置管理办法》（2019 年修正） 5.《潍坊市户外广告和招牌设置管理办法》（2020 年制定）
上海市		1.《上海市户外广告设施管理办法》（2017 年修正） 2.《上海市流动户外广告设置管理规定》（2017 年修正）
青海省	《青海省户外广告管理条例》（2018 年废止）	《海东市户外广告设施设置管理办法》（2019 年制定）
吉林省	1.《白山市城市户外广告和招牌设置管理条例》（2018 年制定） 2.《四平市小广告发布管理规定》（2018 年制定）	
湖南省		1.《怀化市户外广告和招牌设置管理办法》（2018 年制定） 2.《怀化市户外广告和招牌设置管理办法》（2020 年废止）
江西省		1.《南昌市户外广告设置管理办法》（2018 年修改） 2.《鹰潭市户外广告设置管理条例》（2019 年制定） 3.《抚州市城市建成区户外广告设施和招牌设置管理办法》（2020 年制定）
贵州省		1.《贵阳市户外广告设置管理办法》（2019 年修改） 2.《贵阳市户外广告设置管理办法》（2020 年修改）

续表

区域	地方性法规	政府规章
河南省	《郑州市户外广告和招牌设置管理条例》（2017年制定）	《驻马店市城市户外广告和招牌设置管理办法》（2020年制定）
湖北省	1.《鄂州市户外广告和招牌设置管理条例》（2016年制定） 2.《十堰市户外广告和招牌设置管理条例》（2018年制定）	《武汉市户外广告设置管理办法》（2020年修订）
三品一械		
区域	地方性法规	政府规章
黑龙江省	《黑龙江省医疗、药品、医疗器械广告条例》（2015年修正）	

数据来源：根据北大法宝检索结果整理。

（二）特征分析

2015～2020年，地方广告法律规范的制定和修改呈现如下特点。

一是内容聚焦，主要围绕户外广告设施和招牌设置制修法；二是变动频繁，从制定相应法律规范到修订间隔时间很短，有些是今年制定、明年修订；三是省级地方性法规制定广告基本法，而户外广告作为广告法中一项内容主要由设区的市制定地方性法规和地方政府制定规章。

之所以会呈现以上三个特点，除了《广告法》修订的影响外，还与2015年《立法法》修改赋予设区市行使城市建设和管理事项的地方立法权相关。

同时，由于户外广告设施和招牌管理的上位法依据，除了《广告法》还有《市容和环境卫生条例》，所以违法行为类型既有广告违法行为，也有市容和环境卫生违法行为。主要有如下几种。

一是违反行政许可的行为，主要是未经许可擅自设置、未经许可发布广告，如《武汉市户外广告设置管理办法》（2020年修订）第27条规定，未经批准或者未按照批准的要求和期限设置户外广告的，责令限期改正或者自行拆除，并可以按照户外广告幅面面积每平方米 2000 元的标准处以罚款，但罚款最高不得超过 10 万元。

二是不符合广告设置规划和详细规划，如《武汉市户外广告设置管理办法》（2020 年修订）第 4 条规定，设置户外广告，应当遵循统一规划、合理布局、安全规范、文明美观、节能环保的原则。

三是违反相关标准规范的，如《广州市户外广告和招牌设置管理办法》第 37 条规定，户外广告未按照批准的地点、具体位置、形式、规格、数量、制作材质、灯饰配置、结构图、全景电脑设计图等要求设置的，由城市管理主管部门责令户外广告设置人限期清理、拆除违法设置的户外广告或者采取其他补救措施；逾期未清理、拆除或者采取其他补救措施的，由城市管理主管部门依法予以清理、拆除，并可以对法人或者其他组织处以 5 万元以上 10 万元以下罚款，对自然人处 500 元以上 1000 元以下罚款。

四是存在安全隐患以及严重影响市容市貌的，如《武汉市户外广告设置管理办法》（2020 年修订）第 27 条规定，未保持户外广告外形整洁、完好或者未按照规定开启照明设施的，责令限期改正；逾期不改正的，责令限期自行拆除，并处 50 元以上 500 元以下罚款。

户外广告监督的内容主要是外在形式上的要求和城市市容美观的要求，执法部门主要是城市管理和综合执法部门，针对广告内容的真实性的审查监督相对较少①。各地户外广告的管理部门按照各自职责协同，如城市管理和综合执法部门负责户外广告设施设置的监督管理，规划行政部门负责户外广告的规划及监督管理，市场监管部门负责户外广告的内容监管等，主管单位是城市管理和综合执法部门。

---

① 如《上海市户外广告设施管理办法》（2017 年修正）第 26 条强调，户外广告使用的汉字、字母和符号，应当符合国家规定。户外广告内容中，公益广告内容所占的面积或者时间比例不得低于 10%。禁止发布广告内容可能产生不良影响的户外广告，但单位在其经营场所设置、发布与其生产的产品或者与其经营服务有关的户外广告除外。可能产生不良影响的户外广告具体范围，由市工商行政管理部门另行规定并对外公布。

二　地方广告执法

（一）总体情况

根据国家市场监督管理总局（含原国家工商行政管理总局）发布的数据，2015～2019 年，全国各级工商和市场监管部门共查处违法广告案件 15.86 万件；其中 2017～2019 年罚没金额分别为 6.19 亿元、7.58 亿元、6.46 亿元①。至本文截稿时（2021 年 9 月 6 日），国家市场监督管理总局尚未发布 2020 年的相关数据②。根据之前的数据，全国每年的案件数量约为 3 万件，波动不大。由此可推测，2015～2020 年全国广告行政处罚案件总数约为 19 万件。

对 2015 年 1 月 1 日至 2020 年 12 月 31 日在互联网上公开的广告业行政处罚文书进行初步检索，共搜集到行政处罚文书 89723 份③。根据之前的推测，搜集到的行政处罚文书占全部行政处罚文书的 47% 左右。初步分析后认为，不同年份和不同地方行政处罚文书的公开程度存在较大差异。就年份而言，官方的市场监管行政处罚文书网并未公开 2015～2018 年的行政处罚文书；威科先行尽管包含了 2015～2020 年的行政处罚文书④，但显然因行政处罚文书公开的推进情况而受到较大影响。

因而本报告又对近几年较少受到公开程度波动影响的行政裁判文书进行分析，并基于威科先行、北大法宝、中国裁判文书网等专业数据库搜集、整理了全国范围内 2015 年 1 月 1 日至 2020 年 12 月 31 日的相关行政裁判文书共 1713 份。

---

① 参见澄观治库《广告行政处罚研究报告（2015－2019）（一）》，https：//mp. weixin. qq. com/s/xSITiEsqUNzLcZEtVzmtBw。

② 在官方的中国市场监管行政处罚文书网上能搜到的 2020 年全国广告行政处罚文书是 14892 份（检索时间为 2021 年 8 月 31 日），这显然不是当年全国的总量。

③ 检索时间为 2021 年 8 月 31 日；主要检索工具是中国市场监管行政处罚文书网、威科先行数据库和北大法宝数据库。

④ 威科先行中 2015～2020 年广告行政处罚文书的数量分别是 1824、6366、12487、19682、26082、23282 份。

（二）特征分析

本报告监测到的 89723 份广告业相关行政处罚文书中，涉及医疗服务及医疗器械的比例最高，占 27.69%；食品（含保健食品）、药品紧随其后，分别占 22.89% 和 21.72%；这三者之和约占所有行政处罚文书的 70%。教育培训（7.61%）、化妆品（6.83%）、房地产（6.48%）、酒类（3.67%）、招商（2.58%）、烟草（0.54%）等在所有《广告法》明确列举的产品/服务广告中占比较低（见图 1）。

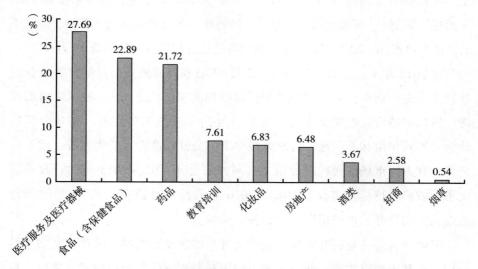

图 1   2015~2020 年被查处的违法广告所涉及的产品/服务
来源：根据威科先行数据库统计。

尽管以上比例可能受到行政处罚文书公开水平和本报告信息抓取技术的局限影响而存在一定误差，但大体上能够与其他类似的实证研究相互印证①。食品、药品、医疗服务及医疗器械等违法广告行政处罚文书占比

---

① 可以作为对照的实证研究如下。刘双舟：《2019 年度广告市场法治环境分析报告（一）》，https：//mp. weixin. qq. com/s/I25lBCBzTLQT5Zl_ pbNtOg，最后访问日期：2021 年 8 月 1 日；《2019 年度广告行业发展分析报告》，https：//mp. weixin. qq. com/s/UxFmUJMyMIf0V_ HW4CNlUA，最后访问日期：2021 年 8 月 1 日。

较高，既说明了这些领域是违法广告的多发领域，也说明近年来我国市场监管执法对民生经济领域的重点关注。

随着民众维权意识的不断提升和立案登记制改革推进，2015～2020年，全国民行一审案件的数量逐年递增，由2015年的约1132万件增长到2020年的约1340万件；而广告一审案件的数量则逐年递减，由2015年的893件下降到2020年的426件（见图2）。

图2　2015～2020年全国民事、行政一审案件（民行一审案件）数量与涉及广告法民事、行政一审案件（广告民行一审案件）数量趋势

注：由于广告刑事案件数量非常少，且与《广告法》的适用关系不大，本文未将相关案件数据纳入统计。

数据来源：所有一审案件数据来源于历年《最高人民法院公报》，广告一审案件来源于威科先行数据库。

值得注意的是，广告一审案件总体数量减少主要是由于民事案件的减少造成的，而行政案件在总体上呈递增趋势（见图3）。

可以看到，广告一审行政案件在广告一审民事、行政案件中的占比远远高于一审行政案件在所有一审民事、行政案件中的比例。根据《最高人民法院公报》历年公布的数据进行统计，2015～2020年，全国一审行政案件占所有一审民事、行政案件的比例分别是1.94%、2.09%、1.98%、2.05%、1.98%、1.94%；而同期广告一审行政案件在所有广告一审民事、行政案件中的占比分别是6.61%、10.97%、21.25%、31.14%、31.01%、

图3 广告一审民事、行政案件比例变化

数据来源：根据威科先行数据库检索结果统计。

34.98%。也就是说，广告一审行政案件的占比是平均值的3～18倍，而且这一比例差距随着时间的推移逐渐扩大。这充分说明行政监管是广告法实践的重点领域。

三 问题与对策

（一）《反不正当竞争法》与《广告法》的冲突与适用

1.问题

《广告法》与《反不正当竞争法》关于虚假广告和虚假商业宣传的规定在实践中是一个难点。《反不正当竞争法》第8条规定，经营者不得对其商品的性能、功能、质量、销售状况、用户评价、曾获荣誉等作虚假或者引人误解的商业宣传，欺骗、误导消费者。经营者不得通过组织虚假交易等方式，帮助其他经营者进行虚假或者引人误解的商业宣传。在这一规定下，商业广告被商业宣传的概念所涵盖，成为商业宣传的一种形式。但问题在于：商业广告与商业宣传的其他形式如何区分，在实践中难以把握，从而引发法律适用的冲突。

例如，针对当事人在网店上将普通食品标注为"婴儿辅食"的行为，各地行政机关至少有三种不同的认定和处理方式。

第一种，认定为虚假宣传并依据《反不正当竞争法》进行处罚。在"上海卜珂食品有限公司虚假宣传处罚案"中，嘉定市场监督管理局认为，当事人利用网络虚假宣传的行为，违反了《反不正当竞争法》第8条第1款，从而依据《反不正当竞争法》第20条第1款对其处以一万元罚款①。

第二种，认定为违反《广告法》第8条第1款，并依据《广告法》第59条第1款进行处罚。在"芊茉贸易（上海）有限公司违法广告处罚案"中，杨浦市场监督管理局认为，当事人的行为违反了《广告法》第8条第1款，并依据《广告法》第59条第1款第1项对其处以罚款8000元②。

第三种，认定为违反《广告法》第28条第1款，并依据《广告法》第55条进行处罚。在"临沂黑天鹅电子商务有限公司违法广告处罚案"中，沂水市场监督管理局认为，当事人的行为违反了《广告法》第28条第1款第2项③，并依据《广告法》第55条责令其立即停止发布违法广告，消除影响，罚款人民币3033元④。

2. 对策

通过分析相关行政处罚文书和行政诉讼文书，本报告认为，国家市场监管总局可以在相关规章或者通过发布规范性文件的方式明确商业广告和商业广告之外的其他商业宣传方式，以解决《广告法》和《反不正当竞争法》的适用冲突。

具体而言，可以将商业广告之外的其他商业宣传明示列举如下。

---

① 上海市嘉定区市场监督管理局沪市监嘉处〔2019〕142019001559 号行政处罚决定书。
② 上海市杨浦区市场监督管理局沪市监杨处〔2019〕102019002769 号行政处罚决定书。
③ 商品的性能、功能、产地、用途、质量、规格、成分、价格、生产者、有效期限、销售状况、曾获荣誉等信息，或者服务的内容、提供者、形式、质量、价格、销售状况、曾获荣誉等信息，以及与商品或者服务有关的允诺等信息与实际情况不符，对购买行为有实质性影响的。
④ 山东省临沂市沂水县市场监督管理局沂水市监市监处字〔2019〕135 号行政处罚决定书。

第一，在商品或者其包装上作虚假的标识。例如，在"广东樱花智能科技有限公司诉周口市工商行政管理局川汇分局案"中，樱花公司授权的周口经销商涉嫌在其销售的樱花牌指纹锁的产品包装、荣誉奖牌上以"CCTV.com 央视网商城优选品牌"字样进行宣传。川汇工商局认为，樱花公司的行为违反了《反不正当竞争法》第2条、第8条之规定，已构成涉嫌虚假宣传不正当竞争，从而依据《反不正当竞争法》第20条对樱花公司作出行政处罚决定：责令停止违法行为，消除影响；罚款人民币20万元。樱花公司不服，提起行政诉讼，一审法院判决驳回其诉讼请求。樱花公司不服上诉。二审法院认为，樱花公司以"CCTV.com 央视网商城优选品牌"字样宣传以及利用产品包装、荣誉牌匾标注"CCTV.com 央视网商城优选品牌"字样作宣传，让消费者误认为其产品是中国中央电视台优选品牌，构成虚假宣传的不正当竞争行为①。

第二，在表彰大会上作虚假宣传。例如，在"湖南长沙查处富迪健康科技有限公司虚假宣传案"中，2019年3月，湖南省长沙市开福区市场监管局接到举报，反映富迪健康科技有限公司在当地酒店召开业绩表彰大会，该公司实际控制人在会上宣称国家领导人服用该公司产品等内容涉嫌虚假宣传。湖南省长沙市开福区市场监管局迅速对当事人立案调查。经查，当事人在大会上假称国家领导人服用其"富迪小分子肽"产品并假称国家部委负责人称赞该产品效果的事实属实，违反了《反不正当竞争法》第8条规定，构成对其商品作虚假商业宣传的违法行为。2019年6月，湖南省长沙市开福区市场监管局依据《反不正当竞争法》第20条下达处罚决定，责令当事人停止虚假宣传行为，并处罚款200万元②。

第三，对企业形象而非产品的虚假宣传。例如，在"中防通用电信技术有限公司诉北京市丰台区市场监督管理局案"中，2019年8月7日，丰台市场监管局作出被诉处罚决定，认定2015年2月1日至2018年9月12

---

① 河南省周口市中级人民法院（2019）豫16行终301号行政判决书。
② 公安部发布整治食品安全问题十大典型案例之七。

日，中防通用公司利用域名为 www. atisafe. com 的自设网站，在"公司简介"网页中发布有"中防通用电信技术有限公司，是国内专业从事安全物联网领域的远程智能监控系统的运营服务、研发制造的高新技术企业"的宣传内容。丰台市场监管局认为，中防通用公司在自设网站"公司简介"中宣称是"高新技术企业"的行为，违反了《反不正当竞争法》第 8 条第 1 款的规定，属于作虚假商业宣传的行为。一审法院认为，中防通用公司虽然在其宣传用语中未直接对其商品进行表述，但通过宣称其为高新技术企业，达到了对企业形象进行宣传的目的，足以使消费者对其生产经营的商品或者提供的服务产生误解，从而使该公司获得竞争优势①。二审法院认同了一审法院的这一判断②。

第四，在营业场所内进行现场宣传。例如，在"安徽天逅酒店管理有限公司诉芜湖市市场监督管理局案"中，天逅公司于 2018 年 6 月 15 日至 7 月 15 日，未经商标权利人许可，在其负责销售的云鼎国际公寓五层电梯出口处的展架上擅自使用"铂涛集团""喆·啡酒店"等商标、标识，并在此期间销售出房产 19 套。芜湖市场监管局认为天逅公司在没有任何依据情况下擅自在商业推广中宣传"铂涛集团""喆·啡酒店"等品牌商标、标识，使消费者误认为其销售的云鼎国际公寓的房产经营商为喆·啡酒店，其行为违反了《反不正当竞争法》第 8 条第 1 款的规定，构成引人误解的虚假宣传，并依据《反不正当竞争法》第 20 条第 1 款责令天逅公司停止违法行为并处罚款 20 万元。一审法院驳回其诉讼请求，但并未就《广告法》和《反不正当竞争法》的适用问题进行说理。天逅公司不服提起上诉③。二审法院认为，根据《广告法》的规定，广告行为中应当有广告主、广告经营者、广告发布者等主体参与其中，广告主发布广告亦需要支付一定的广告费用。本案中，天逅公司的宣传行为明显不属于广告行为，而是其在自己的经营场所推销自己的商品所作出的商业宣传行为。因

---

① 北京市丰台区人民法院（2019）京 0106 行初 415 号行政判决书。
② 北京市第二中级人民法院（2019）京 02 行终 1957 号行政判决书。
③ 安徽省芜湖市镜湖区人民法院（2019）皖 0202 行初 2 号行政判决书。

此，对于天逅公司提出的"本案应当适用《广告法》"的上诉理由，二审法院未予采纳①。

第五，虚假的知识性宣传。例如，在"廖某某诉重庆市渝北区市场监督管理局、重庆市渝北区人民政府案"中，廖某某向渝北工商局举报重庆瑞松公司的以下违法行为：该公司在其经营场所向消费者发放《中科院微源农产品问答卷》《健坤硒刊 Se》等资料。在"科普园地"一栏印有"技术支持单位：一院四所一校"的标题用于宣传，内容为：中国科学院、中国科学院南京土壤研究所、中国科学院沈阳应用生态研究所、中国科学院烟台海岸带研究所、中国科学院苏州纳米技术研究所、中国科学技术大学，并在版块内印有相关院所的照片以及中国科学院的院徽等内容。同时，渝北工商局调查发现，该公司向消费者发放的问答卷和宣传资料只针对"硒"的知识宣传，并没有关于公司经营产品的广告和宣传，公司赠送消费者富硒大米的目的，是让消费者认识到硒的好处后自然会购买公司经营的健坤微源多维有机硒产品。最终，渝北工商局根据《重庆市反不正当竞争条例》第37条第1款和第41条第1款之规定，决定责令重庆瑞松公司立即停止违法行为，并处以罚款一万元。一审法院认为，重庆瑞松公司在其经营范围内向消费者发放的问答卷和宣传资料中只是针对"硒"的功效以及相关研究成果进行了夸大、不实的知识宣传，并没有针对公司所经营的产品进行宣传或推销，且宣传范围仅仅限于其经营场所，尚不足以达到广而告之的程度。因此并不构成虚假广告行为，应当适用《反不正当竞争法》的相关规定对其进行处罚。二审法院和再审法院认可了一审法院的观点②。

第六，帮助其他经营者虚假宣传。2017 年修改后的《反不正当竞争法》第 8 条第 2 款新增了"经营者不得通过组织虚假交易等方式，帮助其他经营者进行虚假或者引人误解的商业宣传"的规定。该条款主要是为了应对电子商务领域普遍存在的一些网店通过虚假交易给自己虚构成交量、交易额、

---

① 安徽省芜湖市中级人民法院（2019）皖 02 行终 61 号行政判决书。
② 重庆市第一中级人民法院（2019）渝 01 行终 142 号行政判决书，重庆市高级人民法院（2019）渝行申 279 号行政裁定书。

用户好评，以吸引消费者点击、购买，不当谋取交易机会或者竞争优势，即"刷单炒信"。同时，也可以适用于其他领域。例如，经营者雇用他人假扮消费者在店门口排队购物、传播好口碑，伪造其商品热销假象①。此处规制的是帮助行为，不是"虚假交易本身"②；处罚的是帮助行为的组织者，不包括虚假交易的普通参与者③。

（二）绝对化用语禁止条款的合理性

1. 问题

《广告法》第 9 条规定："广告不得有下列情形：……（三）使用'国家级'、'最高级'、'最佳'等用语；……"同时，根据《广告法》第 57 条，一旦广告中出现上述绝对化用语，由市场监督管理部门责令停止发布广告，对广告主处 20 万元以上 100 万元以下的罚款，情节严重的，并可以吊销营业执照，由广告审查机关撤销广告审查批准文件、一年内不受理其广告审查申请；对广告经营者、广告发布者，由市场监督管理部门没收广告费用，处 20 万元以上 100 元以下的罚款，情节严重的，并可以吊销营业执照。

这一条款在 2015 年《广告法》修改和之后的执法过程中均不乏争议。有观点认为，"一刀切"地禁止绝对化用语会不当限制商业言论，应设置例外免罚条款或者区分不同情况④；也有观点认为，起罚点 20 万元过高，机械执行会违反《行政处罚法》所规定的过罚相当、处罚与教育相结合原则⑤；还有人观察到，由于认定门槛低、处罚金额高，绝对化用语诱发职业

---

① 王瑞贺主编《中华人民共和国反不正当竞争法解读》，中国法制出版社，2017，第 34 页。
② 国家市场监督管理总局反垄断与反不正当竞争执法局：《〈反不正当竞争法〉理解与适用》，中国工商出版社，2018，第 101 页。
③ 国家市场监督管理总局反垄断与反不正当竞争执法局：《〈反不正当竞争法〉理解与适用》，中国工商出版社，2018，第 35 页。
④ 参见施立栋《绝对化广告用语的区分处罚》，载《法学》2019 年第 4 期。
⑤ 参见陈嘉琪、黄爱武《行政机关如何适用从轻减轻处罚规定——以方林富案为例》，载《海峡法学》2019 年第 1 期。

打假人的集中举报①；绝对化用语条款的理解，绝对化用语与虚假广告的竞合问题也引发了持续讨论②；绝对化用语的行政处罚裁量问题也引发了学界的关注③。

其中，集中暴露相关条款的合理性问题并引发全国关注的是"杭州市西湖区方林富炒货店诉杭州市西湖区市场监督管理局案"④。在该案中，杭州市西湖区市场监督管理局的执法人员接群众举报至方林富炒货店进行检查，发现在当事人西侧的墙、柱子、产品展示柜及当事人销售栗子所使用的纸质包装袋上印有"最好""最优""最香""最特色"等宣传用语。于是决定责令停止发布使用顶级词语的广告，并处罚款20万元。由于该案与普通民众朴素的价值观有较大的反差，经媒体广泛报道后引起了极大关注。在后续的行政诉讼中，20万元的行政处罚被法院变更为10万元。

本报告认为，相关条款存在合理性问题，主要表现在以下方面。

第一，《广告法》第9条一概禁止绝对化用语欠妥。根据法律制定和执行机构的解释，之所以禁止在广告中使用绝对化用语，主要理由如下。①绝对化用语有违事物不断发展变化的客观规律。任何产品和服务的优劣都是相对的，具有地域或时间阶段的局限，即使曾经是最高级的技术，也可能在广告发布期间被其他技术赶超。②绝对化用语容易误导消费者。③绝对化用语

---

① 参见王珍《对绝对化用语禁令的执法实践思考》，载《中国市场监管报》2019年8月6日，第7版。

② 参见胡之群、林衍丰、罗正恩《对新〈广告法〉绝对化用语规定条款的理解与适用》，《中国工商报》2016年11月16日，第6版；朱军华：《"送胖老公最好的礼物"广告用语违法吗？——再谈新〈广告法〉对绝对化用语的定性与处罚》，《中国工商报》2017年2月28日，第6版；刘双舟：《虚假广告认定中的法律竞合问题》，《中国工商报》2017年2月28日，第7版；刘双舟：《绝对化用语与虚假广告竞合时的法律适用问题》，《中国工商报》2017年3月7日，第8版。

③ 参见闫海、韩旭《广告绝对化用语的认定、规制与处罚》，载《中国市场监管研究》2019年第2期；郑琦：《行政裁量基准适用技术的规范研究——以方林富炒货店"最"字广告用语行政处罚案为例》，载《政治与法律》2019年第3期。

④ 该案前后经历了杭州市西湖区人民法院一审［(2016) 浙0106行初240号］、杭州市中级人民法院二审（笔者在公开渠道未查到案号）、浙江省高级人民法院再审［(2019) 浙行申64号］。

容易贬低同类商品或服务，损害同业竞争者的利益①。但如果仔细推敲，上述理由都是值得商榷的，其核心问题在于：上述理由的关键在于绝对化用语的广告"有较大概率"存在虚假或引人误解的情形，但"较大概率"不等于"一定"——事实上，各个行业、领域都有各种形式的竞赛、评奖，在这些竞赛、评奖中获得了第一名就证明相关产品/服务在特定时间和范围内是最优或者最好的，如果一概禁止其宣传相关事实，反倒是不尊重事实的表现。一个佐证是，在域外广告立法和实践中，尚未发现有哪个国家或者地区一概禁止商业广告中出现绝对化用语，一旦出现，也不过是要求相关广告主体承担相应的证明义务而已。

第二，《广告法》第57条将绝对化用语的起罚点设置为20万元，机械执行会违反《行政处罚法》所规定的过罚相当、处罚与教育相结合原则②；同时，由于认定门槛低、处罚金额高，绝对化用语诱发职业打假人的集中举报③。

2. 对策

本报告认为，应当修改《广告法》的相关规定，改变目前一概禁止广告绝对化用语的规则。具体修改方式有二。

第一，删除《广告法》第9条第3项的规定。如前所述，禁止绝对化用语的核心理由在于相关表述"有较大概率"存在虚假或引人误解的情形，因而，删除相关条款并不会导致行政机关在规制虚假或引人误解的广告时无法可依的情况——《广告法》已经有诸多条款对虚假或引人误解的广告进行规制。删除《广告法》第9条第3项是最为便宜的修改方式，但相对而言有点"伤筋动骨"，修法者面临的阻力可能较大。

---

① 参见王清主编《〈中华人民共和国广告法〉解读》，中国法制出版社，2015，第19页；国家工商总局广告监督管理司编著《〈中华人民共和国广告法〉释义》，中国法制出版社，2016，第33页。

② 参见陈嘉琪、黄爱武《行政机关如何适用从轻减轻处罚规定——以方林富案为例》，《海峡法学》2019年第1期。

③ 参见王珍《对绝对化用语禁令的执法实践思考》，《中国市场监管报》2019年8月6日，第7版。

第二，修改《广告法》第9条第3项，为绝对化用语的禁止加上限定语。在《广告法》修改过程中，有一种观点认为，一概禁止使用绝对化用语的立法规定并不科学，并建议设置相关例外免罚情形。为此，在原国务院法制办提交的草案以及全国人大常委会公布的一审草案中均设置了"依法取得的除外"之例外免罚条款。在征求意见过程中，有修改建议还主张，应将内容真实的绝对化广告用语也排除在禁止范围之外。但是，最终通过的《广告法》修正案延续了之前的规定，未设置任何免罚的例外情形。本报告建议，可以将《广告法》第9条第3项修改为"使用'国家级'、'最高级'、'最佳'等用语，有相关事实、证据支持的除外"。

（三）广告导向问题的判断及处理

1. 问题

广告的导向是广告监管部门一直以来关注的问题。2015年《广告法》修改时，第3条在原有的"真实、合法，符合社会主义精神文明建设的要求"基础上，增加了"以健康的表现形式表达广告内容""弘扬中华民族优秀传统文化"的要求，可以看作是对之前导向监管的总结和提炼。

2016年2月19日，习近平在党的新闻舆论工作座谈会上提出："新闻舆论工作各个方面、各个环节都要坚持正确舆论导向。各级党报党刊、电台电视台要讲导向，都市类报刊、新媒体也要讲导向；新闻报道要讲导向，副刊、专题节目、广告宣传也要讲导向；时政新闻要讲导向，娱乐类、社会类新闻也要讲导向；国内新闻报道要讲导向，国际新闻报道也要讲导向。"从此，广告的导向监管进入了新的阶段。主要体现为两个方面：一是导向监管的重要性明显增强，二是导向监管的重点由广告的格调、用语、社会公德扩展到可能涉及政治敏感、国家利益、政府形象、民族尊严、社会平等、未成年人保护等方面的广告。

一般认为，导向监管可以主要依据《广告法》第9条实施。例如，该条禁止在广告中"使用或者变相使用中华人民共和国的国旗、国歌、国徽，军旗、军歌、军徽""使用或者变相使用国家机关、国家机关工作人员的名义或者形象""损害国家的尊严或者利益，泄露国家秘密""妨碍社会安定，损害社会公共利益""危害人身、财产安全，泄露个人隐私""妨碍社会公共秩序或者违背社会良好风尚""含有淫秽、色情、赌博、迷信、恐怖、暴力的内容""含有民族、种族、宗教、性别歧视的内容""妨碍环境、自然资源或者文化遗产保护"。

主要依据《广告法》第 9 条的规定进行导向监管可能存在如下两个问题：一是导向监管与《广告法》第 9 条的规定并不完全重合，可能导致《广告法》的相关规定被过度扩大解释，以致出现偏离《广告法》条文原义的情形；二是导向监管的某些要求是一种"软法"，一旦依据《广告法》第 9 条并按照第 57 条的罚则进行处罚，就会适用 20 万元的起罚点，可能背离了导向监管的初衷，有违依法行政原则。

2. 对策

本报告建议执法机关按照如下规则进行广告的导向监管。

第一，先从一般商业广告的要求开始。一是广告内容的审查坚持真实性、合法性原则，真实是广告的前提和基础，合法是法律规范的建构目标的实现，广告信息脱离真实和合法就违背了信息的传递价值和存在价值。二是广告内容传递有效性，即围绕产品和服务传递信息，与消费者想获得的信息相匹配，目前很多广告淡化商品推荐，加大故事场景和内容比重，目的是与消费者产生共鸣，这就增加了导向性的接受度。所以需要在全媒体时代适应广告传播与受众共鸣点和时代对接点的衔接，增强广告的针对性和实效性，识别出"使用与变相使用国家机关、国家机关工作人员的名义或形象等具有不良影响的广告"。

第二，进一步分析商业广告的外部性。分析商业广告的导向性主要源于广告的潜在社会功能，有学者对广告导向的认定要件作了分析，认为广告导向的认定要件有外部性要件、可能性要件、公共性要件以及负面性要件①。

---

① 刘双舟：《论商业广告的导向与导向监管》，https://mp. weixin. qq. com/s/KemQ6b1SYOssOqxBjy38qA，最后访问日期 2021 年 6 月 30 日。

本报告认为，以上要件存在重叠之处，更强调商业广告的外部性要件中的负面性。商业广告的外部性有正向和负向效应两种，正向外部性符合真善美以及公序良俗和道德判断，负向外部性则是庸俗、迷信等有违良好社会秩序和公共生活维系的广告，后一种是导向监管的内容。判断负向外部性需要注意两个方面：一方面是导向广告的范围是否涉及国家、社会、民族宗教以及特殊群体的利益和尊严，另一方面是负向外部性表达的渠道和影响的后果，如负向外部性表达渠道的传播的广泛性和局部性，以及外部性后果的影响程度，如悬挂国旗和在国旗上签名就有不同的影响后果。

第三，违反导向广告的执法依据。广告内容导向上涉及公序良俗、社会主义核心价值观、公平正义等理念价值，这些价值规范依据有法律规范、政策和道德等，如涉及《未成年人保护法》这样的法律规范，也涉及诸如《中国少年先锋队队旗、队徽和红领巾、队干部标志制作和使用的若干规定》这样的社会规范。

违法导向的广告执法依据的操作办法如下：一是构成广告违法，如果是就需要依据"广告法"处罚，同时存在其他法律依据的可以一并指出。二是虽不构成广告违法，但与社会规范和道德判断有关，需要约谈提醒，在广告发布审查前指导商业广告主体调整完善。

具有导向的广告既要引导和规范，也要行业发展有序，在监管中对广告的内容信息从法律、道德、价值观方面作出分析判断，同时根据相应的法律规范提醒广告行为主体，因为很多导向问题的广告并非故意为之而是疏忽大意以及能力水平所限导致的。广告活动主体秉承社会责任，与政府监管部门和其他主体促进共建共治共享社会和谐环境的建设。

B.18
地方立法保障市域社会
治理现代化比较研究

周静文*

摘　要：　市域社会治理在国家治理体系中处于承上启下的关键地位，而地方立法要在市域社会治理中发挥重要作用。本文从京津沪渝四个直辖市的人大地方立法入手，比较各地在市域社会治理方面的地方立法整体结构和立法特点，建议各地人大遵循科学立法的规律，加强顶层设计，增强地方立法制度供给的有效性、及时性。

关键词：　市域社会治理　地方立法　制度供给

一　市域社会治理现代化概述

2019 年，中国城镇化率已超过 60%①，京津冀地区城镇化率上升到66.7%。随着城镇化速度的加快，越来越多的人口在城市聚集，但城市资源有限，人口不断流入大城市，可能超出城市生态承载人口能力，地价上涨、交通拥挤、环境污染等问题凸显。在此背景下，市域社会治理显得愈发重要，既是推进社会治理现代化的战略抓手，又是国家治理体系和治理能力现代化的重要内容。

---

* 周静文，天津市人大立法研究所副研究员。

① 2019 年政府工作报告，http：//www.stats.gov.cn/tjgz/tjdt/202005/t20200522_ 1747505.html，最后访问日期：2021 年 8 月 30 日。

（一）市域社会治理现代化的提出

党的十八届三中全会首次提出"社会治理"，明确要"创新社会治理体制，改进社会治理方式，激发社会组织活力，提高社会治理水平"。党的十九大提出，加强和创新社会治理，打造共建共治共享社会治理格局，强调社会治理重心向基层下移，加强社会治理"四个体系"① 建设。党的十九届四中全会专题研究推进国家治理体系和治理能力现代化问题，作出了重要决定，明确指出，坚持和完善中国特色社会主义制度、推进国家治理体系和治理能力现代化，是全党的一项重大战略任务。社会治理是国家治理的重要方面，必须坚持和完善共建共治共享的社会治理制度，加快推进"市域社会治理现代化"。

2020 年 10 月，党的十九届五中全会召开，审议通过了《中共中央关于制定国民经济和社会发展第十四个五年规划和二零三五年远景目标的建议》（以下简称《建议》），会议提出了十四五时期经济社会发展的主要目标，即"国家治理效能得到新提升。社会主义民主法治更加健全，社会公平正义进一步彰显，国家行政体系更加完善，政府作用更好发挥，行政效率和公信力显著提升，社会治理特别是基层治理水平明显提高，防范化解重大风险体制机制不断健全，突发公共事件应急能力显著增强，自然灾害防御水平明显提升，发展安全保障更加有力，国防和军队现代化迈出重大步伐"。此外，《建议》第 12 部分对共建共享的社会治理制度作出进一步论述，明确要求"加强和创新社会治理。完善社会治理体系，健全党组织领导的自治、法治、德治相结合的城乡基层治理体系，完善基层民主协商制度，实现政府治理同社会调节、居民自治良性互动，建设人人有责、人人尽责、人人享有的社会治理共同体。发挥群团组织和社会组织在社会治理中的作用，畅通和规范市场主体、新社会阶层、社会工作者和志愿者等参与社会治理的途径。推动社会治理重心向基层下移，向基层放权赋能，

---

① "四个体系"是指公共安全体系、社会治安防控体系、社会心理服务体系、社区治理体系。

加强城乡社区治理和服务体系建设，减轻基层特别是村级组织负担，加强基层社会治理队伍建设，构建网格化管理、精细化服务、信息化支撑、开放共享的基层管理服务平台。加强和创新市域社会治理，推进市域社会治理现代化"。

市域社会治理在国家治理体系中处于承上启下的关键地位。习近平总书记明确提出，要把市域社会治理现代化作为社会治理现代化的切入点和突破口。它对上承担党中央决策部署的重要责任，对下指导基层一线工作。市域是将风险隐患化解在萌芽、解决在基层最直接、最有效的治理层级，随着新时代经济社会的发展，市域越来越成为人口等各类要素的集聚地，推进市域社会治理现代化的重要性和紧迫性愈加凸显①。

（二）立法与市域社会治理的关系

法治体系和社会治理体系虽属于两个领域，但两者密切相关、相辅相成。实现国家治理体系和治理能力现代化，说到底就是实现治理体系和治理能力的法治化。

市域社会治理现代化的核心和基础是法治。法治是社会治理方式现代化的重要标志，是国家治理体系和治理能力的重要依托。要充分发挥法治固根本、稳预期、利长远的保障作用，把社会治理纳入法治化轨道②。中共中央印发的《法治社会建设实施纲要（2020～2025年）》（以下简称《实施纲要》）明确，法治社会建设是实现国家治理体系和治理能力现代化的重要组成部分。建设信仰法治、公平正义、保障权利、守法诚信、充满活力、和谐有序的社会主义法治社会，是增强人民群众获得感、幸福感、安全感的重要举措。

国家法律法规和地方性法规是市域社会治理现代化的重要工具，为城市

---

① 陈一新：《加快推进社会治理"七个现代化"》，http：//news. sina. com. cn/c/2019 - 04 - 18/doc - ihvhiqax3616429. shtml，最后访问日期：2021 年 9 月 10 日。

② 陈一新：《加强和创新社会治理》，《中共中央关于制定国民经济和社会发展第十四个五年规划和二零三五年远景目标的建议辅导读本》，第 431 页。

社会治理现代化提供法治保障。市域社会治理现代化在探索"五治融合"治理体系方面,具有国家法实施,地方法跟进,社会法、自治法规范,行业规章协调,城市公约、社会公约、道德规范融合等多种途径①。而法治是其中最为核心的,加强社会治理领域的立法特别是地方立法,可以有效解决地方治理中的突出问题②。法律要做到与时俱进,加快推进市域社会治理建章立制进程。《实施纲要》明确,要加快建立健全社会领域法律制度,完善多层次多领域社会规范,强化道德规范建设,深入推进诚信建设制度化,以良法促进社会建设、保障社会善治。其中"多层次社会规范"就是包含了国家立法、地方立法、行业规范、自治规范、社会公约等多个层次的社会规范。

(三)市域社会治理的范畴

"市域社会治理"是国家治理在设区的城市区域范围内的具体实施,其内涵可以从以下方面把握。

其一,从空间范围看,设区的城市不仅有城区,也有农村,是两种社会形态的结合体,市域是统筹城乡一体化的有效载体。

其二,从行动主体来看,市域社会治理是市域范围内党委、政府、群团组织、经济组织、社会组织、自治组织、公民等多元行动主体参与的,在"完善党委领导、政府负责、民主协商、社会协同、公众参与、法治保障、科技支撑的社会治理体系"基础上开展的一种社会行动。

其三,从治理内容看,其管辖范围内聚集了政治、经济、文化、产业、金融、商贸、人流、物流等各类要素。

其四,从管辖区域看,市域社会治理是多维度的系统工程。它不仅包括个人的居住空间,如居住区物业的管理,也包括社区空间,如社区

---

① 徐汉明:《市域社会治理现代化内在逻辑与推进路径》,《理论探索》2020 年第 1 期,第 15 页。

② 陈一新:《加快推进社会治理"七个现代化"》,http://news. sina. com. cn/c/2019 – 04 – 18/doc – ihvhiqax3616429. shtml,最后访问日期:2021 年 9 月 10 日。

基层自治组织，而且还包括生产空间、交换空间、街头空间等。城市发展要把握好生产空间、生活空间、生态空间的内在联系，实现生产空间集约高效、生活空间宜居适度、生态空间山清水秀，从而提升城市的宜居性。

二　市域社会治理相关法律范畴

市域社会治理作为涉及面广泛的系统工程，其相关法律范畴由分散于宪法、法律、法规、规章中的各类法律规范共同组成，可以从国家和地方两个层面展开。

（一）国家立法层面的法律、行政法规和部门规章

中国分为宪法及宪法相关法、民商法、行政法、经济法、社会法、刑法、诉讼与非诉讼程序法七个法律部门。本报告认为，社会治理相关的法律，具有综合性，涉及上述七个法律部门。即使如刑法这样规范犯罪行为的法律，亦具有社会管理法的内容，刑法被视为社会政策的最后手段，刑法参与社会治理是以矫正正义的方式实现的，这就决定了刑法不同于一般意义上的社会管理法。此外，宪法及宪法相关法中包括基层治理类法规，如《城市居民委员会组织法》《村民委员会组织法》。基层治理是市域社会治理的重要组成部分，但市域社会治理不仅仅局限于基层治理，其比基层治理的层级更高、范围更广、治理技术和理念要更先进，在民商、行政、经济、社会等各个法律部门中，也都有涉及社会治理的法规。例如，《民法典》被称为社会生活的百科全书，是推动社会治理法治化的重要保障。行政法中更是有很多规范政府对公民、法人或其他组织的社会管理职权职责的内容，契合了社会治理内核。经济法中，政府与市场的关系问题是经济法规制的基本问题，主要规范关于反垄断、反不正当竞争、公共财政与支出、市场准入资格的监督、税收与补贴、许可及临时管制等问题，但必须与国家治理体系内其他子系统规范相互协调补充。社会法，重在保障公

民政治权利和民事权利之外的社会权利，尤其是保护弱势群体的利益，如果没有公权力的介入来保护弱者的利益，将加剧社会关系的失衡状态并最终导致严重的社会问题，社会治理要化解社会矛盾，就当然涵盖了社会法的相关内容。诉讼程序法中的调解、仲裁等相关法律，也属于社会治理相关的法律范畴。

综上，社会治理相关法涵盖七大法律部门，其功能在于规范公共服务、化解社会矛盾、保障社会公共安全等社会治理活动，促进社会平稳发展。

（二）地方立法层面的范畴

地方立法属于中国特色社会主义法律体系的重要组成部分，是对法律、行政法规的细化和补充，是国家立法的延伸和完善。地方立法层面的范畴包括地方性法规、自治条例、单行条例以及政府规章。2015 年修正的《立法法》明确规定将地方立法权扩大到所有设区的市，设区的市人大及其常委会可以对城乡建设与管理、环境保护、历史文化保护等方面的事项制定地方性法规。这使得设区的市在探索社会治理政策和模式上，可以通过地方立法先行先试，为国家立法试制度，积累经验。

上海、北京、天津的人大常委会相继出台了街道办事处条例，为街道明确相关职责权限，从而为城市基层治理体系和治理能力现代化提供法治保障。地方政府规章也有很多涉及社会治理相关内容的，如垃圾分类管理就是社会治理相关内容。本报告研究的重点集中在人大及其常委会的地方立法，即市域社会治理方面的地方性法规的实证研究。

三 市域社会治理地方立法比较研究

地方立法是实现市域社会治理现代化的重要路径，要以高质量的立法引领和促进市域社会治理现代化。本报告以京津沪渝四个直辖市的人大常委会的地方立法为切入点，梳理其市域社会治理地方立法的总体情况，并选取市域治理某些领域的立法例加以具体分析，总结大城市立法的特点和发展趋势。

（一）人大常委会社会治理类立法的结构性分析

要系统了解地方立法的结构，先要对法规所规范的对象进行分类，本报告按照法规要素（调整对象）对现有地方性法规大致分为六类（见表1）。

表1 现有地方性法规要素分类

法规领域	法规构成要素
城建生态环保	资源环境保护、市政绿化、城建规划、灾害防治等
社会治理建设	公民权益、公共安全、司法服务、社会事务、社会团体、基层政治、劳动安全、社会保障等
财经商事	市场、交通、企业、反垄断、财政涉税、审计统计等
科教文卫 & 宗教	教育、科学、文化、卫生、体育、宗教等
农业农村	农业、农村、农民等
人大自身 & 其他	人大制度、行政机构及其事务等

按照以上分类，将近三年（2018~2020年12月）四地人大常委会新制定（包含修订，不包括单独修正和打包修正）的地方性法规通过表格形式予以梳理，具体见附件（表1~4）。通过梳理，对比分析四个直辖市人大常委会地方性法规的整体结构，北京有10部社会治理类法规，占比为44%；天津有17部，占比为45%；上海有9部，占比为28%；重庆有15部，占比为35%。由此可见，在各直辖市的人大常委会立法中，市域社会治理方面的立法占据重要地位。

一些社会治理类的法规已经过多次修订，不断完善。例如，《北京市生活垃圾管理条例》在2011年就已制定出台，已经过2019年、2020年两次修正。近年来，地方立法中的修正案数量增加较多，其数量甚至超过新制定（含修订）的法规数量。例如，北京市人大常委会近三年以修正案方式修改的法规 32 部，该数量就大于新制定法规数量 22 部。在修正案中，社会治理类法规有八部，其内容主要包括生活垃圾管理、市容环境卫生、无障碍设施建设和管理、村民委员会（城市居民委员会）自治类法规、公园条例、残疾人保障、道路交通安全等。

（二）社会治理类地方立法与国家立法的契合度分析

从全国人大近五年（2016～2020）出台的法律看，可划分为社会治理类的法律有 13 部（含修订、修正）：《退役军人保障法》（2020 年）、《未成年人保护法》（2020 年修订）、《社会保险法》（2018 年修正）、《劳动法》（2018 年修正）、《老年人权益保障法》（2018 年修正）、《食品安全法》（2018 年修正）、《城市居民委员会组织法》（2018 年修正）、《村民委员会组织法》（2018 年修正）、《妇女权益保障法》（2018 年修正）、《残疾人保障法》（2018 年修正）、《红十字会法》（2017 年修订）、《慈善法》和《反家庭暴力法》。聚焦四个直辖市相关地方立法的实施情况，全国人大制定出台《退役军人保障法》和《未成年人保护法》（修订），各地人大还没有制定相应的实施性地方法规，对于其他 11 部法律，四个直辖市大多出台了地方性法规或政府规章跟进实施。

显然，各地人大应跟进国家相关法律的立法进度，提前调研本地相关情况，对于有必要制定实施性地方立法的，及时纳入地方人大立法计划。

（三）市域社会治理的先行性地方立法研究

先行性地方立法的法律依据是《立法法》第 73 条，除本法第 8 条规定的事项外，其他事项国家尚未制定法律或者行政法规的，省、自治区、直辖市和设区的市、自治州根据本地方的具体情况和实际需要，可以先制定地方性法规。本报告以近三年（2018～2020 年）四个直辖市社会治理领域地方立法为基础，比较分析各地的先行性地方立法的具体项目（见表 2）。

表2　四个直辖市近三年市域社会治理先行性地方立法情况

城市	近三年市域社会治理 先行性地方立法数目	2018～2020 年的具体项目
北京	4 部	1. 北京市医院安全秩序管理规定 2. 北京市文明行为促进条例 3. 北京市街道办事处条例 4. 北京市机动车停车条例
天津	4 部	1. 天津市街道办事处条例 2. 天津市公安机关警务辅助人员管理条例 3. 天津市文明行为促进条例 4. 天津市促进精神文明建设条例
上海	1 部	1. 上海市家政服务条例
重庆	2 部	1. 重庆市公共场所控制吸烟条例 2. 重庆市公共汽车客运条例

市域社会治理的先行性地方立法项目主要集中在精神文明建设、街道管理、医院安全秩序、停车、家政、警务辅助等。这些项目涉及城市管理的各个方面，很多项目都来源于代表的议案，各地法规立项前应加强统筹，从源头上解决社会矛盾，同时注意相互借鉴，进而为人民安居乐业、社会稳定和谐幸福提供法治保障。

（四）直辖市人大及其常委会社会治理类地方立法的特点

第一，党建引领贯穿市域社会治理地方立法。市域社会治理地方立法包括很多方面（见图1），党建引领内容贯穿于各个法规。

在地方性法规的条文表述中，也有党建引领的直接规定。比如，2018 年 5 月天津市人大常委会作出修正案，在《天津市物业管理条例》中增加了党建引领的内容，增加规定："业主委员会和物业服务企业中，根据中国共产党章程的规定，设立中国共产党的组织，开展党的活动，保障物业管理活动依法有序进行。""引导和支持业主中的党员通过法定程序成为业主代表、业主委员会成员，发挥先锋模范作用，依法履行职责。推动符合条件的社区党组织成员或居民委员会成员中的党员通过法定程序兼任业主委员会主任。"

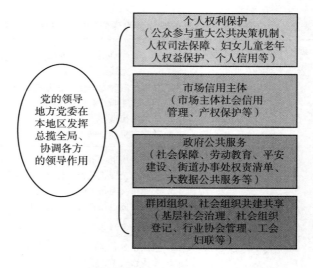

图1 党建引领市域社会治理的地方立法

党建引领不仅体现在地方立法的法规条文内容上，也体现在立法程序中。一是党委决策与立法决策衔接，地方立法计划是根据地方党委确定的工作中心和重点任务，统筹制订并实施；二是党委领导重要地方性法规制定机制，地方立法重大事项都需要向地方党委请示报告；三是党委领导下的立法协调工作机制，法规草案修改中涉及重大立法思路或者重要法规制度等重要问题，要与地方党委领导请示沟通。

第二，从四个直辖市人大常委会近三年地方立法看，社会治理领域存在共同关注的一些新问题。例如，关于新型冠状病毒性肺炎疫情防控工作，四市都相继出台了相关决定。此外，突发公共卫生事件、生活垃圾处理、街道办事处工作、司法鉴定等问题，也是近年来四市地方立法共同关注的。由此可见，市域社会治理在四个直辖市地方立法中存在不少共性问题。

第三，尽管有共性，但市域治理的立法也有个性问题，每个城市有不同的市情，如人口结构、经济发展水平可能略有差别，各地社会治理相关地方立法的侧重点会略有不同。例如，天津人口老龄化处于较高水平，2019年天津市60岁及以上户籍人口占全部户籍人口的24.16%，高于全国 18.1% 的平均水平。天津的地方立法根据地方实际情况，出台了不少与老年人相关的地方性法规，如《天津市养老服务促进条例》2020年底进行了修订，此外还有《天津市城镇企业职工养老保险条例》《天津市基本医疗保险条例》《天津市老年人教育条例》《天津市实施〈中华人民共和国老年人权益保障法〉办法》等。其中，《天津市养老服务促进条例》融入了很多基层社会治理的内容，如"乡镇人民政府、街道办事处以及村民委员会、居民委员会应当建立社区、社会组织、社会工作者联动机制，开展居家养老服务；建立健全居家社区探访制度，开展特殊困难老年人关爱服务工作"。

再如，上海市人大出台的《上海市家政服务条例》，属于先行性立法。作为人口密度最高的直辖市，家政服务业快速发展，家政服务成为上海城市生活不可或缺的重要组成部分，但也面临有效供给不足、行业发展不规范等问题。上海为促进家政服务业发展，率先出台了家政方面地方立法，这也考虑了上海市情所需和市域社会治理发展的需要。

四　市域社会治理地方人大立法例研究
——以街道办事处条例为例

街道办事处是区人民政府的派出机关，在基层治理中处于承上启下、联结四方的枢纽位置，街道工作做得好不好，直接影响着城市面貌与广大市民的获得感。上海、北京、天津相继制定出台了街道办事处条例，截至 2021 年 10 月初，重庆尚未出台街道办事处条例。

《天津市街道办事处条例》于 2020 年 9 月 25 日经由市十七届人大常委会第二十三次会议审议通过，条例的出台对规范和保障街道办事处依法履职，构建党委领导、政府负责、多方参与、法治保障、科技支撑、简约高效的基层公共服务和社会治理体制具有积极意义。制定该条例是市委确定的年度重点立法工作，在起草过程中，街道反映了一些相关现实问题，有的通过地方立法予以明确规范，有的还需要政府进一步推动相关工作进展，体现在以下方面。

一是街道反映有社区职能定位不清、权责模糊等问题。《天津市街道办事处条例》明确赋权减负，厘清职责和职权，规定了职责清单制度："区人民政府根据法律、法规的规定，结合本区实际制定本区街道办事处职责清单，并向社会公布。"明确街道办事处组织开展公共服务、承担辖区生态环境保护、组织实施辖区平安建设工作等七项职责，对公共服务、公共管理和平安建设等方面的职责，设专章进一步细化。这不仅是天津出台条例的重点，也是上海、北京街道办事处条例重点关注的内容。明确赋予街道办事处相关权利，如对区人民政府有关负责人的任免评优等建议权，对街道办事处在辖区内行使综合执法权作出明确规定。

二是街道办事处规模与管理辖区半径和人口数量相匹配的问题。随着城市化进程的不断推进，天津很多地方原有的区划分布、人口数量和社区结构发生了较大变化。调研发现，天津的街道设置存在问题，有的街道管理30万人口，也有的管理3万人口，其工作人员配置未必完全匹配。《天津市街道办事处条例》对此作出原则性规定："街道办事处的设立应当遵循规模适度、管理科学、服务高效的原则，充分考虑本市经济社会和城镇化发展水平、城镇体系和布局、人口规模、资源环境、人文历史等情况。街道办事处设立标准由市民政部门会同有关部门拟订，报市人民政府批准。街道办事处的设立、撤销、更名、调整、驻地迁移、管辖范围的确定和变更，由区人民政府提出方案，报市人民政府批准后实施。""市和区人民政府工作部门应当科学配置服务资源，合理设置服务半径，健全服务设施，通过制定标准、资金保障、开展培训等方式，为街道办事处开展公共服务提供支持和保障。"

天津地方性法规已经明确街道办事处设立标准由市民政部门会同有关部门拟订，报市人民政府批准。从三个直辖市的地方性法规来看，基本都是作出原则性的授权规定，如北京市规定，市民政部门应当会同有关部门拟订街道办事处设立标准，报市人民政府批准。已设立的街道办事处不符合设立标准的，区人民政府应当及时提出调整方案。但三地政府均尚未出台具体标准，目前有的省份通过政府规范性文件的方式对街道设立的细则作出规定，如《江苏省设立街道标准》（2020年3月）、《河南省设立街道标准》（2020年9月）。

三是街道社区网格信息化管理问题。网格化管理是基层治理的主要手段，依据当地的地理位置、街区环境、人员情况，将辖区内位置相近、人员聚集、环境相仿的地方划分为一个个网格进行管理。但在调研中发现存在以下突出问题：其一，信息系统不能全面支持社区治理，且数字化发展不平衡，各区对基层社会治理的信息化投入存在差异，社区治理数字化发展水平参差不齐；其二，存在多个网格平台，不同地区、不同层级的信息系统不兼容，数据无法共享，智能化水平还有待完善；其三，基层社区治理数字化建设缺乏资金、技术以及人才。

《天津市街道办事处条例》针对网格平台建设，对网格化管理闭环工作流程作出规定。街道办事处对网格化管理过程中发现的需要多部门协同解决的问题，应当协调区人民政府工作部门及其派出机构、承担公共服务职能的企事业单位等进行处理，必要时可以报区人民政府确定责任部门。此外，市和区人民政府应当推进基层社会治理综合指挥平台建设，实现互联互通、信息共享、实时监控、综合监测，提升智能化服务管理水平。市和区人民政府及其有关工作部门、公共服务企业应当根据街道办事处开展服务和管理工作的需要，依法将相关领域的基础信息数据向街道办事处开放，为街道办事处开展工作提供支持。街道办事处应当建立信息数据安全防护管理制度，确保数据安全。网格平台的普及使用以及网格平台统一化，还需要政府具体工作部门推动相关工作，真正落实好地方性法规相关规定。

五　关于市域社会治理地方人大立法制度供给的一些思考

超大城市的社会治理，主要矛盾在于人口大规模集聚和人口管理服务能力不足，为解决这一矛盾，各地人大应遵循科学立法的规律，加强顶层设计，增强地方立法制度供给的有效性、及时性。能否解决市域社会治理的矛盾，及时有效地制定地方立法，这是受多种因素影响的，如社会对立法的需求、各类法律制度的不同功能定位、立法机关的供给能力等。

首先，从立法需求看，法律制度的供给，应以需求为导向。各地人大在编制立法规划（计划）时应以人民的需求为导向。立良法求善治，关键就在于能否准确把握需求。基层社会治理领域的立法需求一定是来源于人民，可能涉及民生的方方面面，如教育、医疗、养老、就业、安全、环境等。正如习近平总书记在庆祝中国共产党成立 100 周年大会上发表重要讲话时强调的"发展全过程人民民主"，而基层立法联系点就是是"全过程民主"的重要体现，通过事前广泛动员、深入普及相关法律，事中搭起平台、让基层意见充分汇集，事后及时反馈、形成民主决策全链条、全流程的闭环。

因此，地方立法应当坚持立法为民，通过发挥各级人大代表的作用，更好地吸纳民意。天津通过代表之家、代表联络站等方式，与群众零距离沟通，加强市区两级代表的交流沟通，便于将群众声音反映到各级人大机关，并综合统筹，将需要通过地方立法解决的问题，及时纳入地方人大的立法计划；对需要政府执法解决的问题，通过人大监督等方式转交政府处理，从源头上解决社会矛盾、稳定社会，为人民安居乐业、构建和谐幸福社会提供基础保障。

其次，从社会治理类地方立法的功能定位看，可以在拥堵疏导、资源调配、环境治理和矛盾化解等方面考察地方立法在社会治理方面的制度供给能力。

一则，发挥地方立法在缓解城市拥堵上的功能作用。综合考量人口数量、结构、分布等因素，在城市规划、道路和停车设施建设、公共交通发展、居民出行方式等方面，由各地人大研究制定相关地方立法，如2020 年 12 月 1 日通过的《天津市道路交通安全若干规定》就属于此类。

二则，发挥地方立法在提供公共服务上的功能作用。为人民群众公平地提供如教育、医疗、治安管理等方面的公共服务。例如，三地相继出台的街道办事处条例，就是将基层治理的成熟经验通过地方立法予以确立，来实现良好的城市社会治理。

三则，发挥地方立法在城市污染防治中的功能作用。党中央把生态文明建设作为统筹推进"五位一体"总体布局和协调推进"四个全面"战略布局的重要内容，国家相继出台了一系列环境领域法律。2018年7月，全国人大常委会发布的《关于全面加强生态环境保护　依法推动打好污染防治攻坚战的决议》规定，"有立法权的地方人大及其常委会要加快制定、修改生态环境保护方面的地方性法规，结合本地实际进一步明确细化上位法规定，积极探索在生态环境保护领域先于国家进行立法"。天津市人大常委会相继制定出台了《天津市绿色生态屏障管控地区管理若干规定》《天津市生活垃圾管理条例》《天津市生态环境保护条例》《天津市机动车和非道路移动机械排放污染防治条例》《天津市土壤污染防治条例》；此外，还分别对海洋环境保护条例、水污染防治条例和大气污染防治条例进行了修正。这一系列地方性法规的制定、修改，体现了地方立法在污染防治领域对社会治理的规范作用。

四则，发挥地方立法在矛盾化解、应急处置上的功能作用，面对群众的利益诉求，地方立法可以探索矛盾纠纷多元化解机制。除了司法途径外，矛盾化解还可借助行政性纠纷解决机制、商事仲裁机制、社会组织参与化解机制等多种方式，地方立法可以探索研究矛盾的多元化解机制，通过地方立法将纠纷化解机制法治化。天津在2014年就制定出台了《天津市医疗纠纷处置条例》，专门针对医疗纠纷，规定了市医疗纠纷人民调解委员会功能作用。此外，多地人大出台了人民调解法的实施办法，如深圳、海南、广东等，另有多地人大专门出台矛盾纠纷多元化解的地方性法规，如河北、海南、四川等地，这些都是有益的探索。

最后，从地方立法机关的法规供给能力看，尽管新制定地方性法规数量呈现增长态势，但各地立法资源毕竟有限，如何利用有限的立法资源解决社会治理中的问题，各地人大及其常委会应当加以统筹考虑。

四个直辖市人大常委会每年新制定（包括修订，不包括修正案）的地方性法规数目情况见图2，各地新制定的地方性法规数量呈增长态势，其中还不包括各地的法规修正案。2015年各地新制定地方立法数量在10件左右，到2020年增长到15件左右。这其中，社会治理领域法规数量占30%～40%。因此，把握好市域社会治理相关立法需求，各地人大可以分门别类、精准发力、统筹推进。其一，对于需要国家层面立法的，通过法定程序提请有关国家机关及时进行立、改、废、释，或作出授权决定；其二，对需要地方人大进行立法的项目，区分轻重缓急，制定好立法计划，给出一个相对明确的预期；其三，对于适合制定政府规章的，地方人大要加强与政府相关部门的协调沟通。

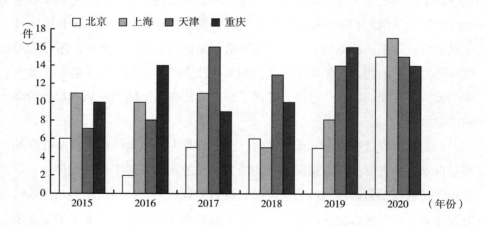

图2　近六年四个直辖市人大及其常委会新制定地方性法规情况

综上，超大城市市域社会治理的地方人大立法，要找准立法需求，发挥好立法功能，利用好有限的立法资源统筹推进市域社会治理领域的地方立法，推进市域社会治理现代化、法治化。

附件

表1　北京市地方性法规统计（2018～2020）

领域	北京市人大常委会制定（含修订）法规（2018.01～2020.12）
城建生态环保	《北京市危险废物污染环境防治条例》
	《北京市野生动物保护管理条例》
	《北京市机动车和非道路移动机械排放污染防治条例》
	《北京市气象灾害防御条例》
	《北京市城乡规划条例》
社会治理建设	《北京市司法鉴定管理条例》
	《北京市突发公共卫生事件应急条例》
	《北京市医院安全秩序管理规定》
	《北京市文明行为促进条例》
	《北京市物业管理条例》
	《北京市人民代表大会常务委员会关于依法防控新型冠状病毒感染肺炎疫情 坚决打赢疫情防控阻击战的决定》
	《北京市街道办事处条例》
	《北京市非机动车管理条例》
	《北京市查处非法客运若干规定》
	《北京市机动车停车条例》
财经商事	《北京市促进中小企业发展条例》（修订）
	《北京市优化营商环境条例》
	《北京市小规模食品生产经营管理规定》
科教文卫&宗教	《北京市中医药条例》
	《北京市宗教事务条例》（修订）
	《北京市促进科技成果转化条例》
	《北京市非物质文化遗产条例》
农业农村	无
人大自身&其他	《北京市人民代表大会议事规则》

表2　天津市地方性法规统计（2018～2020）

领域	天津市人大常委会制定（含修订）法规（2018.01～2020.12）
城建生态环保	《天津市人民代表大会常务委员会关于加强滨海新区与中心城区中间地带规划管控建设绿色生态屏障的决定》
	《天津市生态环境保护条例》
	《天津市土壤污染防治条例》

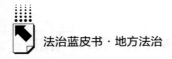

续表

领域	天津市人大常委会制定（含修订）法规（2018.01~2020.12）
城建生态环保	《天津市机动车和非道路移动机械排放污染防治条例》
	《天津市人民代表大会常务委员会关于禁止食用野生动物的决定》
	《天津市绿色生态屏障管控地区管理若干规定》
社会治理建设	《天津市养老服务促进条例》（2020年修订）
	《天津市道路交通安全若干规定》
	《天津市工会劳动法律监督条例》
	《天津市社会信用条例》
	《天津市街道办事处条例》
	《天津市生活垃圾管理条例》
	《天津市突发公共卫生事件应急管理办法》
	《天津国家自主创新示范区条例》
	《天津市人民代表大会常务委员会关于依法做好新型冠状病毒肺炎疫情防控工作 切实保障人民群众生命健康安全的决定》
	《天津市人民代表大会常务委员会关于推进实施国土空间发展战略的决定》
	《天津市基本医疗保险条例》
	《天津市人民代表大会常务委员会关于促进和保障新时代滨海新区高质量发展的决定》
	《天津市公安机关警务辅助人员管理条例》
	《天津市司法鉴定管理条例》
	《天津市文明行为促进条例》
	《天津市促进精神文明建设条例》
	《天津市特种设备安全条例》
财经商事	《天津市预算审查监督条例》
	《天津市促进大数据发展应用条例》
	《天津市地方金融监督管理条例》
	《天津市人民代表大会常务委员会关于天津市耕地占用税具体适用税额的决定》
	《天津市优化营商环境条例》
	《天津市政府投资管理条例》
	《天津市人民代表大会常务委员会关于天津市资源税适用税率、计征方式及减征免征办法的决定》
科教文卫&宗教	《天津市公共文化服务保障与促进条例》
	《天津市预防和治理校园欺凌若干规定》
	《天津市非物质文化遗产保护条例》
	《天津市知识产权保护条例》
	《天津市宗教事务条例》
农业农村	《天津市农业机械化促进条例》

续表

领域	天津市人大常委会制定（含修订）法规（2018.01~2020.12）
人大自身 & 其他	《天津市人民代表大会常务委员会关于市人民政府机构改革涉及地方性法规规定的行政机关职责调整问题的决定》
	《天津市人民代表大会常务委员会和区人民代表大会常务委员会规范性文件备案审查办法》

表3　上海市地方性法规统计（2018~2020）

领域	上海市人大常委会制定（含修订）法规（2018.01~2020.12）
城建生态环保	《上海市中华鲟保护管理条例》
	《上海市排水与污水处理条例》
	《上海市航道条例》
社会治理建设	《上海市不动产登记若干规定》
	《上海市公共卫生应急管理条例》
	《上海市人民代表大会常务委员会关于促进和保障长三角生态绿色一体化发展示范区建设若干问题的决定》
	《上海市人民代表大会常务委员会关于加强检察公益诉讼工作的决定》
	《上海市人民代表大会常务委员会关于全力做好当前新型冠状病毒感染肺炎疫情防控工作的决定》
	《上海市家政服务条例》
	《上海市司法鉴定管理条例》
	《上海市生活垃圾管理条例》
	《上海市社会救助条例》
财经商事	《上海市外商投资条例》
	《上海市反不正当竞争条例》
	《上海市促进中小企业发展条例》
	《上海市优化营商环境条例》
	《上海市地方金融监督管理条例》
	《上海市会展业条例》
	《上海市人民代表大会常务委员会关于促进和保障浦东新区改革开放再出发　实现新时代高质量发展的决定》
	《上海市标准化条例》（2019年修订）
	《上海市人民代表大会常务委员会关于贯彻实施〈中华人民共和国外商投资法〉若干问题的决定》
	《上海市单用途预付消费卡管理规定》

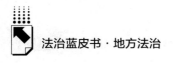
续表

领域	上海市人大常委会制定（含修订）法规(2018.01～2020.12)
科教文卫 & 宗教	《上海市公共文化服务保障与促进条例》
	《上海市推进科技创新中心建设条例》
	《上海市职业教育条例》(2018 年修订)
农业农村	《上海市促进家庭农场发展条例》
	《上海市实施〈中华人民共和国农民专业合作社法〉办法》
人大自身 & 其他	《上海市人民代表大会专门委员会工作条例》
	《上海市人民代表大会常务委员会关于本市机构改革涉及地方性法规规定的行政机关职责调整问题的决定》
	《上海市人民代表大会常务委员会关于支持和保障长三角地区更高质量一体化发展的决定》

表4　重庆市地方性法规统计（2018～2020）

领域	重庆市人大常委会制定（含修订）法规(2018.01～2020.12)
城建生态环保	《重庆市河长制条例》
	《重庆市水污染防治条例》
	《重庆市矿产资源管理条例》(2020 年修订)
	《重庆市城市园林绿化条例》(2019 年修订)
	《重庆市野生动物保护规定》
	《重庆市水利工程管理条例》(2019 年修订)
	《重庆市湿地保护条例》
	《重庆市燃放烟花爆竹管理条例》(2018 年修订)
	《重庆市人民代表大会常务委员会关于修改〈重庆市长江防护林体系管理条例〉的决定(2019)》
	《重庆市植物检疫条例》(2018 年修订)
	《重庆市历史文化名城名镇名村保护条例》
	《重庆市地质灾害防治条例》(2020 年修订)
社会治理建设	《重庆市公共场所控制吸烟条例》
	《重庆市人力资源市场条例》
	《重庆市人民代表大会常务委员会关于加强对审计查出问题整改情况监督的决定》
	《重庆市人民代表大会常务委员会关于加强检察机关公益诉讼工作的决定》
	《重庆市实施〈中华人民共和国红十字会法〉办法》(2020 年修订)
	《重庆市信访条例》(2020 年修订)
	《重庆市特种设备安全条例》

续表

领域	重庆市人大常委会制定（含修订）法规（2018.01～2020.12）
社会治理建设	《重庆市人民代表大会常务委员会关于依法全力开展新冠肺炎疫情防控工作的决定》
	《重庆市人民代表大会常务委员会关于重庆高新技术产业开发区行政管理事项的决定》
	《重庆市物业管理条例》（2019年修订）
	《重庆市人民代表大会常务委员会关于加强广阳岛片区规划管理的决定》
	《重庆市天然气管理条例》（2019年修订）
	《重庆市公共汽车客运条例》
	《重庆市献血条例》
财经商事	《重庆市人民代表大会常务委员会关于资源税具体适用税率等事项的决定》
	《重庆市节约能源条例》（2019年修订）
	《中国（重庆）自由贸易试验区条例》
	《重庆市人民代表大会常务委员会关于环境保护税税目中"其他固体废物"具体范围的决定》
	《重庆市人民代表大会常务委员会关于耕地占用税适用税额的决定》
	《重庆市民用航空条例》
科教文卫&宗教	《重庆市实施〈中华人民共和国公共文化服务保障法〉办法》
	《重庆市促进科技成果转化条例》（2020年修订）
	《重庆市宗教事务条例》（2019年修订）
	《重庆市全民健身条例》
农业农村	《重庆市农业机械化促进条例》
人大自身&其他	《重庆市实施〈中华人民共和国国旗法〉办法》
	《重庆市人民代表大会常务委员会讨论决定重大事项的规定》（2018年修订）
	《重庆市宪法宣誓实施办法》（2018年修订）
	《重庆市人民代表大会代表建议批评和意见工作条例》

B.19
社会协同治理视角下工程建设领域民事司法与行政执法衔接机制研究

四川省高级人民法院课题组 *

摘　要：　工程建设领域违法违规现象较为普遍，不仅引发诸多纠纷，亦是政府监管规制难题。无论是司法机关的处理策略还是行政机关的规制手段，均存在较大的局限性，难以有效解决工程建设领域多元主体利益冲突、协同监管机制缺失、社会信用体系缺位、行政规制标准模糊、监管主体职能交叉、相关市场结构不均等难点问题。四川省高级人民法院牵头，会同多家行政机关构建民行衔接机制，示范先行探索"加强诉前监管、做好入口治理，加强诉中联动、确保机制运行，加强征信联动、善用司法建议"三条方略及"违法行为与线索移送的司法移送、司法行政专家咨询、司法行政沟通通报、司法行政典型案例发布、民事诉讼与行政调解对接"五项具体配套制度机制，为规范工程建设领域乱象、营造良好的市场营商环境提供了可行路径。

关键词：　工程建设　诉前监管　诉中联动　司法移送

＊　执笔人，刘文，四川省高级人民法院法官；张梓欣，四川省南充市中级人民法院法官；赵梅，四川省高级人民法院法官助理。

一 改革背景：工程建设领域的违法及规制现状

（一）民事司法与行政执法衔接机制改革的重要意义

1. 探索完善社会治理模式的必然要求

随着经济发展及社会利益矛盾的复杂化，中国社会治理面临一系列挑战，亟须探索建立新的社会治理模式。党的十九届五中全会提出，加强和创新社会治理要完善联动融合、集约高效的社会治理体系。2021 年 1 月，中共中央办公厅、国务院办公厅印发了《建设高标准市场体系行动方案》，要求通过 5 年左右的努力，基本建成统一开放、竞争有序、制度完备、治理完善的高标准市场体系，对推进国家治理体系和治理能力现代化提出了更高要求。这就要求各级机关、不同部门提高政治站位，增强政治责任感和历史使命感，自觉融入基层社会治理工作全局，主动积极探索治理机制，推动社会风险防控贯穿规划、决策、执行、监管各领域各环节。建立衔接联动工作机制是在工程建设领域深入的一个"小切口"，从细处入手，深化改革，加强司法机关和行政机关的协同合作、资源融合、信息互通，以查促改、以改促进，做出共建共治共享的社会治理新格局"大文章"。

2. 深入推进多元解纷机制的重要举措

中国社会处于转型和高速发展期，社会纠纷类型日益多样化、复杂化。诉讼成为社会矛盾纠纷解决的重要选项，传统纠纷解决方式不断被弱化，这实际上折射出非诉纠纷解决渠道的式微。要加强和创新社会治理，坚持和发展新时代"枫桥经验"，就要把非诉纠纷解决机制挺在前面，推动社会治理从事后应对向前端防范转型，将问题解决在早、在小。针对工程建设领域违法行为"主动发现难""诉讼查明易"的特点，加强民事司法与行政执法的衔接联动，及时发现、及时移送、及时查处建设工程领域违法行为，坚持各司其职、各尽其责，实现信息共享、优势互补、目标协同，及时有效处理违法行为。

3. 契合立法精神和演进趋势的重要途径

从相关规定的立法演进看，建立行政执法与民事司法衔接机制顺应了立法发展趋势。比如，工程建设领域违法行为涉及的非法所得收缴问题，一直存在民行交叉争议。原《民法通则》第134条第3款规定，人民法院审理民事案件，除适用上述规定外，还可予以训诫、责令具结悔过，收缴进行非法活动的财物和非法所得，并可以依照法律规定处以罚款、拘留，之后的《民法总则》（第157条）和现行《民法典》（第157条）则删除了《民法通则》关于人民法院审理民事案件可以收缴进行非法活动的财物和非法所得的相关规定，明确规定"法律另有规定的，依照其规定"。因此，人民法院对工程建设领域违法行为获取的非法所得进行收缴不再有法律依据，建设工程合同所涉及的违法行为应由行政机关采取没收违法所得、罚款等行政处罚措施。再者，住房和城乡建设部2019年出台的部门规范性文件《建筑工程施工发包与承包违法行为认定查处管理办法》，也详细规定了建设工程违法行为的认定标准、受理程序、处罚措施等。其中第14条规定，县级以上住房和城乡建设主管部门如接到人民法院、检察机关、仲裁机构、审计机关、纪检监察等部门转交或移送的本行政区域内建筑工程违法行为建议或相关案件线索、证据，应依法受理、调查、认定和处理并将处理结果及时反馈给转交或移送机构。上述规定为衔接联动工作机制的深入探索及细化推进提供了程序上的有力保障。立法的转变要求我们必须转变思路，规范的设立为我们提供了执行保障，建立衔接联动工作机制已成水到渠成之势。

（二）工程建设领域违法违规行为规制难点剖析

近年来，工程建设领域违法违规现象比较普遍，屡禁不止，是人民群众的热议话题，更是有关部门的长期管理与规制难题。各地政府建设部门也认识到建筑业市场乱象凸显，是行业乱象的重点领域，尝试以会议、专项检查、通报等形式对建筑业进行整顿。然而，对工程建设领域的常规督查和"整风式"运动效果有限，如违反建筑市场准入规定的个人或单位借用有资质的施工企业名义承揽工程、超越本企业资质许可的业务范围承揽工程，违反招投标法规定应当招投标而未招投标、中标无效和签订"黑白合同"，违反主体结构工程由总承包人独立完成等规定签订转包、违法分包、肢解发包合同等违法行为仍屡禁不绝。

1. 多元主体利益冲突

四川省人民检察院披露的数据显示，2013 年，四川省检察机关共查办职务犯罪 7619 件 10318 人，其中开展工程建设领域突出问题专项治理，查办职务犯罪 638 件 878 人，查办案件数和人数均占职务犯罪两个数据总额的近 10%[①]。招投标、分包或转包、材料设备采购、设计变更、工程款结算、规划许可，多个环节都成为腐败现象的高发、易发点。工程建设领域的违法违规行为使得原本市场准入严格、门槛较高的建筑市场成了各方利益主体都可以吃上一口的"唐僧肉"，造成工程建设领域的违法违规行为蔓延。

2. 协同监管机制缺失

工程建设领域环节众多，行政监管由多个部门负责，这种多头管理的格局，使关键环节条块分割、各自为政，地方保护、部门分割问题比较突出，难以形成统一有效的监督管理。再者，这种政出多门也导致信息不对称日益明显。相关行政部门之间，行政部门与检察、监察、司法部门之间，以及本地和外地相关职能部门之间信息不畅。据了解，不仅相关监管部门之间没有信息沟通和共享平台，甚至多数部门上下级的沟通平台也未能完全畅通。

究其原因，行政部门"在等级制纵向协同模式下，由于双方都可以通过向上一级组织求助来获得更多的合作收益，分担更少的合作成本，因此在遇到跨部门的议题或者职责交叉的事项时，各部门没有动力去自主推动合作局面"，同时"平级部门间权力很微弱，不能对别的部门施加行政权力"[②]，更多的时候习惯依赖上级组织或上级领导。许多地方没有相关信息传递的制

---

① 四川省人民检察院工作报告，四川人大网，2013。
② 蒋敏娟：《中国政府跨部门协同机制研究》，北京大学出版社，2016，第 187 页。

度规范或明确要求，或者没有得到切实的执行。

3. 社会信用体系缺位

完善的信用管理体系，包括信用记录和评分（级）、信用社会体系、无处不在的信用惩戒，不仅有完善的信用立法和信用管理体系，以及严厉的失信惩罚，更有全民全生命周期的诚信教育。中国全社会信用管理体系的不完善使得违法违规成本偏低，违法违规行为常被视为"灵活变通"而获社会变相鼓励，或者处罚之后，寻找新的漏洞达成非法目的。

4. 行政规制标准模糊

虽然法律、行政法规、部门规章、地方性法规、司法解释、规范性文件对扰乱建筑市场秩序的违法违规行为均有规制，但由于工程建设领域的自身特点，规制标准难免有混同及模糊之处，不能完全发挥其约束与震慑作用。

5. 监管主体职能交叉

很多地方政府部门正处于改革中，政府各部门管理职能存在交叉，职能部门之间缺乏有效的沟通交流，未形成真正的信息共享机制，多头管理和重复管理的现象经常发生。例如，建设行政主管部门与交通、水利等有关部门①，因职能分工不清时有缺位或越位现象发生。

6. 相关市场结构不均

一般来说，工程建设市场以总承包、专业承包、劳务分包企业为市场元素，数量上呈现金字塔形，专业承包和劳务分包企业发挥专业作用，与总承包企业进行分层协作。但现实中，总承包单位人员臃肿、包袱过重，专业承包和劳务分包企业市场结构不合理，并且未得到充分有效的监管，政府规制侧重于"堵"，忽略了"疏"。

---

① 《建设工程质量管理条例》第43条规定："国家实行建设工程质量监督管理制度。国务院建设行政主管部门对全国的建设工程质量实施统一监督管理。国务院铁路、交通、水利等有关部门按照国务院规定的职责分工，负责对全国的有关专业建设工程质量的监督管理。县级以上地方人民政府建设行政主管部门对本行政区域内的建设工程质量实施监督管理。县级以上地方人民政府交通、水利等有关部门在各自的职责范围内，负责对本行政区域内的专业建设工程质量的监督管理。"

7. 违法违规行为隐蔽

建设工程合同投资金额大，参与主体多，周期长，环节多，相应行政部门的监管链条长，行政机关的监管难度大。再者，建设工程合同相对方在发生矛盾之前是当然的利益攸关方，天然的同盟关系使各方对违法违规行为都心照不宣地守口如瓶，行政机关运用传统手段很难及时、准确地发现并给予行政处罚。

二 制度创新：工程建设领域行民衔接机制的制度构建与实践样本

（一）工程建设领域民事司法和行政执法衔接机制的构建

在工程建设领域特别是就违法违规行为的查处开展民事司法与行政执法的衔接联动，尚缺乏成熟路径可依赖，缺乏既往经验可援引。四川省高级人民法院率先破局，2020 年 4 月 3 日，四川省高级人民法院会同四川省发展改革委、住建厅、交通厅、水利厅、人社厅、市场监管局、资源厅、应急厅等八家行政机关共同下发《关于建立工程建设领域民事司法与行政执法衔接联动工作机制的意见》（以下简称《意见》）。2020 年 6 月 24 日，召开全省法院工程建设领域民事司法与行政执法衔接联动工作机制视频动员会暨培训会并会签《关于建立工程建设领域司法执法专家咨询制度的办法》，全省衔接联动工作机制正式启动。截至 2021 年 2 月底，各级人民法院移送 163 件工程建设领域涉违法案件，行政机关处理及反馈 127 件案件。2021 年 3 月 30 日，四川省高级人民法院及四川省发展改革委、住建厅、交通厅、水利厅、人社厅、市场监管局、资源厅、应急厅等行政机关再次召开关于全省工程建设领域民事司法与行政执法衔接联动工作机制省级联席会，总结机制运行一年来的情况，总结经验，分析问题，并就下一步工作改进提出了明确意见，并形成了会议纪要。以下以雅安市中级人民法院（以下简称"雅安中院"）为样本，具体分析联动衔接机制的实践落地情况。

（二）地方法院衔接联动工作机制的实践样本分析

雅安中院在收到《意见》后，随即启动相关对接协调工作。一是加强与市级相关行政机关沟通。采取线上公文交流、线下走访等方式积极征求意见，雅安中院与市发展改革委、市住建局、市交通局、市水利局、市人社局、市监管局、市自规局、市应急管理局、市综合执法局9家行政机关进行对接。二是强化全市法院联动。建立法院系统内部联络机制和工作通报制度，定期通报全市法院衔接联动工作机制运行情况，适时对县（区）法院开展调研和督导。三是细化工作机制和流程。与9家行政机关共同会签实施意见，进一步推动了衔接联动工作机制在全市范围内有序运行。目前已初步在全市工程建设领域形成民事司法与行政执法衔接联动"四项工作机制"。第一，建立工程建设领域专家咨询库。在实施意见中对专业职称相应调整为中级以上及具有同等专业水平。经各家会签单位自主推荐入库，现专家咨询库已储备专家人才16名。第二，建立违法行为（线索）移送和通报机制。形成法院与行政执法机关双向移送违法行为的良好格局。截至2021年1月31日，雅安中院移送9件，反馈9件，县（区）法院移送17件，反馈7件。第三，畅通工程建设领域诉调对接。明确法院在审理建设工程纠纷案件中，法院邀请、行政机关指派在造价、审计、监理、招标等领域具有专业知识和纠纷调处经验人员，建立专业调解团队。第四，建立健全沟通协调常态化机制。雅安中院与9家会签单位已明确了具体联络部门及人员11名，畅通了联络渠道。同时，明确各方轮流定期召开通报会，通报本系统对工程建设领域违法行为认定查处情况，总结衔接联动工作机制运行的经验和问题。

雅安中院基于调查和移送情况作了如下分析。

1. 基于调查问卷分析

本次发放并回收A类问卷共75份，B类问卷共136份，C类问卷共103份。（见表1、表2、表3）

表1　A类问卷（法院75份）

工作年限	□ 3年以下　□ 3~5年　■ 5~10年　■ 10~20年　■ 20年以上
	16　15　19　12　14
认为目前最大问题	□ 挂靠行为　■ 违法转包、分包　■ 公章管理混乱 ■ 拖欠工程款　■ 拖欠民工工资
	56　62　43　44　44
发现是否移送	□ 不移送，没用　□ 偶尔、选择性移送　■ 凡发现必移送
	20　32　23

哪些情形会通报

情形	数值
未实行实名制管理、拖欠民工工资的	36
发生安全事故未上报的	37
未经竣工验收合格即交付使用的	33
工程质量不合格存在安全隐患的	42
任意压缩合理工期的	20
违反审批手续建设的	39

哪些情形会移送	□ 违法发布、转包　■ 违法分包　■ 挂靠　■ 其他
	51　40　31　7
影响移送的因素	□ 渠道不畅通　■ 手续过于烦琐 ■ 工作繁忙无暇顾及审查　■ 其他
	55　28　22　2
近三年是否受理司法确认案件	□ 无　■ 5件以下　■ 10件以下　■ 10~20件
	48　18　4　2
衔接联动工作机制运行障碍	□ 缺乏统筹安排，部门之间协调不力　■ 流程不明晰，可操作性不强 ■ 各方认识不统一
	58　49　40

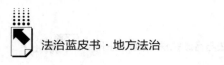

续表

规范建筑行业	□ 完善法律法规　　■ 加大行政执法处罚力度 ■ 加大司法惩处力度　　■ 建立部门衔接联动机制，共同查处 ■ 培育行业组织监督
	<table-bar: 46 | 60 | 42 | 55 | 36>

除此之外，部分审判人员建议行政机关要主动作为，制定统一流程，建立健全监督机制，不定期审查具体施工人员、承建方身份资质等，严格事前审批手续，加大行政执法的处罚力度，做到违法必究；法院要尽快建立并不断完善与行政机关的沟通衔接机制，形成合力，共同规范建筑市场。

表 2　B 类问卷（行政机关 136 份）

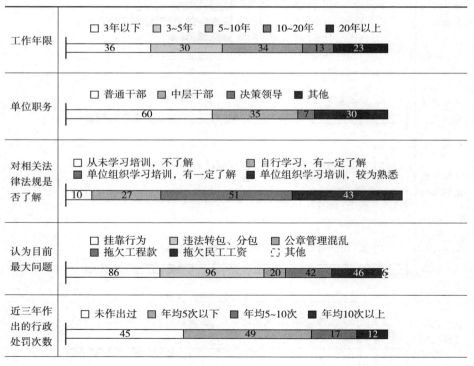

工作年限	□ 3年以下　■ 3~5年　■ 5~10年　■ 10~20年　■ 20年以上
	36　30　34　13　23
单位职务	□ 普通干部　■ 中层干部　■ 决策领导　■ 其他
	60　35　7　30
对相关法律法规是否了解	□ 从未学习培训，不了解　　■ 自行学习，有一定了解 ■ 单位组织学习培训，有一定了解　■ 单位组织学习培训，较为熟悉
	10　27　51　43
认为目前最大问题	□ 挂靠行为　　■ 违法转包、分包　■ 公章管理混乱 ■ 拖欠工程款　■ 拖欠民工工资　□ 其他
	86　96　20　42　46　6
近三年作出的行政处罚次数	□ 未作出过　■ 年均5次以下　■ 年均5~10次　■ 年均10次以上
	45　49　17　12

续表

决定处罚原因	□ 挂靠行为　　　■ 违法转包、分包　　■ 存在安全施工问题 ■ 工程质量问题　■ 拖欠民工工资　　□ 其他 　16　　21　　29　　17　　18　　21
如何发现违法行为线索	□ 人民群众举报　　　　■ 行使监管职权发现 ■ 其他机关发现并移送　■ 法院发现并移送 　54　　　78　　35　　11
是否纳入本系统征信系统并公示	□ 有征信系统，纳入并公示 ■ 有征信系统，未定期更新也不公示 ■ 有征信系统，定期更新但不公示 ■ 无征信系统 　69　　　54　　4　　35
征信系统是否全省或全国联网，是否与其他部门联网	□ 全国联网　　　　　　　　■ 全省联网 ■ 未达成全省或全国联网　　■ 无征信系统 　66　　13　4　　27
规范建筑行业	□ 完善法律法规　　　□ 加大行政执法处罚力度 ■ 加大司法惩处力度　■ 建立部门衔接联动机制，共同查处 ■ 培育行业组织监督　□ 其他 　83　　83　　78　　86　　66　6

调查问卷还反映出以下情况：第一，行政机关工作人员反映，工程建设领域的行政处罚案由中仍然存在违规投标、事故罚款、业绩造假等非常见行为；第二，9家会签单位均接入本系统的征信系统，但问卷显示其单位工作人员对本系统征信系统是否能与全国、全省或者其他行政机关征信系统联网没有统一认识，对征信系统具体情况不够了解，部分行政机关只在市级有征信系统，县级没有建立；第三，各单位认为规范建筑行业除了从调查表上的五个方面入手之外，还应严格市场准入，规范建筑市场，同时加强上级部门对下级部门的业务指导，从法律专业角度规范适用标准，定期开展巡视、巡查、交叉检查相结合的监督检查。

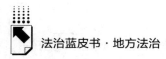
表3　C类问卷（市场主体103份）

市场主体类型	□ 发包方　■ 承包方　■ 转包方　■ 实际施工人　■ 其他
	22 ┃ 51 ┃ 20 ┃ 25 ┃ 4

工作年限	□ 3年以下　■ 3~5年　■ 5~10年　■ 10~20年　■ 20年以上
	24 ┃ 20 ┃ 36 ┃ 22 ┃ 1

单位职务	□ 一线人员　■ 中层干部　■ 决策领导　■ 其他
	40 ┃ 37 ┃ 11 ┃ 30

对相关法律法规是否了解	□ 从未学习培训，不了解　　　■ 自行学习，有一定了解 ■ 单位组织学习培训，有一定了解　■ 单位组织学习培训，较为熟悉
	18 ┃ 27 ┃ 44 ┃ 26

认为目前最大问题	□ 挂靠行为　■ 违法转包、分包　■ 公章管理混乱 ■ 拖欠工程款　■ 拖欠民工工资　⬚ 工程质量问题
	46 ┃ 45 ┃ 20 ┃ 40 ┃ 25 ┃ 19

公章管理是否规范	□ 很规范，管理严格　■ 不规范，有管理乱象 ■ 不清楚，他人管理　■ 不知道不了解
	55 ┃ 24 ┃ 12 ┃ 8

是否受过行政处罚、原因	□ 没有受过处罚　　　　　　■ 因挂靠受过处罚 ■ 因违法转包、分包受过处罚　■ 因安全施工受过处罚 ■ 因工程质量受过处罚　　　　⬚ 因拖欠民工工资受过处罚
	62 ┃ 20 ┃ 11 ┃ 9 ┃ 7 ┃ 9

是否发生建工纠纷、原因	□ 没有发生过纠纷　　　　　■ 挂靠带来纠纷 ■ 违法转包、分包带来纠纷　■ 公章管理混乱带来纠纷 ■ 拖欠工程款纠纷　　　　　⬚ 拖欠民工工资纠纷 ⬚ 工程质量纠纷
	52 ┃ 12 ┃ 11 ┃ 13 ┃ 17 ┃ 13 ┃ 13

续表

解决纠纷方式	☐ 自行协商　■ 行政机关协商　■ 法院诉讼　■ 仲裁			
	47	23	57	23

规范建筑行业	☐ 完善法律法规　　　　　　☐ 加大行政执法处罚力度 ■ 加大司法惩处力度　　　　■ 建立部门衔接联动机制，共同查处 ■ 培育行业组织监督　　　　☐ 其他					
	54	42	36	52	43	7

2. 基于案件移送分析

从案件移送模式看，实施中主要是由法院直接向行政机关进行移送。截至 2021 年 1 月 31 日，共移送 26 件案件，其中以已结案件中发现确定的违法行为为主，有 24 件，占比 92.3%，未结案件中发现的违法线索移送较少，只有 2 件，占比 7.7%。从筛选案件到准备好材料移送，市法院平均要花费 3~4 天，县（区）法院要花费 4~5 天（包括上报中院备案登记时间）。移送机关主要涉及住建局、综合执法局、交通局和水利局，其中以住建局 17 件占比最大，达到 65.4%，综合执法局 7 件，达到 26.9%，水利局 1 件，占 3.8%，交通局 1 件，占 3.8%。行政机关收到法院移送的案件后，有两件案件因管辖原因未受理，受理率 92.3%，反馈时间平均需要 61 天，共反馈案件 16 件，尚有 10 件案件未反馈，反馈率 61.5%；县（区）法院收到行政机关的反馈材料后统一移交至市中院整理存档。

从案件移送的内容和处理情况看，目前全市法院移送 26 件，涉及案由最多的是建设工程施工合同纠纷 12 件，占 46.2%；建设工程分包合同纠纷 8 件，占 30.8%；建设工程合同纠纷 4 件，占 15.4%；买卖合同纠纷 1 件和民间借贷纠纷 1 件。涉及企业共 32 家，个人共 39 人，政府单位 3 家，个体工商户 1 家；涉及工程主要为房屋建设工程、修路工程和水利工程，分别送达住建局、综合执法局、交通局和水利局；涉及的违法情形包括挂

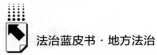

靠、违法发包、违法分包、转包,其中又以转包 13 件和挂靠 7 件情形最多,占到全部移送案件的 50% 和 26.9%,分包 2 件,占 7.7%,发包 1 件,占 3.8%,综合行为 3 件,占 11.5%。反馈的 16 件案件中采纳法院文书认定的有 10 件,采纳率 62.5%;处理结果以确认违法但超过时效不予处罚占比最大,共 11 件,占 68.8%,无处罚权未处罚 2 件,占 12.5%,不属于行政机关管辖范围 2 件,占 12.5%,确认违法进行扣分处罚 1 件,占 6.3%(见表 4、表 5)。

表 4 市级案件移送情况

案件案由	□ 建设工程合同纠纷　　■ 建设工程分包合同纠纷 ■ 建设工程施工合同纠纷 〔2〕〔3〕〔4〕
当事人类型	□ 公司企业　■ 政府机构　■ 自然人 〔10〕〔1〕〔16〕
涉及工程	修建房屋建筑、修路、修建水厂
违法情况	□ 挂靠　■ 转包　■ 转包、违法分包综合 共9件　〔1〕〔7〕〔1〕
移送机关	□ 住建局　■ 综合执法局　■ 交通局 〔5〕〔3〕〔1〕
处理结果	移送9件反馈9件 □ 不在管辖范围　　■ 确认违法但超过时效不予处罚 ■ 确认违法对不良记录扣分 〔2〕〔6〕〔1〕
采纳法院材料情况	受理 7 件均采纳法院移交材料

表5　县（区）级案件移送情况

案件案由	☐ 建设工程合同纠纷　　☐ 建设工程分包合同纠纷 ▨ 建设工程施工合同纠纷　■ 买卖合同纠纷 ■ 民间借贷纠纷
	2　　3　　　　　8　　　　3　1
当 事 人 类型	☐ 公司企业　▨ 政府机构　▨ 个体工商户　■ 自然人
	22　　　2 1　　　23
涉及工程	修建房屋建筑、修建灌区
违法情况	☐ 挂靠　☐ 违法分包　▨ 转包　▨ 违法发包　■ 综合 违法线索2件　1 2 违法行为15件　5　2　6　2
移送机关	☐ 住建局　▨ 综合执法局　▨ 水利局 12　　4　1
处理结果	移送17件反馈7件 ☐ 确认违法但超过时效不处罚　▨ 确认证据难以收集且无处罚权 5　　2
采纳法院材料情况	受理17件 ☐ 采纳并作出处理结果　▨ 未采纳且无处理　▨ 仍在调查处理中 5　2　10

三　完善方略：优化工程建设领域行民衔接机制

衔接联动工作机制从工程建设领域切入，推动司法机关和行政机关的协同合作、资源融合、信息互通，以查促改、以改促进，为建成共建共治共享的社会治理新格局提供了有益尝试。经过总结，前期的试点工作为下一步工作机制的完善指明了方向。

（一）加强诉前监管，做好入口治理

第一，加强行政规范的梳理，摸清家底。加强规范工程建设领域规章、规范性文件的梳理和甄选，进一步明确执法监管规程，统一执法程序指引，建立统一有序的行政规制体系。第二，完善政府相关监管部门的自我约束机制。提升执法监管透明度和确定性，强化对执法人员执法行为的外在监督，进一步提升行政监管的公信力与权威性。第三，加大行政调解力度。提高行政调解的专业化、时效性，发挥行政调解程序简便、费用低廉、部门权威的优势，优化工程建设领域的矛盾纠纷多元化解机制，为工程建设领域治理把好入口关。

（二）加强诉中联动，确保机制运行

结合案件审理及行政执法工作中的突出问题，可进一步完善五大配套制度机制。

1. 完善违法线索、违法行为移送制度机制

明确违法线索、行为的司法移送工作机制。一是区分违法行为、违法线索的含义。违法行为线索的移送是指人民法院在立案、审判、执行过程中发现当事人存在违法发包、转包、违法分包、挂靠等违法情形的，应当及时将违法线索及材料移送相关行政机关；违法行为移送是指人民法院在生效裁判文书中认定当事人存在违法发包、转包、违法分包、挂靠等违法情形的，应当及时将生效裁判文书及证据移送相关行政机关。二是明确移送制度的具体操作要求。人民法院在进行违法行为线索移送或者违法行为移送时，应制作"违法行为线索移送处理函"或"违法行为移送处理函"，并将相关材料一并送交相关行政机关。行政机关在收到人民法院送交的"违法行为线索移送处理函""违法行为移送处理函"及相关材料后，应当及时依法受理、调查、认定和处理，并将处理结果及时反馈移送人民法院。

2. 建立司法行政专家咨询制度机制

选用有连续 5 年以上实务工作经验并且具有高级职称或同等专业水平、

熟悉工程建设领域相关法律法规且具有良好的职业道德和工作作风，坚持原则、公道正派、廉洁自律，能够认真、公正、诚实地履行职责的专家咨询库成员，就四川省高级人民法院和四川省级行政机关遇到的工程建设领域专业问题独立、公正、客观地提供专家咨询意见，以补强行政机关、人民法院在工程建设领域的专业短板。经四川省高级人民法院与四川省级行政机关会签完成《关于建立工程建设领域司法执法专家咨询制度的办法》，制定专家咨询库成员的选任、取消、运行等相关规则，为专家咨询制度提供程序运行的依据及保障。

3. 确立行政司法的沟通通报制度机制

建立部门间联动沟通机制，确保衔接机制运行顺畅。一是建立定期沟通通报制度。由四川省高级人民法院和四川省级行政机关以轮流召集方式确保每年至少召开一次会议，通报本系统对工程建设领域违法行为的认定查处情况，总结开展衔接联动工作机制经验，解决衔接联动工作机制存在的问题，并就工程建设领域法律的统一执行进行研讨。二是建立联络员制度。由四川省高级人民法院与四川省级行政机关确定各自具体的联络部门和联络人员，负责衔接联动工作机制的日常沟通与协调，以确保衔接联动工作机制运行通畅。

4. 完善典型案例发布制度机制

以典型案例为抓手，加大对司法执法衔接联动工作机制的宣传力度，在向市场主体传递司法执法加大对工程建设领域违法违规行为打击的强大决心的同时，也通过典型案例的宣传，鼓励、支持、推动、畅通媒体和社会举报，形成全社会齐抓共管的良好氛围并发挥集成效应。一方面，注重和加强涉及合规性经营典型案例的收集和总结，不定期向社会发布典型案例，推动工程建设企业合法依规经营。另一方面，主动收集和发布司法执法协同查处工程建设领域违法违规行为的反面典型案例，以鲜活的案例教育、引导、规范市场主体行为。

5. 细化诉调对接制度机制

从行政调解、行政调解的司法确认、司法邀请调解三个方面，明确行政机关、人民法院在工程建设领域相关民事纠纷的调解职能，促进行政机关、人民法院在调解中相互配合、相互协商，充分发挥行政机关、人民法院的调解作用。一方面，行政机关依照相关法律法规及规章等规定的行政调解职责，对与本行政机关履行工程建设领域行政管理职能有关的民事纠纷进行调解，并可就其主持当事人达成的具有民事权利义务内容的调解协议由该机关所在地基层人民法院进行司法确认。另一方面，人民法院在审判执行工作中也可以根据纠纷解决的实际需要邀请相关行政机关参与案件调解。

四川省高级人民法院及相关省级行政机关应进一步明晰边界，定位路径，构建七大抓手促进衔接联动工作机制落地见效。第一，提高政治站位和建工领域治理格局。各参与单位主动向当地党委、政府汇报衔接联动工作机制，争取获得党委、政府对衔接联动工作机制的高度重视及大力支持。主动将本项工作向党委、政府汇报，争取党委、政府的有力支持，在工作推动、部门协调、反馈优化等方面都有力推动。第二，提高违法线索和行为移送的及时性。按照《意见》要求，对建工领域的违规违法线索分时间、分层次移送，对审理中发现的违规违法线索及时移送行政机关，有效缩短行政审查启动等待时间；审理结束后裁判文书认定的违法行为以裁判文书方式移送。第三，提升违法线索和行为移送的精准度。一是省级行政机关分别梳理各自权力清单，明确行政职能；二是法院在移送案件前加强与行政机关的沟通协调，做好充分的筛选甄别工作；对于跨地区案件，可发函至对应的市、州一级行政机关或函送中级法院协调移送，同时抄送对应省级行政机关和省法院备案。对于移送错位案件，接收的行政机关应及时转送有权行政机关，并函告移送法院。第四，优化移送违法线索和行为的反馈工作。参照住房和城乡建设部 2019 年出台的部门规范性文件《建筑工程施工发包与承包违法行为认定查处管理办法》第 14 条规定，对于法院移交的案件，行政机关在 3 个月内或法院移送函件要求的时间内及时反馈处理结果。对于是否违法行为法院与接收的行政机关认识不一致，或行政机关认为其现有材料难以查实的，可发函要求法院提供审理中掌握的证据材料，配合行政机关审查及参考。第五，提高移送违法线索和行为处理结果的有效性。一是妥善处置行政处罚追溯期限届满的案件。根据全国人大法工委作出的法工办发〔2017〕223号文件的规定，行政机关对违法发包、转包、分包、挂靠等行为有二年行政处罚追溯期限。但按照2017年住房和城乡建设部出台的《建筑市场信用管理暂行办法》，对超过追溯期限的案件，仍可根据实际情况采用信用扣分等非行政处罚手段进行处理，参照该办法可解决机制断链问题。二是省高院和省级行政机关加强对下指导及考核工作，制订考核措施，将移送数量、追踪反馈工作作为考核的硬性指标，配合建立具体的操作规程及人员分工安排，引入奖惩机制、完善追责程序，确保每一案件的处理落到实处。三是省级行政机关加强对行业协会的监管指导作用，通过行业协会促进工程建设领域的自查自律，提升行业内部治理水平，实现衔接联动机制的教育、预防功能。第六，建立行政机关反向移送机制。准确识别农民工工资专用账户及工资保证金账户，防止用途外查封；畅通人社部门向法院反向移送不当查封、冻结、划拨线索的渠道，完善纠偏机制。第七，强化衔接联动机制的对外宣传工作。省法院和省级行政机关进一步加大宣传力度，向市场主体宣传衔接联动工作机制的做法，初衷和目的是拓宽宣传阵地，改进宣传形式，适时组织发布一批司法执法协同查处工程建设领域违法违规行为的典型案例，以鲜活的案例教育、引导、规范市场主体行为。

（三）加强征信联动，善用司法建议

1. 加强征信系统的全方位联动

随着社会治理方式的转变和信息化手段的跟进，社会信用系统和行政机关征信系统有一些改进，但仍存在一些问题，尚需要解决信息孤岛问题，建成覆盖全国的行政征信系统，完善不同行政管理部门的征信系统联动、上下级征信系统的联动、平级不同征信系统的联动；建立覆盖重点领域的联动奖惩系统，及时、高效、精准优化进入和移除机制；推进信用信息共享平台建设。归集信用信息，完善共享平台友好度，加强推广适用。

2. 发挥司法建议的服务大局作用

目前司法建议多数针对具体案件就案论案，在发挥司法建议服务大局、

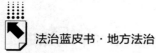

主动延伸功能方面尚有不足。司法建议在衔接联动工作机制运行中具有承上启下的作用，既是以司法后置的后发优势反省前置工作的遗漏，重启违法违规行为的处罚程序，也是以诉后的"复盘"优势重新梳理诉前、诉中过程，理顺衔接联动工作机制的痛点难点，促进其持续优化。

B.20
陕西省青少年法治教育调查报告[*]

褚宸舸　任荣荣[**]

摘　要： 本文通过问卷调查、座谈等方法，对陕西小学、初中、高中学生进行调查，共发放897份有效调查问卷，着重调查中小学生的法律常识、学校法治教育的形式、学生接受法治教育的意愿、中小学生的法治意识情况。陕西青少年法治教育工作存在以下问题：人财物资源欠缺、教学过程虚化、内容定位不准、制度保障体系不完备，内容上把禁毒教育、安全教育等同于法治教育，把法治教育限缩于预防青少年犯罪行为，形式上比较单一等。应当建立健全青少年法治教育领导工作机制；优化权责配置、加强工作考核，提升教学质量；优化和完善青少年法治教育内容；构建家庭、学校、社会三位一体的法治教育课堂；创新青少年法治教育的教学方式与宣传方式。

关键词： 青少年　法治教育　中小学

一　调研工作的基本情况

青少年法治教育在中国已经开展了 40 余年。1980 年，邓小平同志在中

　＊　陕西省"三秦学者"支持计划"西北政法大学基层社会法律治理研究团队"成果，共青团陕西省委委托项目成果。

＊＊　褚宸舸，法学博士，西北政法大学枫桥经验与社会治理研究院、行政法学院教授、博士生导师，共青团陕西省委权益部副部长（兼）；任荣荣，西北政法大学哲学与社会发展学院 2019 级社会工作专业研究生，主要研究青少年权益、社会工作。

央工作会议上提出，加强"青少年法制教育"。2014年，党的十八届四中全会《关于全面推进依法治国若干重大问题的决定》首次提出"青少年法治教育"，并纳入国民教育体系。2016年，教育部、司法部、全国普法办联合印发实施《青少年法治教育大纲》，提出要将法律常识纳入不同阶段学生的学业评价范畴，将法治素养作为学生综合素质的重要组成部分。2021年4月，中共中央办公厅、国务院办公厅印发《关于加强社会主义法治文化建设的意见》，提出要落实《青少年法治教育大纲》，把宪法纳入国民教育，融入校园文化，持续举办全国学生"学宪法讲宪法""宪法晨读"等系列活动，在青少年成人礼中设置礼敬宪法环节，增强青少年宪法观念。

基于上述背景，在共青团陕西省委权益部的支持下，笔者开展陕西省青少年法治教育实证研究。十余年来，虽然思想政治教育和法学领域涉及青少年法治教育的论著较多，但专门研究陕西中小学法治教育的直接成果较少。本文主要聚焦青少年法治教育的最核心内容——中小学生的学校法治教育。本次调查主要目的是掌握全省中小学学校法治教育的现状，了解法治教育途径并评估效果，在此基础上分析全省中小学学校法治教育存在的问题及其原因，最后提出对策和建议。需要说明的是，高校法治教育作为思想政治课的内容已经开设了几十年，相对比较完善和成熟，本次未对高校情况进行调查。由于客观情况所限，本报告未涉及家庭教育、社会教育中的法治教育。

研究采用文献研究法、问卷调查法、召开座谈会等方法。笔者在收集、阅读相关文献的基础上，赴西安市航天二一〇小学、西安市第十七中学、西安市第四十六中学进行实地调研，并在西安市航天二一〇小学、西安市第十七中学、西安市第四十六中学分别召开中小学德育副校长、思想政治课教师、团委书记、大队辅导员和学生代表参加的座谈会。编制了陕西省青少年法治教育调查问卷，问卷包括小学版、初中版和高中版三个版本。在西安市、榆林市、汉中市共发放有效问卷896份。其中小学高年级（4~6年级）304份、初中（7~8年级）297份、高中（10~11年级）295份（见表1）。

表1 问卷发放情况

学校	年级	有效问卷份数（份）
西安市航天二一〇小学	5、6	156
西安市第十七中学	7、8	93
西安市第四十六中学	7、8	110
	10、11	100
榆林市第十五小学	5、6	148
榆林市第十三中学	7、8	94
榆林市第二中学	10、11	97
汉中市汉台中学	10、11	98

说明：问卷由课题组委托研究生录入问卷星系统，利用问卷星系统做图并分析。

二　陕西中小学法治教育现状

（一）中小学生的法律常识

为了解中小学生对法律知识的认知程度，问卷中设计了《青少年法治教育大纲》要求中小学生掌握的法律常识相关问题，而且针对小学、初中、高中不同学段设置了不同的法律常识测试题。小学卷共5道法律常识类问题，涉及《宪法》《未成年人保护法》《义务教育法》。初中卷共9道法律常识类问题，涉及《宪法》《未成年人保护法》《义务教育法》《刑法》《知识产权法》。高中卷共12道法律常识类问题，涉及《宪法》《未成年人保护法》《义务教育法》《刑法》《知识产权法》《刑事诉讼法》《行政诉讼法》。调查结论如下。

1. 小学生的法律常识掌握较好

正确率总体在90%以上，其中关于父母应送孩子接受义务教育的正确率为99.01%，是所有法律常识中正确率最高的（见表2）。

表2 小学生法律常识作答正确率情况

题目	正确率(%)
父母应送孩子接受义务教育	99.01
法院是中国的审判机关	91.78
宪法是中国的根本大法	91.45
五星红旗是中华人民共和国的象征与标志	94.08
未成年人是指18岁以下的公民	96.38

从数据可以看出，小学生对宪法常识的掌握相对薄弱。《青少年法治教育大纲》指出，在小学高年级（3~6年级）阶段需要建立对宪法法律地位的初步认知，初步认知主要的国家机构，学生对于宪法这一部分的知识掌握稍显欠缺。

2. 初中生法律常识不如小学生，其中刑法常识较弱

相比小学生的问卷，初中生的题目增加了对公民基本权利内涵、公民基本义务、刑事责任年龄、未成年人知识产权的考察。数据显示，对相同题目的作答，初中生掌握的法律常识不如小学生（见表3）。对公民基本权利类型、公民基本义务的掌握与《青少年法治教育大纲》的要求有差距，尤其是对刑事责任年龄的认识非常薄弱。关于刑事责任年龄问题作答的正确率仅有25.93%。未成年人知识产权保护问题的答题正确率有82.15%。

表3 初中生法律常识作答正确率情况

题目	正确率(%)
父母应送孩子接受义务教育	92.95
法院是中国的审判机关	87.21
宪法是中国的根本大法	76.77
五星红旗是中华人民共和国的象征与标志	89.9
未成年人是指18岁以下的公民	86.53

关于公民基本权利类型，选择比例最高的是人身自由权。关于公民基本义务，选择比例最高的是遵守宪法和法律（见表4）。

表4　初中生对公民基本权利、义务的掌握情况

基本权利类型	百分比（%）	基本义务	百分比（%）
财产权	67.34	维护国家的统一和民族的团结	78.79
人格尊严	84.18	遵守宪法和法律	88.22
劳动权和社会保障权	74.07	保护祖国的安全、荣誉和利益	58.59
批评建议权	36.03	保卫祖国，依法服兵役和参加民兵组织	62.29
政治权利	63.64	依法纳税	57.91
宗教自由	16.84		
人身自由权	88.22		

3. 高中生的法律常识相对该年龄段的要求而言有差距

高中问卷共设置了12道法律常识题目，较初中卷增加了《刑事诉讼法》和《行政诉讼法》的内容。数据显示，对相同题目的回答，高中生的正确率低于小学生和初中生。高中生对宪法规定的公民的基本义务"保卫祖国，依法服兵役和参加民兵组织"了解不够。对刑事责任年龄的认识正确率较低。高中生明显对通过行政复议解决纠纷这一方式不熟悉，表明高中生对行政法的认知度较低。

高中生对宪法类法律常识掌握情况良好，对刑法、行政法类常识掌握较差。其中关于法院职权的答题正确率为84.8%，宪法法律地位的答题正确率为96.96%，国家象征与标志的答题正确率为89.53%，未成年人年龄常识的答题正确率为94.26%，义务教育问题的答题正确率为91.89%（见表5）。

表5　高中生法律常识作答正确率情况

题目	正确率（%）
父母应送孩子接受义务教育	91.89
法院是中国的审判机关	84.8
宪法是中国的根本大法	96.96
五星红旗是中华人民共和国的象征与标志	89.53
未成年人是指18岁以下的公民	94.26

针对公民基本权利类型的题目作答结果显示，有 73.31% 的学生选择了财产权，93.24% 的学生选择了人格尊严，75.68% 的学生选择了劳动权和社会保障权，40.88% 的学生选择了批评建议权，63.18% 的学生选择了政治权利，9.12% 的学生选择了在学校学习某种宗教，96.28% 的学生选择了人身自由权。对于宪法规定的公民基本义务，92.91% 的学生选择了维护国家统一和民族团结，95.27% 的学生选择了遵守宪法和法律，80.74% 的学生选择了保护祖国的安全、荣誉和利益，53.38% 的学生选择了保卫祖国、依法服兵役和参加民兵组织，77.7% 的学生选择了依法纳税（见表6）。

表6　高中生基本权利、义务内容的选择情况

基本权利类型	百分比	基本义务	百分比
财产权	73.31%	维护国家统一和民族团结	92.91%
人格尊严	93.24%	遵守宪法和法律	95.27%
劳动权和社会保障权	75.68%	保护祖国的安全、荣誉和利益	80.74%
批评建议权	40.88%	保卫祖国、依法服兵役和参加民兵组织	53.38%
政治权利	63.18%	依法纳税	77.7%
宗教自由	9.12%		
人身自由权	96.28%		

调查显示，陕西省青少年的法律常识认知并未随着年龄的增长而提升。关于刑事责任年龄问题的正确率仅有 21.62%，其中有 61.49% 的学生选择 16 周岁以上才要对杀人行为负刑事责任。关于未成年人知识产权保护的正确率为 98.31%。刑事诉讼法方面的正确率为 88.51%。关于纠纷解决的途径，94.26% 的学生选择了诉讼，93.92% 的学生选择调解，52.03% 的学生选择仲裁，24.32% 的学生选择行政复议。中国法律制定机关的正确率为 87.5%。

4. 法律常识无性别差异，和父母受教育程度无关

为对问卷答题情况作进一步的深度分析，本报告将问卷答题情况与其他某些可能的重要因素作简要的相关性分析。对法律常识答题正确率与学生性别的相关性进行分析，本报告选取各组问卷中答题正确率最低的问卷题目（其中，小学卷答题正确率最低的题目是宪法的地位，初中卷和高中卷答题

正确率最低的题目均为刑事责任年龄）作为分析对象。首先，考察法律常识答题正确率与学生性别的相关性。调查发现，小学卷中女生的正确率高于男生，而高中卷中男生的正确率高于女生。其次，考察法律常识答题正确率与父母受教育程度的相关性。调查发现，中小学生的法律常识掌握程度与父母受教育程度无直接的相关性。

（二）中小学法治教育的形式

针对不同阶段的青少年学生群体，学校经常综合使用各种不同的法治教育方式，同时也会结合自身实际情况，根据中小学生群体的不同特质对法治教育形式作出调整。

1. 小学更多采用特定时间节点开展法治教育

问卷调查显示，学校常用的法治教育形式及其占比情况分别如下：在宪法日、国防教育日、国家安全教育日、国际禁毒日、消费者权益日等特定时间节点普及相关法律知识，占90.13%；在升旗仪式、入学仪式、开学典礼、毕业典礼和成人仪式上开展法治教育活动，占89.14%；在班会中讲授法律常识，占82.57%；在其他教学课堂中通过故事、案例进行法治教育，占76.32%；利用网络、多媒体等信息技术手段，占75.99%；组织开展校园法律知识竞赛、法律情景剧展演、社会实践、志愿服务等法治实践活动，占66.45%；在课堂中展开相关的情境模拟、角色扮演，占58.22%（见图1）。

2. 初中更多采用班会形式开展法治教育

问卷调查显示，学校目前常用的法治教育形式及其占比情况分别如下：在班会中讲授相关法律常识，占71.38%；在升旗仪式、入学仪式、开学典礼和毕业典礼、成人仪式等活动中开展宣传教育，占71.04%；利用网络、多媒体等信息技术手段，占69.70%；在课堂中引用故事、案例进行教学，占68.69%；利用国家宪法日、国际禁毒日、消费者权益日等特定时节普及相关法律知识，占64.31%；学校组织开展校园法律知识竞赛、法律情景剧展演、社会实践、志愿服务等法治实践活动，占41.75%；在课堂中进行相关的情境模拟、角色扮演，占31.65%（见图2）。

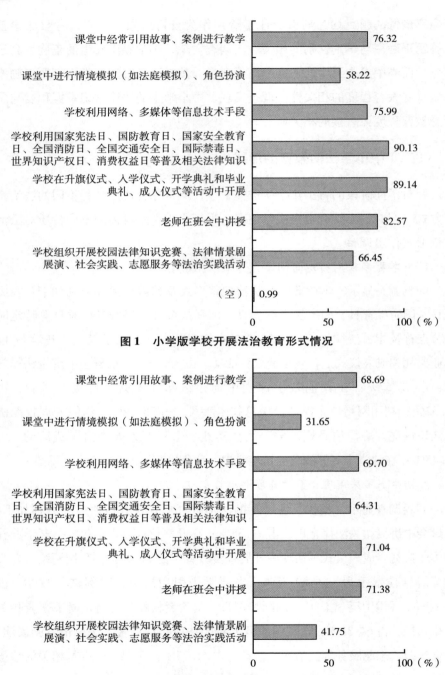

图1 小学版学校开展法治教育形式情况

图2 初中版学校开展法治教育形式情况

3. 高中更多通过各种仪式开展法治教育

问卷显示，学校目前常用的法治教育形式及其占比情况分别如下：在升旗仪式、入学仪式、开学典礼和毕业典礼、成人仪式上进行宣传教育，占86.82%；在班会中讲授，占82.77%；利用网络、多媒体等新技术手段进行宣传教育，占78.38%；在课堂中引用故事、案例进行教学，占66.22%；利用国家宪法日、国防教育日、国际禁毒日、消费者权益日等特定时节普及相关法律知识，占64.86%；开展校园法律知识竞赛、法律情景剧展演、社会实践、志愿服务等法治实践活动，占45.27%；采用情境模拟、角色扮演等，占19.59%（见图3）。

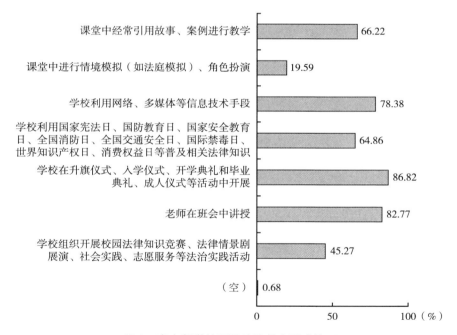

图3　高中版学校开展法治教育形式情况

（三）学生接受法治教育的意愿

1. 中学生有学习法律知识的兴趣和愿望

初中生群体有24.92%表示有很大的意愿学习法律知识，有28.28%

较大的意愿学习；高中生群体有 14.19% 表示有很大的意愿学习法律知识，31.76% 有较大的意愿学习（见图 4、图 5）。

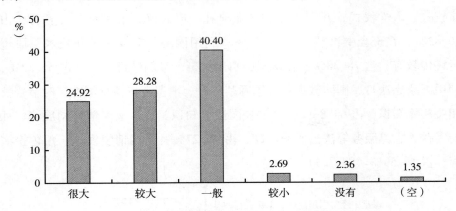

图 4　初中生对于学校政治课的态度

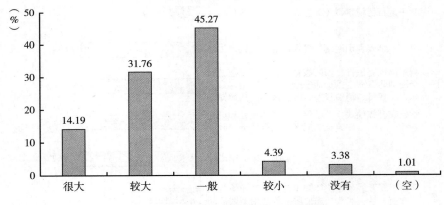

图 5　高中生对于学校政治课的态度

2. 中学生比较普遍阅读过与法治相关的课外读物

调查发现，中学生在接受法治教育的过程中，比较愿意阅读与法治相关的课外读物。其中，81.82% 的初中生群体表示阅读过跟法治有关的课外读物，83.11% 的高中生群体表示阅读过此类课外读物。

3. 学校政治课总体上受到中学生喜爱

根据目前中学课程的设置，青少年法治教育相对较多通过政治课讲授。调研数据显示，初中生、高中生对学校所设政治课的态度呈现一定差异：

22.22%的初中生表示非常喜欢，38.05%的初中生表示喜欢，29.62%的初中生表示一般；18.58%的高中生表示非常喜欢，44.93%的高中生表示喜欢，29.05%的高中生表示一般。

（四）中小学生的法治意识

就青少年对"民主"、"平等"、"公平"、"正义"和"法律至上"等法治价值元素的认同度进行调查，主要发现如下。

1. 中小学生对"少数服从多数"的认可度不高

民主不仅是社会主义核心价值观的重要组成部分，也是公民法治观念形成过程中不可或缺的重要因素之一。青少年的民主意识随着年龄的增长呈现逐渐强化趋势。但是，青少年群体对"少数服从多数"这一体现民主思想重要原则的认可度并不高。只有21.05%的小学生、41.41%的初中生、21.28%的高中生表示赞同"少数服从多数"。同时，97.64%的高中生认为在决议事项的过程中应当尊重个别人的想法。

2. 中小学生规则与守法意识虽然较强，但易感情用事盲目从众

培养学生的规则意识和守法意识是法治教育的重要环节。中小学生具有较好的规则意识和守法意识，但随着年龄的增长，他们的规则意识和守法意识并没有明显增强。其中，初中生较小学生、高中生都薄弱。

调查问卷以交通规则中红绿灯对行人的约束效果为例，对中小学生的规则意识展开调查。调查结果显示，97.7%的小学生具有较强的规则意识，90.57%的初中生具有较强的规则意识，94.26%的高中生具有较强的规则意识。

抽烟喝酒都是《中学生守则》所禁止的活动，问卷调查对中学生群体是否使用过烟酒等易成瘾物质的情况进行了摸底，其中，94.28%的初中生表示没有使用过烟酒等易成瘾物质，92.23%的高中生表示没有使用过烟酒等易成瘾物质。

调研发现，相当一部分高中生会感情用事，盲目从众。针对高中生的问题："你的好朋友被殴打了，他叫上你要把对方也殴打一顿，你会参加吗?"，49.66%的高中生群体表示会，13.51%的高中生群体表示多数情况下会（见图6）。

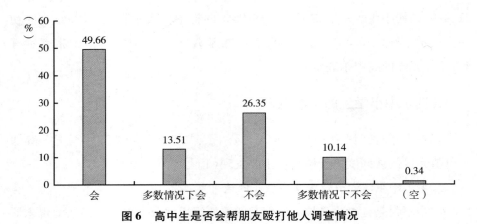

图6　高中生是否会帮朋友殴打他人调查情况

3. 中学生的正义观念普遍较强

正义观是社会主义法治理念的核心要素。大部分中小学生对法律上的是非、善恶能作出比较正确的判断，特别是相当一部分中小学生在面对违背正义的现象时，在具体行为选择上基本符合法律要求。问卷测试了中小学生对校园欺凌和校园暴力的基本态度，发现绝大部分态度是正向的。在初中生群体中，有88.55%选择报告老师，73.06%选择帮助或安慰被施暴的同学，54.21%选择干预或制止施暴行为；69.36%选择告诉家长或同学。在高中生群体中，有82.43%选择报告老师，67.23%选择帮助或安慰被施暴的同学，41.22%选择干预或制止施暴行为，56.42%选择告诉家长或同学（见图7、图8）。

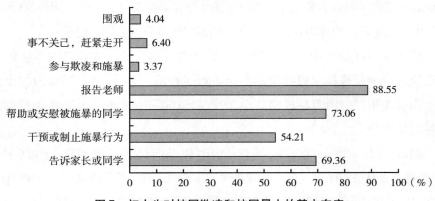

图7　初中生对校园欺凌和校园暴力的基本态度

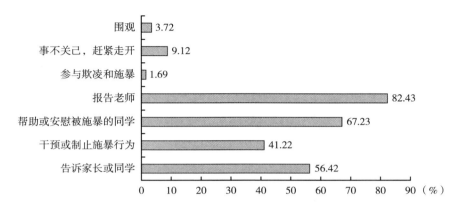

图8　高中生对校园欺凌和校园暴力的基本态度

4. 高中生具有较强的平等观念和集体意识

平等意识是法治意识养成与培养过程中的重要内容。调研发现，青少年（主要是高中生）具有较强的平等意识。问卷调查了"选举班干部时，排名靠后的同学不得参加选举活动"的态度和看法，98.31%的高中生表示不赞同这种违反选举平等权的做法。

调查还发现，青少年普遍具有较强的集体意识。其中，90.88%的高中生表示愿意"为了学校或班级利益，花费自己的时间和精力，做一些公益性的服务工作"。

（五）共青团在法治教育工作方面的探索

陕西省近年来在中小学法治宣传教育有效性方面做了很多工作。例如，常规工作有每年秋季开学"法律进学校"宣传周，普法校园法治报告团举办"法治陕西大讲堂"。在省级层面举办全省教师法治培训班。作为党联系青年群众的桥梁纽带，在国家"七五"普法规划出台后，共青团陕西省委紧扣青少年特点规律，推进普法工作贯彻落实。

1. 创新载体和形式

第一，打造独有品牌。贴合青少年性格特点和行为规律，在全省中小学推广开展"红领巾法学院"创建活动，改变以往传统的灌输式说教式法治宣教方法，大力推广青少年喜欢的模拟法庭、普法情景剧、普法快板等体验式参与式的普法宣传活动，创立陕西法治宣教工作品牌，打通共青团、法院、教育系统合作通道。"红领巾法学院"创建工作是团省委在"大权益"方面的一个探索和创新，也是共青团、法院系统在全省各中小学合作的典范，符合新时代法治化建设需要和青少年现实需求。2018年已经创建"红领巾法学院"38家，2019年出版发行《红领巾法学院案例读本》，免费赠送基层及学校，为他们开展青少年普法工作提供科学指导。在大中职院校开展"青春与法"品牌活动，以"宪法知识进校园""金融知识进校园""非法校园贷危害防范"等为主题，以创新性、常态化、系列化的方式提升普法工作的实效性。第二，突出主题宣传，利用春秋开学季，紧扣"6·26"国际禁毒日、"12·1"国际艾滋病日、"12·4"国家宪法日等重要时间节点，运用网络、手机QQ、微博、微信等新媒体和动漫、微电影、音乐等载体，开展宪法法律、禁毒、防艾、自护类主题宣传，以青少年喜闻乐见的形式普及明礼、遵纪、守法、自护理念。第三，联办示范活动，联合省禁毒办、省新闻出版广电局、省司法厅、省教育厅等单位举办高校法治文化节、全国防艾公益宣传西安挑战赛、首届青少年禁毒公益文化产品大赛、"无毒青春·健康生活——陕西青年向毒品说NO"千人宣誓、禁毒演讲决赛等多场省级示范活动，加强部门联动合作，扩大普法范围、提升普法影响。

2. 组建专业队伍

第一，积极组建专业协会陕西省预防青少年犯罪研究会和陕西省儿童心理学会。普法工作服务领域不断扩大，有效整合专家资源。第二，通过法治讲座、法律咨询、公益宣讲等活动，为青少年提供日常法律服务，并重点在未管所、工读学校、戒毒所、儿童保护站以及各级青春驿站、12355服务台等，面向有需求的青少年提供个案咨询及法律援助等针对性服务。第三，充分发挥社工志愿者作用，通过资金支持、项目培育、专题培训等方式，提升青少年事务社工、普法志愿者、禁毒志愿者、红丝带联盟志愿者等专业能力和服务水平。第四，扎实深入调研，增强普法工作的科学性。近年来，团省委围绕"校园暴力预防""校园贷危害防范""不良行为青少年违法犯罪研究""涉毒青少年违法犯罪预防""快递从业青年发展群益"等党政关心、社会关注、青少年关切的重点难点问题，设计问卷、走访调查，集中座谈、个案访谈，撰写调研报告，出版专著《青少年权益保障实证研究报告——基于陕西省的政策和法律实践》，积极建言献策，为青少年法治教育相关工作提供科学参考和理论支撑。

三　陕西青少年法治教育存在的问题

根据问卷调查和座谈会了解的情况，并参照《青少年法治教育大纲》的要求，发现陕西省青少年法治教育仍存在很多不足：缺乏整体规划，方式方法有待创新；评价体系不健全，教育针对性和实效性不强；学校、社会、家庭多元参与的网络还没有形成；教学师资、教育资源的保障机制尚不健全等。

（一）人财物资源欠缺

主要表现在以下方面。

一是硬件配备不够。青少年法治教育实践基地的覆盖率仍比较低，导致一部分中小学法治教育出现了模式单一、实践性不足的倾向。某位老师在座谈中提道："我们区上没有法治教育基地。我们也希望有，能让孩子走出学校亲身参与。"

二是经费保障不足。座谈中有老师表示："学校没有开展法治教育的专项经费，学校开展各种形式的法治教育如讲座都是从其他经费里拨款。"

三是专业师资缺乏。多数设立法治教育课的学校基本由思想品德课教师或者班主任兼任法治教师。这些教师没有经过正规的法治教育培训，少数已经配备了法治教育专职教师的学校，其专业背景也是思想政治教育。多数学校无专任的法治副校长，对法治课教师缺乏系统培训。

（二）教学过程虚化

法治课教材不规范，各学校各自为政，没有统一的教材和教学体系。在课程安排上，法治教育课并未得到真正重视。例如，某位老师提道："法治教育课相比一些考试课程不受学生和老师的重视，毕竟与升学无关。"多数学校只能通过一年举办几次讲座就算法治教育。很多学校教育方法单一，较少有学校能让学生走出去学习或邀请专家和学生互动。

（三）内容定位不准确

一是把禁毒教育、安全教育等同于法治教育。有老师表示："像我们学校（法治教育）一般讲的就是安全，像是交通、食品、饮食、卫生、防火、地震这种安全方面的知识，尤其是夏天防溺水的问题，还有校园暴力，也是强调比较多的。"法治教育对宪法、刑法、民法等基础法律知识，以及法治价值培养存在明显不足。二是把法治教育限缩于预防青少年犯罪行为，其他法治教育内容涉及很少甚至没有。这其实曲解了法治教育的要领，认为法治教育的目的只是预防犯罪，将预防青少年犯罪当作青少年法治教育工作的主要甚至唯一目的。

（四）制度保障体系不完备

法治教育评价体系尚未建立。目前，法治教育缺乏相应的考核、评价制度和工作机制。对于学生的法治教育效果也缺乏评价或考核制度。

家庭法治教育缺位。有些学生家长很少给孩子传授法治方面的知识，甚至传递错误信息。有老师说："有的家长本身就是孩子的反面教材。比如我在处理一个学生的矛盾，家长就说：'别怕，我有人呢，咱叫人。'等于自己没有法律意识，无形中让孩子也树立了错误的法律意识。"

（五）形式单一

法治教育形式主要是班会。中小学生接受法治教育的形式限于班会、"开学第一课"和学校组织的活动。有老师说："开展（法治教育）的形式主要是利用每个周一的晨会，和升旗仪式结合起来。每个月会有一个专题。"

法治教育主要通过老师讲授。座谈发现，法治教育主要靠老师讲评讲授，学生只是被动听老师讲授，很少能主动参与到法治教育宣传过程中。有的学生说："开班会时基本都是老师讲我们听。"

法治教育依赖于政治课。有老师介绍："没有专门开设法治教育的课程，只在政治课上讲这个专门内容。政治课的教材渗透法治教育的内容。"

法治教育较少应用新媒体新技术。座谈发现，老师讲授法治教育知识主要依靠传统教学方式，新媒体新技术大多用在语文数学等主科上。学生很少能够充分合理地使用现在普及的家长微信群和其他新媒体，有学生表示："平时很少有机会看电视和上网，周末有机会上网，也很少浏览与法治教育相关的内容。"

四　加强陕西青少年法治教育工作的建议

青少年法治教育是一项系统工程，需要各有关职能部门齐抓共管，全社会共同关注、支持、参与。今后，应不断探索保护未成年人合法权益工作机制，不断加强青少年学生法治教育工作的针对性和实效性，努力推进手段、途径和载体的创新。

（一）建立健全青少年法治教育领导工作机制

鉴于中央层面关于青少年法治教育的规定普遍存在效力位阶偏低、强制力缺乏等诸多缺失，建议积极探索以下工作。

第一，出台地方性法规，将中小学法治教育的性质、任务、内容、职责等予以明确规定，以国家强制力保证中小学法治教育的实施。以此提升陕西省青少年法治教育工作规范化水平，既避免制度可操作性的不足，又提升制度安排的效力位阶。

第二，构建党委、政府领导，人大监督，职能部门组织实施，社会推进的青少年法治教育网络，建立健全青少年法治教育工作领导机制，形成法治教育新格局。党委、政府牵头制定青少年法治教育实施细则，指导各部门有序开展法治教育。教育部门联合司法行政部门将青少年法治教育纳入教学大纲，同时，建立检查督促机制。教育行政部门要开阔视野，充分挖掘、利用当地的多元化法治教育资源，大力推进法治教育实践基地建设。

第三，省级教育行政部门应当加强青少年法治教材编纂，逐步实现青少年法治教育教材的规范化和统一化。司法行政部门要发挥对普法工作的综合协调职能，以多种形式参与青少年法治教育实践基地建设。各级人民法院、人民检察院组织安排有实践经验和教学能力的法官、检察官，参与教育指导工作。在正式工作机制之外，动员社会各界参与青少年法治教育工作，支持共青团、妇联等部门，发动律师等法律工作者参与法治教育工作，充分发挥志愿者、退休干部、专家的作用。

第四，重视并充分发挥专家力量，提升专业水平。首先，省委宣传部、省社科联在省社科规划项目、陕西省社会科学界重大理论与现实问题研究项目中，设置或委托一定数量的法治教育实证研究项目，鼓励省内专家积极申报。其次，省委政法委等机关重视调研成果的转化运用，向省领导积极报送相关研究成果。

（二）优化权责配置、加强工作考核，提升教学质量

提高各级党政及学校领导对青少年法治教育工作的重视程度，以适当方式将学生法治教育开展情况和效果纳入针对学校的各类考核评估。对青少年法治教育开展情况不佳、中小学生违法犯罪活动频次较高的地区，要将当地教育行政部门从领导责任调整为主体责任、直接责任来实施问责。要将推动青少年法治教育的责任特别是统筹和提供教育资源的责任压实、压紧到各级教育行政部门，改变其充当"旁观者""指挥者"的角色。

加强法治教师培养，提升中小学法治教育的教学质量。各级政府及其教育主管部门，一方面要加大专职法治教师的师资投入，吸引法科毕业生到中小学任教；另一方面要加强既有法治教师培训工作，提升非法律专业专职教师的专业化水准。尤其是针对后者，应当尽快建立陕西省中小学法治教师教育培训常态化机制，通过学历、编制、职称等激励法治教育教师投入精力提

高专业素养和教学水平。针对法治副校长组成结构不合理、专业知识不足的问题，充分挖掘和利用法律职业共同体对中国法治建设尤其是青少年法治教育工作的支持作用，可以多选派法官、检察官、律师、法学科研工作者等兼职法治副校长（辅导员），尤其应当重视基层司法所和人民调解组织中的法律人才，发挥其数量众多、深入城乡、实践经验丰富的优势，作为挖掘中小学兼职法治教师资源的重要来源。

推进校园普法讲师团建设，发挥普法讲师团的骨干作用。在充实和优化中小学现有法治教育专职队伍的同时，充分发挥校园普法讲师团的作用，实现校园普法讲师团"送法入校"制度化、常态化和规模化。校园普法讲师团队伍应当加强对法治实践活动的经验总结、理论创新和文化交流，提升法学理论研究的高度和深度，使法治宣传教育工作内容紧跟时代、实践和理论发展的脚步。

（三）优化和完善青少年法治教育内容

坚持以宪法教育为中心，逐步实现各类法律知识的全方位覆盖，持续提升中小学生法律认知水平。在准确把握法律知识体系的基础上，构建由各个领域的代表性法律内容组成、相对完整的法治教育内容体系。法治教育内容还应当注重理论性与实践性的结合，循序渐进地推进和完善陕西省法治教育实践，注重引导学生对相关法律知识的实际理解和把握，注重学生的理论联系实际能力提升。

青少年法治教育工作应坚持以学校课堂教育为主渠道，以学校为主阵地，有系统地对在校学生进行全面的法治教育，抓住学科教学这一中心环节，针对不同年龄、不同阶段的学生实际，采取分阶段、多层次教育手段，争取在相关学科的教学过程中渗透法治教育内容，做到法治教育进课程、进教材、进课堂，真正实现青少年法治教育"计划、课时、师资、教材"四落实。尤其是对于高中阶段法治教育的不足，要将法治教育纳入日常教学计划，进一步督促法治教育教学"计划、课时、教材、师资、经费"五落实，探索和论证将法律知识纳入高考、中考的可行性，发挥高考、中考"指挥棒"的作用，推动地方教育部门和高中持续加大对法治课程的资源投入，迅速提高高中阶段青少年法治意识和法律知识水平。

（四）构建家庭、学校、社会三位一体的法治教育课堂

根据家庭教育、学校教育和社会教育各自的特点与相互关系，充分利用三种教育管道的优势，构建以良好的家庭、学校、社会三位一体化环境为基础的平台，打造良好的环境，为中小学法治教育取得良好效果提供有力支撑。既要充分发挥学校作为青少年法治教育工作的主渠道作用，着力抓好教师队伍的普法工作，强化教师带头学法、用法、依法办事的责任意识，又要为青少年法治教育工作提供良好的整体社会环境，加强青少年法治教育基地建设，充分发挥青少年法治教育基地作用，适时为青少年法治教育提供生动的社会课程。

（五）创新青少年法治教育的教学方式与宣传方式

一则，充分发挥互联网新媒体的独特优势，加强全省普法网站和普法网络集群建设，更好地运用微信、微博、微电影、客户端开展普法活动，把新媒体建成法治宣传教育的重要平台，为公众提供更多、更便捷的学法用法渠道。

二则，切实强化新媒体与校园法治建设，依法整治和净化校园及其周边环境，为青少年健康成长营造良好的环境。

三则，进一步健全法治教育舆论宣传工作机制，完善媒体公益普法教育制度，广泛运用各类新媒体新技术开展普法教育宣传。

四则，坚持校内教育与校外教育相结合，学校要充分利用高科技互联网技术，积极开辟第二课堂和社会实践活动。

五则，大力支持陕西共青团的"红领巾法学院""青春与法"等特色品牌活动。除了教育厅和团省委联合发文外，教育行政部门和学校应把法治宣传教育工作与正常教学同安排同部署，强化经费保障，在行动上给予实际支持，把工作做好做实。

Abstract

Annual Report on Rule of Law in Local China No. 7 (2021), focuses on hot issues of rule of law from the perspective of local people's congresses, law-based government, judicial construction and social governance, and sorts out the exploration and experience of local rule of law construction.

Based on the whole country, the general report systematically sorts out the exploration and practice of the rule of law reform in various regions, analyzes the problems, and prospects for the future.

The Blue Book of this volume heavily introduces a series of evaluation reports, including the report on legislative transparency index and the compilation of the annual report on the construction of the law-based government, the third-party evaluation report on the law dissemination and publicity made by the people's courts, the third-party evaluation report on the law dissemination and publicity made by the people's procuratorates, as well as the research report, such as local legislation to guarantee the modernization of social governance and the development of new media of government affairs in Qingdao West Coast New District, and summarizes the experience on the difficulties, pain points and blocking points faced by the local rule of law.

Issues such as diversified dispute resolution and digital social governance not only concern the entrepreneurship, innovation, production and life of enterprises and the masses, but also serve as a barometer to measure governance capacity. Basedon the frontline reality, this Blue Book discusses and summarizes typical sample practices in various regions.

Keywords: Local Rule of Law; Law-Based Government; Judicial Trial; Law-Based Society

Contents

I   General Report

B. 1   Development and Prospect of Local Rule of Law

in China (2021)

Innovation Project Team on Rule of Law Indices ,

CASS Law Institute / 001

I   More Complete System of Legal Norms   / 002

II   More Efficient Rule of Law Enforcement System   / 004

III   More Rigorous Rule of Law Supervision System   / 011

IV   More Powerful Rule of Law Guarantee System   / 017

V   Prospects and Suggestions   / 019

Abstract: Against the background of the unprecedented complexity of the international situation, the domestic economy and society are facing many challenges and impacts, and the local rule of law continues to make steady and orderly progress. The development of the National People's Congress, government services, judicial services, people's livelihood security, grassroots governance and law-based business environment have all been improved significantly. Remarkable achievement was made in local legislation, law enforcement supervision, judicial construction and law-based society. In the future, persistent efforts shall be made to improve the top-level design and move towards refinement, so as to further improve the local rule of law.

Keywords: Local Rule of Law; Local Legislation; Law-Based Government; Judicial Construction; Business Environment

II Evaluation of Rule of Law

B.2 Report on Legislative Transparency Evaluation in China (2021)
——*From the Perspective of the Disclosure of Information on*
Websites of the Standing Committees of People's Congresses
Innovation Project Team on Rule of Law Indices,
CASS Law Institute / 023

Abstract: In 2021, the Innovation Project Team on Rule of Law Indices of CASS Law Institute continued to evaluate the NPC's legislative transparency. The websites of the standing Committees of the National People's Congress (NPC) and the standing committees of 31 provinces, autonomous regions and municipalities directly under the Central Government were evaluated. It is found through the evaluation that departments and local people's congresses pay more attention to the transparency of the people's congresses' legislation, and disclose the whole legislative process as much as possible. Meanwhile, the problems found in the evaluation process of previous years, such as failure to make such disclosure timely and fully, still exist. It is suggested that the National People's Congress should further enhance the awareness of legislative openness and incorporate it into legislative activities so as to improve the quality of legislation through openness.

Keywords: Quality of Legislation; Openness of Legislation; Whole-Process People's Democracy; Websites of the Standing Committees of People's Congresses

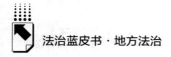

B.3 Third-Party Evaluation Report on the Release of the Annual
Report on the Construction of a Law-Based
Government (2021)

Innovation Project Team on Rule of Law Indices, CASS Law Institute / 039

Abstract: In order to systematically and comprehensively evaluate the
preparation and release of the annual report on the construction of a law-based
government, the CASS Center for the Study of National Index of the Rule of Law
and the Innovation Project Team on Rule of Law Indices of CASS Law Institute
have, for the fifth consecutive year since 2017, carried out a third-party evaluation
of the annual report on the construction of a law-based government. Some
highlights are found in the 2021 annual evaluation. For example, the release of
annual reports is generally good, with a significant increase in the proportion of
reports released on time, some assessment objects set up a centralized disclosure
platform for intensive disclosure, and some objects provide multiple forms of
reports, etc. This year's evaluation also reveals some problems, including overtime
and non-release, non-uniformity in the channel columns of release platforms, wide
disparity in the details of contents, inconsistent caliber standards, low overall
compliance rate of some indicators, etc., to which great attention shall be paid and
rectified as soon as possible. In the future, more attention shall be paid to the
preparation of annual reports on the construction of law-based government along
the path of institutionalization, normalization and standardization, and the annual
reports shall be used to drive the refinement of the construction of law-based
government.

Keywords: the Rule of Law Index; Law-Based Government; Annual
Report on Constructing a Law-Based Government

B.4 Annual Report on Third-Party Evaluation for Legal

Popularization and Publicity by People's Courts (2021)

Innovation Project Team on Rule of Law Indices, CASS Law Institute / 067

Abstract: In order to summarize law dissemination by people's courts and promote the work of law dissemination, the CASS Center for the Study of National Index of the Rule of Law and the Innovation Project Team on Rule of Law Indices of CASS Law Institute have carried out the index evaluation of law dissemination by people's courts for the first time in 2021, and 94 courts have been selected as evaluation objects by stratified sampling. It was found in the evaluation that the policy on law dissemination is not fully implemented, the law dissemination work of people's courts is not uniform, and the forms of law dissemination by people's courts need to be innovated. In the future, we should take judicial transparency as an important starting point to implement the responsibility system for law popularization, unify the contents and standards of law dissemination work, attach importance to the supply-side reform of law dissemination work, strengthen the pertinence and effectiveness of law dissemination work, and increase investment in law dissemination work.

Keywords: Law Popularization by Courts; Responsibility System for Law Popularization; Interpretation of Law by Case

B.5 Annual Report on the Third-Party Evaluation of Legal

Popularization and Publicity of the People's

Procuratorates (2021)

Innovation Project Team on Rule of Law Indices, CASS Law Institute / 093

Abstract: In order to summarize the progress and achievements of law popularization by procuratorates, the CASS Center for the Study of National Index of the Rule of Law and the Innovation Project Team on Rule of Law Indices of

CASS Law Institute launched a third-party evaluation of law popularization by provincial procuratorates in 2021. Through research and development indicators, a measurement system covering legal documents, guidelines and instructions, procuratorial documents, typical cases, statistical data and special reports shall be formed, and provincial procuratorate shall be taken as the subject to evaluate four major procuratorial functions and ten major businesses. The evaluation report summarizes the achievements of local procuratorates in law popularization, particularly in the areas of the protection of minors, public interest litigation, and cracking down on gang crime. It also points out the problems existing in the establishment of columns on the website, the completeness of the content, the updating of the guide, and the comprehensiveness of the data. It is suggested to constantly improve the coverage and actual effects of procuratorial law popularization in terms of reasonable division of work, embedding law popularization in work, and highlighting the interpretation of laws by cases and responses to improve the effectiveness of law popularization by procuratorates at all levels.

Keywords: Procuratorial Law Popularization the Third-Party Evaluation; Interpretation of Law by Case; Interpretation of Response

B.6 Evaluation Report on the Effects of Law Popularization in Shijiazhuang, Hebei Province by Third-party

Wang Yanning, Liu Shujuan and Li Jing / 109

Abstract: The Institute of Law of the Hebei Academy of Social Sciences has set up a project team to assess the effectiveness of the 7th Five-year Plan for law popularization in eight districts and 13 counties (county-level cities) of Shijiazhuang. The assessment finds that the system of law popularization has been generally established, the building of team in legal publicity and education has been basically in place, the construction of law popularization positions has been tremendously successful, and the publicity and education of the rule of law has penetrated into all aspects of the lives of the masses, the diversified dispute resolution mechanism has been increasingly improved, the rule of law in social governance at the grassroots level has been orderly promoted, and the masses have a relatively high degree of acceptance with respect to the law popularization work. The evaluation also shows that the effects of law popularization are not balanced in all districts and counties, the construction of the system of law popularization in some districts and counties is not well established and the fulfillment of leaders' responsibilities for law popularization needs to be strengthened. In the future, it is necessary to consolidate the responsibilities of the main responsible person of the Party and government as the first responsible person for the construction of the rule of law, so that the "key minority" can truly become the organizers, promoters and practitioners of law popularization. We should strengthen the primary responsibilities of all departments and fields for law popularization, implement the responsibility system of legal publicity And education, firmly hold the position of Party members and cadres, cultivate the understanding of the concept of the rule of law, and be role models in respecting and abiding by the law. We should establish a five-level management platform for law popularization, strengthen the information-based development for law popularization, innovate in multiple ways for broadening the law popularization, strengthen the development of positions, enhance the pertinence of law popularization, integrate law popularization resources, and construct a framework for law popularization.

Keywords: 7th Five-Year Law Popularization; Responsibility System of Legal Publicity and Education; the Third-Party Evaluation

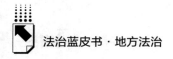

Ⅲ   Law-Based Government

B.7   Practice and Prospects of Improving the Fair Competition

Review System and Optimizing the Law-Based

Business Environment by the Financial System of

Beijing Municipality

Project Team of the Establishment and Promotion of the

Rule of Law Government of Beijing Finance Bureau / 123

Abstract：The financial authorities at two levels of Beijing Municipality and districts have fully implemented the requirements of the CPC Central Committee, the State Council, the Beijing Municipal Party Committee and the Beijing Municipal People's Government for improving the fair competition review system, actively benchmarked against international advanced experience and built domestic business environment sample cities, and achieved certain results by building the "1 + 4 + N" working model. In order to implement the fair competition review and embed the fair competition review system in financial measures, the Beijing Municipal Bureau of Finance, in light of the current practice, puts forward suggestions on deepening the implementation of fair competition review to further strengthen the binding force of fair competition review.

Keywords：Fair Competition Review; Fiscal Policy; Optimization of Business Environment

B.8   The Practice and Effect of Innovating Law Enforcement

Mode to Promote Government Affairs Publicity

in Jiangbei District of Ningbo City

Project Team on Innovating Law Enforcement Mode to Promote

Government Affairs Publicity in Jiangbei District of Ningbo City / 132

Abstract: The Comprehensive Administrative Law Enforcement Bureau of Jiangbei District of Ningbo City, as the first grassroots unit of urban administration to complete the transfer of functions and the comprehensive law enforcement in Ningbo, adheres to promote the strict, standardized, fair and civilized law enforcement and innovates law enforcement methods in accordance with the requirements of the implementation of Outline of the Implementation of Construction of Government under the Rule of Law (2015 −2020) issued by the CPC Central Committee and the State Council. In 2017 and 2018 respectively, the "off-site" law enforcement mode and the "law enforcement into the community" mode have been successfully explored and put into operation, transforming passive administration into active services and law enforcement at the end into governance at source, achieving the unity of law enforcement effects and social effects, deeply integrating the general trend of government transparency, and achieving continuous positive social recognition.

Keywords: "Off-Site Law Enforcement"; "Law Enforcement into the Community"; Opening Government

B.9   Research Report on the Development of New

Media in Qingdao West Coast New Area

Project Team of Management Committee Office of

Qingdao West Coast New Area / 141

Abstract: Since 2018, in light of the relevant requirements of the State, the

Province and the City, Qingdao West Coast New Area has organized a thorough survey of the new media for government affairs, fully launched the filing management system for new media for government affairs in Shandong Province, and established and improved the filing and registration ledger. Qingdao has taken the lead in promulgating the *Administrative Measures for New Media for Government Affairs in Qingdao West Coast New Area*, and formulated the *Daily Regulatory Indicators for New Media for Government Affairs in Qingdao West Coast New Area*, clarified the regulatory responsibilities of new media for government affairs at all levels and putting forward specific requirements, actively cooperated with third-party technology monitoring service institutions to conduct real-time monitoring of the new media of registered government affairs. At the same time, the problems in the daily supervision of new government media, such as poor system, overlapping responsibilities and difficulty in supervision, as well as the functions, positioning and professional management of new government media, are deeply discussed.

Keywords: New Media for Government Affairs; Open Government; Supervision; Functional Positioning

Ⅳ Judicial Construction

B. 10 The Present Situation and Future Prospect of the Judicial Protection of Copyright

Sun Xiuli, Lu Chuan and Wu Zhengqian / 150

Abstract: In the context of knowledge-based economy and data economy, copyright crime patterns are constantly updated, greatly impacting the existing patterns of judicial protection of copyrights in China. Based on the main characteristics of current copyright-related crimes and the practical exploration of copyright protection, the report studies and judges the development trend of copyright protection, proposes to improve the all-round civil, administrative and criminal protection system for copyrights from the perspectives of systems and policies, supervision and law enforcement, prevention education, etc. , and optimizes the path of judicial governance for copyrights, so as to build a good legal environment and a strong judicial safeguard system for the vigorous development of the copyright field.

Keywords: Copyright Crime; Right Remedy; Sentencing Specification; Three-Dimensional Protection

B. 11　Study on Judicial Guarantee Path for High-Quality

　　　　Development in the Yellow River Basin

Research Group on Judicial Guarantee Path for High-quality

Development of Yellow River Basin / 162

Abstract: The ecological protection and high-quality development of the Yellow River Basin are of great practical significance and far-reaching historical influence on promoting the economic and social development and ecological security of the regions along the Yellow River. The people's courts shall always implement the "Three Big Concepts", effectively carry out the "Three Overall Arrangements" and give play to the "Four Functions", so as to provide impartial and efficient judicial services and guarantees for the ecological protection and high-quality development of the Yellow River Basin. In view of this, the task team has, on the basis of studying the connotation of high-quality development of the Yellow River Basin and the judicial guarantee needs, sorted out the current situation, existing problems and difficulties in the services and guarantees for the high-quality development of the Yellow River Basin by the people's courts of the nine provinces and autonomous regions along the Yellow River, and put forward constructive opinions on innovating the judicial guarantee mechanism for intellectual property rights in the Yellow River Basin and improving the special procedures for environmental civil public interest litigations, so as to assist in the ecological protection and high-quality development of the Yellow River Basin.

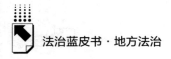

Keywords: Yellow River Basin; High-Quality Development; Ecological Environment; Judicial Guarantee

V　Diversified Dispute Settlement

B.12　Governance of Litigation Source and Index System of Litigation Source Governance: A Case Study of Fujian Court Litigation Source Governance Reduction Project

Joint Research Group of Fujian Higher People's Court and

Zhangzhou Intermediate People's Court / 177

Abstract: The reduction of litigation source governance and the provision of multiple alternative dispute solutions for the parties is an important measure proposed by the 19th National Congress of the Communist Party of China to create a social governance pattern of joint construction, joint governance and shared benefits. Fujian's Courts have persisted in "two-dimensional treatment, whole-process governance and high-quality development", continuously promoted the project of reducing the amount of litigation source treatment, and formed a treatment model with unique Fujian characteristics. Based on the practice of litigation source treatment by courts in Fujian in the past three years, this article aims to find out the weak points of the assessment index system for the treatment of litigation source, and focus on the four links of the treatment of litigation source, namely "prevention of contradictions at the source, settlement of disputes before litigation, diversion and reduction in the course of litigation, and settlement of disputes after judgment", this article proposes optimization suggestions for building "3 + 1" hierarchical indexes for source, litigation, governance of enforcement and governance of innovation, as well as the "1 + 3" approach for enhancing integrated governance, namely, building a visual platform and improving the governance pattern, risk prevention, and assessment and early warning mechanisms.

Keywords: Governance of Litigation Source; Governance Index System; Governance Approach

B.13 Research Report on the Innovation of Digital Social
　　　　Governance of Hangzhou One Code Dispute Resolution
　　　　　　　　　Project Team of China ODR Joint Innovation / 195

Abstract: The new round of scientific and technological revolution and the development of information technologies such as artificial intelligence and big data have brought unprecedented opportunities for the transformation and upgrading of social governance. Digital social governance has become a new proposition of governance. In accordance with the requirements of the legalization of grass-roots governance and based on the demand orientation, one code dispute resolution has achieved outstanding results in effectively meeting the people's dispute resolution needs, optimizing the allocation of dispute resolution resources, alleviating the pressure of "more cases and fewer people" in the court, and improving the quality and efficiency of dispute resolution, which provides a new sample for the innovation of digital social governance. At the same time, the innovation of digital social governance also has deficiencies in standardized process setting, standardized supporting mechanism, cross regional mediation resource linkage, intelligent technology application, data information protection and so on. In the future, we should continuously improve the socialization, legalization, intelligence and specialization of digital social governance by focusing on online mechanism remodeling, strengthening the integration of supporting mechanisms, and strengthening the application of big data.

Keywords: Digital Social Governance; One-Code Dispute Resolution; Litigation Source Governance

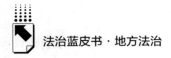

B. 14　Investigation Report on One-Stop Litigation Source

Management of Qiqihar Court　*Yang Xingyi, Zhou Weiwei* / 212

Abstract: With the rapid development of social economy, the people's awareness of the rule of law has been continuously strengthened, and a large number of social contradictions have poured into the court. Strengthening the construction of non-litigation dispute resolution mechanism and promoting the rapid and diversified resolution of contradictions and disputes have become an important way to maintain social harmony and stability and reduce the "litigation rate of 10000 people". Focusing on the construction of one-stop diversified dispute resolution mechanism and litigation service system, Qiqihar court innovated the working mode of "five addition" with the working idea of "two three one two", coordinated the forces of all parties to jointly participate in resolving the source of contradictions and disputes, deepened the reform of multilevel case diversion mechanism and improved trial quality and efficiency, introduced notaries to participate in judicial auxiliary affairs, and improved service efficiency, deeply participated in social governance, created a local diversified solution characteristic brand, upgraded the litigation service mode by relying on scientific and technological information means, continuously met the increasingly diversified judicial needs of the people. Qiqihar court has achieved certain results in practical work.

Keywords: Multiple Dispute Resolution; Litigation Source Governance; Non Litigation Dispute Resolution Mechanism; Litigation Service Mode

B. 15　Concept Adjustment and Pattern Reconstruction of

Pluralistic Dispute Resolution from the Perspective of

Grass-Roots Social Governance

—An Empirical Analysis Based on Haishu Court

Zhou Yinyin, Dong Yanpeng / 226

Abstract: Establishing and improving diversified dispute resolution mechanism is an important measure to deal with the diversified development trend of social contradictions and disputes. The one-stop and diversified dispute resolution platform led by the court has not effectively alleviated the dilemma of the continuous high growth of court cases, by analyzing the operation status and existing problems of the diversified dispute resolution mechanism, this report discusses and clarifies the essential concept and improvement path of the diversified dispute resolution mechanism of grass-roots courts at the present stage (taking Haishu District People's Court of Ningbo as an example) from the four aspects of ideal, demonstration, operation constraints and reconstruction, in order to realize the concept adjustment and pattern reconstruction of Pluralistic Dispute Resolution from the perspective of grass-roots social governance.

Keywords: Pluralistic Dispute Resolution; Grass-Roots Social Governance; Conflict Mediation Center

B.16 Practice and Prospect of Promoting the Construction of
"Non-litigation Pinghu" by Resolving Contradictions in
Diversified Ways

Project Team of the Construction of " Non-litigation Pinghu " / 240

Abstract: With the rapid development of economy and society, all kinds of contradictions and disputes are increasing, which has become the key and difficult point of grass-roots social governance. Pinghu City, Zhejiang Province, on the basis of summarizing and refining the pilot experience of "non-litigation" work of Pinghu sage Lu Jiashu to "reconcile interest litigation and resolve contradictions on the spot", took the lead in proposing to build Lu Jiashu's "non-litigation" grass-roots social governance brand, and achieved good results. This report summarizes the practical experience of Pinghu's "non-litigation", "proposal, discussion, mediation, supervision and evaluation " five step working method, four-level resolve litigation mechanism, the establishment of local standards and mediation work system, and discusses the problems such as insufficient cognition, imperfect system, the ability to manage multiple contradictions and disputes to be strengthened, and the limited guarantee of mediation force of contradictions and disputes, for the next step to deepen the diversified solution of contradictions and build a "non-litigation Pinghu", this report puts forward some viewpoints, such as concept improvement, system framework, mechanism construction, platform support, team guarantee and so on.

Keywords: No Litigation Dispute Resolution Mechanism; New "Fengqiao Experience"; Litigation Source Governance; "Non-litigation Pinghu"

Ⅵ Social Governance

B.17 Empirical Research on Local Advertising Legislation and
Enforcement (2015 −2020)

Wu Xiaoliang, Wang Lingguang and Yang Xia / 253

Abstract: During the period from 2015 to 2020, the enactment and revision of local advertising laws and regulations shall have the following characteristics. First, the contents are focused, and the revision of laws and regulations mainly focuses on outdoor advertising facilities and signboard settings. Second, the changes are frequent, and the interval between the enactment and revision of the corresponding laws and regulations is short. Thirdly, provincial local regulations formulate the basic law of advertisement, while outdoor advertising, as a content of the advertising law, is mainly formulated by the city divided into districts to formulate the local regulations and the local governments to formulate the rules. In local advertising enforcement during the same period, medical services and medical devices accounted for the highest proportion, followed by food (including health food, etc.) and drugs, which together accounted for about 70 per cent of all administrative penalty documents. The comparison of the number of administrative cases and civil cases in the first instance of advertising shows that administrative supervision is the key field in the practice of advertising law. In view of the conflict between the Anti-Unfair Competition Law and the Advertising Law, it is suggested that the State Administration for Market Regulation can clarify commercial advertisements and other commercial publicity methods except commercial advertisements in relevant regulations or by issuing normative documents. In view of the rationality of the prohibition clause of absolutist terms, it is suggested to delete the provision of item 3 of Article 9 of the Advertisement Law or to add the limiting conditions. The supervision of advertising guidance can be divided into three steps for review and supervision.

Keywords: Local Advertising Legislation; Basic Law of Advertisement; Advertising Enforcement; Conflict of Laws; Advertising Supervision

B.18 A Comparative Study on the Modernization of
Social Governance in Urban Areas Guaranteed
by Local Legislation   *Zhou Jingwen* / 275

Abstract: The social governance in urban areas plays a key role in the national governance system, and the local legislation should play an important role in the urban social governance. This paper starts with the local legislation of the people's congresses of four municipalities directly under the central Government (Beijing, Tianjin, Shanghai and Chongqing), and compares the overall structure and legislative characteristics of local legislation on social governance within the urban scope. It is suggested that local people's congresses follow the provisions of scientific legislation, strengthen top-level design, and enhance the effectiveness and timeliness of the supply of local legislative institutions.

Keywords: Social Governance in Urban Areas; Local Legislation; Institutional Supply

B. 19　Research on the Connection Mechanism of Civil

Judicature and Administrative Law Enforcement in

Engineering Construction Field from the Perspective of

Social Collaborative Governance

Project Team of Sichuan Higher People's Court / 296

Abstract：Violations of laws and regulations are widespread in the field of engineering construction, which not only causes a lot of disputes, but also poses a difficult problem for government supervision and regulation. Both the handling strategies of judicial organs and the regulatory means of administrative organs have great limitations. It is difficult to effectively solve the difficult problems in the field of engineering construction, such as conflict of interests of multiple subjects, lack of collaborative supervision mechanism, absence of social credit system, fuzzy administrative regulation standards, overlapping functions of supervision subjects, and unequal market structure. Sichuan Higher People's Court has led many administrative organs to build the connection mechanism between civil and administrative work. They have demonstratively explored three effective paths. "First, manage the entrance by strengthening pre-litigation supervision. Second, strengthen the linkage in litigation to ensure the operation of the mechanism. Thirdly, judicial suggestions should be rationally used by strengthening the linkage of credit investigation. " At the same time, they also put forward five specific supporting mechanisms, including "judicial transfer of illegal acts and transfer of clues, expert consultation in judicial and administrative fields, notification between judicial and administrative organs, release of judicial and administrative typical cases, and docking of civil litigation and administrative mediation. " The above content provides a feasible path for standardizing the chaos in the field of engineering construction and creating a good market business environment.

Keywords：Engineering Construction；Pre-litigation Supervision；Linkage in the Litigation Process；the Judicial Transfer

B.20　Investigation Report on Youth Rule of Law

　　Education in Shanxi Province　*Chu Chenge*, *Ren Rongrong* / 315

Abstract: This paper investigates primary and secondary school students in Shaanxi province by means of questionnaire survey and discussion. A total of 897 valid questionnaires were distributed. This survey focuses on primary and secondary school students' legal knowledge, the form of the rule of law education, students' willingness to receive the rule of law education, and their awareness. There are some problems in the youth rule of law education in Shaanxi Province. For example, the lack of personnel and funds, formalization of teaching process, inaccurate content positioning, incomplete system, the content of drug control education and safety education is equal to the education of the rule of law, the education of the rule of law is limited to the prevention of juvenile delinquency, relatively single form of education and other problems. Therefore, it is necessary to establish a leadership mechanism, optimize the allocation of rights and responsibilities, strengthen the assessment of work, improve the quality of teaching, optimize and perfect the education content, construct a three-dimensional education classroom including family, school and society, and innovate teaching methods and propaganda means.

Keywords: Teenagers; Legal Education; Primary and Secondary Schools

皮 书

智库报告的主要形式
同一主题智库报告的聚合

❖ 皮书定义 ❖

皮书是对中国与世界发展状况和热点问题进行年度监测，以专业的角度、专家的视野和实证研究方法，针对某一领域或区域现状与发展态势展开分析和预测，具备前沿性、原创性、实证性、连续性、时效性等特点的公开出版物，由一系列权威研究报告组成。

❖ 皮书作者 ❖

皮书系列报告作者以国内外一流研究机构、知名高校等重点智库的研究人员为主，多为相关领域一流专家学者，他们的观点代表了当下学界对中国与世界的现实和未来最高水平的解读与分析。截至 2021 年，皮书研创机构有近千家，报告作者累计超过 7 万人。

❖ 皮书荣誉 ❖

皮书系列已成为社会科学文献出版社的著名图书品牌和中国社会科学院的知名学术品牌。2016 年皮书系列正式列入"十三五"国家重点出版规划项目；2013~2021 年，重点皮书列入中国社会科学院承担的国家哲学社会科学创新工程项目。

权威报告·一手数据·特色资源

皮书数据库
ANNUAL REPORT(YEARBOOK)
DATABASE

分析解读当下中国发展变迁的高端智库平台

所获荣誉

- 2019年，入围国家新闻出版署数字出版精品遴选推荐计划项目
- 2016年，入选"'十三五'国家重点电子出版物出版规划骨干工程"
- 2015年，荣获"搜索中国正能量 点赞2015""创新中国科技创新奖"
- 2013年，荣获"中国出版政府奖·网络出版物奖"提名奖
- 连续多年荣获中国数字出版博览会"数字出版·优秀品牌"奖

成为会员

通过网址www.pishu.com.cn访问皮书数据库网站或下载皮书数据库APP，进行手机号码验证或邮箱验证即可成为皮书数据库会员。

会员福利

- 已注册用户购书后可免费获赠100元皮书数据库充值卡。刮开充值卡涂层获取充值密码，登录并进入"会员中心"—"在线充值"—"充值卡充值"，充值成功即可购买和查看数据库内容。
- 会员福利最终解释权归社会科学文献出版社所有。

数据库服务热线：400-008-6695
数据库服务QQ：2475522410
数据库服务邮箱：database@ssap.cn
图书销售热线：010-59367070/7028
图书服务QQ：1265056568
图书服务邮箱：duzhe@ssap.cn

社会科学文献出版社 皮书系列
SOCIAL SCIENCES ACADEMIC PRESS (CHINA)

卡号：321733881742
密码：

S 基本子库
UB DATABASE

中国社会发展数据库（下设 12 个子库）

整合国内外中国社会发展研究成果，汇聚独家统计数据、深度分析报告，涉及社会、人口、政治、教育、法律等 12 个领域，为了解中国社会发展动态、跟踪社会核心热点、分析社会发展趋势提供一站式资源搜索和数据服务。

中国经济发展数据库（下设 12 个子库）

围绕国内外中国经济发展主题研究报告、学术资讯、基础数据等资料构建，内容涵盖宏观经济、农业经济、工业经济、产业经济等 12 个重点经济领域，为实时掌控经济运行态势、把握经济发展规律、洞察经济形势、进行经济决策提供参考和依据。

中国行业发展数据库（下设 17 个子库）

以中国国民经济行业分类为依据，覆盖金融业、旅游、医疗卫生、交通运输、能源矿产等 100 多个行业，跟踪分析国民经济相关行业市场运行状况和政策导向，汇集行业发展前沿资讯，为投资、从业及各种经济决策提供理论基础和实践指导。

中国区域发展数据库（下设 6 个子库）

对中国特定区域内的经济、社会、文化等领域现状与发展情况进行深度分析和预测，研究层级至县及县以下行政区，涉及省份、区域经济体、城市、农村等不同维度，为地方经济社会宏观态势研究、发展经验研究、案例分析提供数据服务。

中国文化传媒数据库（下设 18 个子库）

汇聚文化传媒领域专家观点、热点资讯，梳理国内外中国文化发展相关学术研究成果、一手统计数据，涵盖文化产业、新闻传播、电影娱乐、文学艺术、群众文化等 18 个重点研究领域。为文化传媒研究提供相关数据、研究报告和综合分析服务。

世界经济与国际关系数据库（下设 6 个子库）

立足"皮书系列"世界经济、国际关系相关学术资源，整合世界经济、国际政治、世界文化与科技、全球性问题、国际组织与国际法、区域研究 6 大领域研究成果，为世界经济与国际关系研究提供全方位数据分析，为决策和形势研判提供参考。

法律声明

　　"皮书系列"（含蓝皮书、绿皮书、黄皮书）之品牌由社会科学文献出版社最早使用并持续至今，现已被中国图书市场所熟知。"皮书系列"的相关商标已在中华人民共和国国家工商行政管理总局商标局注册，如 LOGO（▮）、皮书、Pishu、经济蓝皮书、社会蓝皮书等。"皮书系列"图书的注册商标专用权及封面设计、版式设计的著作权均为社会科学文献出版社所有。未经社会科学文献出版社书面授权许可，任何使用与"皮书系列"图书注册商标、封面设计、版式设计相同或者近似的文字、图形或其组合的行为均系侵权行为。

　　经作者授权，本书的专有出版权及信息网络传播权等为社会科学文献出版社享有。未经社会科学文献出版社书面授权许可，任何就本书内容的复制、发行或以数字形式进行网络传播的行为均系侵权行为。

　　社会科学文献出版社将通过法律途径追究上述侵权行为的法律责任，维护自身合法权益。

　　欢迎社会各界人士对侵犯社会科学文献出版社上述权利的侵权行为进行举报。电话：010-59367121，电子邮箱：fawubu@ssap.cn。

社会科学文献出版社